国际商会第 775E 号出版物

国际商会指南：运输业与《国际贸易术语解释通则®2010》

中国国际商会/国际商会中国国家委员会 组织翻译

对外经济贸易大学出版社
中国·北京

INTERNATIONAL CHAMBER OF COMMERCE
The world business organization
中国国际商会
China Chamber of International Commeroo
CHINA INTERNATIONAL CHAMBER OF COMMERCE

图书在版编目（CIP）数据

国际商会指南：运输业与《国际贸易术语解释通则·2010》：汉、英 / 中国国际商会，国际商会中国国家委员会组织翻译. —北京：对外经济贸易大学出版社，2019.1

ISBN 978-7-5663-2002-5

Ⅰ. ①国… Ⅱ. ①中… ②国… Ⅲ. ①交通运输业–运输合同–国际贸易–名词术语–解释–2010–汉、英 Ⅳ. ①F506-61②F74-61

中国版本图书馆 CIP 数据核字（2018）第 282960 号

著作权合同登记号
图字：01-2018-7893

国际商会指南：运输业与
《国际贸易术语解释通则®2010》

中国国际商会/国际商会中国国家委员会 **组织翻译**
责任编辑：汪 洋

对 外 经 济 贸 易 大 学 出 版 社
北京市朝阳区惠新东街 10 号 邮政编码：100029
邮购电话：010－64492338 发行部电话：010－64492342
网址：http://www.uibep.com E-mail：uibep@126.com

北京华创印务有限公司印装 新华书店经销
成品尺寸：140mm×235mm 18 印张 399 千字
2019 年 1 月北京第 1 版 2019 年 1 月第 1 次印刷

ISBN 978-7-5663-2002-5
印数：0 001－5 000 册 定价：88.00 元

国际商会指南：运输业与《国际贸易术语解释通则®2010》

可通过 publications@iccwbo.org 向国际商会申请许可。

国际商会服务局

编辑出版部

33—43 威尔逊大街

75116 巴黎

法国

国际商会第 775E 号出版物

ISBN：978-92-842-0382-6

序　言

《国际贸易术语解释通则®2010》（Incoterms®2010）于2010年9月正式面世，并于2011年1月1日起生效，为普遍使用的国际贸易术语提供了一套权威解释，得到了全球工商界的广泛认可。为更好地指导全球工商界运用Incoterms®2010，国际商会（ICC）后续出版了《国际商会指南：运输业与国际贸易术语解释通则®2010》。

为适应国际贸易实践的最新发展，本书主要对买卖合同与运输合同衔接过程中的一些问题进行说明和解释，集中回答了使用国际贸易术语时需要进一步细化的事项，如当事人如何分摊交付货物中的成本、费用、职责和风险等，增强了买卖双方对各自权利义务认识的确定性，进一步减少实践中的理解误差。

本书是市面上不可多得的关于国际贸易术语适用性的官方使用手册。特别是在我国“一带一路”倡议不断深入实施的背景下，中国企业国际化经营将面临更多新型的运输方式、支付方式和交易模式等，本书将成为“走出去”企业的必备工具手册。

在此，特别感谢国际商会中国国家委员会商法与惯例委员会执行主席、中国政法大学比较法学院时任院长高祥教授，以及委员会成员北京工商大学李时民教授、北京安杰律师事务所合伙人董箫博士、广发银行单证中心高级经理李霞、对外经贸大学法学院薛源教授，对本书的翻译、译审工作做出的积极贡献。此外，也感谢对外经济贸易大学出版社的专业团队，他们在本书出版过程中给予了大力支持并付出了辛苦劳动。

今后，我们还将继续引进国际商会的重要文件和出版物，并开展与之相关的国际规则惯例推广活动，为中国企业“走出去”保驾护航。

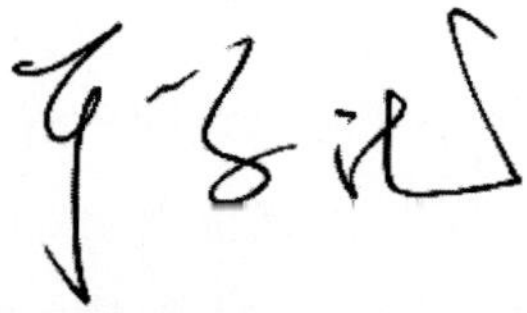

中国国际商会
国际商会中国国家委员会 秘书长

前　　言

《国际贸易术语解释通则®2010》是当代贸易的关键基础要素，被运用于货物买卖合同中，帮助简化买卖双方有关货物交付、运输和清关手续方面的某些合同义务。本指南意在向运输行业从事涉及《国际贸易术语解释通则》相关交易的人员提供清晰实用的帮助。

本指南由一个国际性的国际商会专家工作组负责撰写，这些专家来自国际商会商法与惯例委员会以及海关与贸易便利化委员会。本指南的撰写尤其得益于来自比利时的 Koen Vanheusden 先生的组织领导和远见卓识，同时也得益于下列工作组成员的积极参与，包括 Gabriel Chami（黎巴嫩）、Tej Contractor（印度）、高祥（中国）、Robert Keen（英国）、Rohan Masakorala（斯里兰卡）、Oliver Peltzer（德国）、Burghard Piltz（德国）、Lauri Railas（芬兰）、Sawitree Ratanachand（泰国）、Frank Reynolds（美国）、Bob Ronai（澳大利亚）、Oscar Tiberg（瑞典）、Kimmo Turunen（芬兰）和 Jean-Pierre Viret（法国）。尤其要致谢 Frank Reynolds 先生，感谢他在编撰最终文本过程中的出色贡献。

本项目由国际商会秘书处的 Emily O’Connor（法国）领导并负责，还得到了国际商会秘书处 Rachel Dignam（法国）的支持。

翻译组成员名单

译　　审：高　祥

翻译小组：李时民

董　箫　李　霞　薛　源

编 者 注

联合国国际海事组织已针对集装箱货运修改了《联合国海上人命安全公约》(SOLAS)。从2016年7月1日起，托运人被要求就所有载货集装箱提交经核实的载货集装箱毛重(VGM)，作为集装箱装船的前提。托运人有两种方法获得经核实的载货集装箱毛重。第一种方法是对载货集装箱进行称重。第二种方法是对集装箱内装载的所有内容进行称重，包括衬垫物、包装和紧固物料，然后将称重结果与集装箱上标注的集装箱自重相加。

本书出版之时，上述规则也将同时付诸实施，因此尚无法获得该规则的标准操作程序。鉴于该规则将由各国分别实施，读者应向各国主管当局索取合规操作指南。

简　介

《国际贸易术语解释通则®2010》的目的是在货物买卖合同中规定货物从卖方运到买方时，就买卖双方之间的成本、义务和风险等的分配问题提供标准的解决方案。

当买方和卖方位于不同地点时，合同还会涉及货物的运输。在实践中，货物运输几乎都是由独立承运人负责。因此，如果买卖合同引用了《国际贸易术语解释通则®2010》，双方就需要处理运输合同和《国际贸易术语解释通则®2010》之间的关系。

编著本指南是为了对《国际贸易术语解释通则®2010》与运输合同之间的一些衔接问题进行说明和解释。读者在阅读本指南时应特别牢记以下几点。首先，本指南对运输合同或买卖合同中当事人的义务不具有权威性解释效力。本指南的目的仅仅在于介绍当事人在订立与买卖合同有关的运输合同时必须考虑的一些问题。其次，应当始终牢记：买卖合同与运输合同是不同的独立合同，二者不仅涉及的当事人不同，而且合同项下的义务也完全不同。第三，本指南对各个问题进行讨论的前提是，当事人在买卖合同中所选择适用的《国际贸易术语解释通则®2010》及其相关内容，与《国际贸易术语解释通则®2010》的条文规定完全一致，未做任何变更。

此外，无论与承运人订立运输合同的是买卖合同的买方还是卖方，在订立运输合同时，都应当了解承运人全部的合同义务。本指南并不是采购运输服务的综合性指南。采购运输服务的当事人如果对运输合同缺乏相关经验，那么在订立任何运输合同之前都应当咨询专业人士。

货物买卖法与运输法之间的一个重要的区别是这两种法律规则本身。对于货物买卖，很多情况下适用契约自由原则，仅在竞争法或贸易管制（例如贸易制裁、货币管制或其他类似的公共措施等）之下才会限制契约自由。契约自由的基本原则体现于《维也纳国际货物销售合同公约》[①]（简称“CISG”）中。全世界批准该公约的国家的贸易量总和已经占到全球贸易总量的至少百分之八十。CISG 规定各方当事人有权在合同中修改 CISG 条款或完全排除 CISG 的适用。在买卖合同中，当事人通常会选择适用《国际贸易术语解释通则®2010》。因为《国际贸易术语解释通则®2010》在当事人如何分摊交付货物中的成本、职责和风险等问题上，提供了比 CISG 更具体的规定。

货物运输的情形则与货物买卖不同。实践中，大量国际公约对承运人在货物运输期间保管货物的责任，以及货物出现各种情况时承运人对应的责任做出了规定。许多此类规则限制了契约自由和当事人的协商自由。特别是，（在许多国际公约中）有关承运人对货损货差的赔偿限额被限定在实际承运货值之下，而且这是非常普遍的情况。因此，托运人在订立运输合同时应当认真考虑是否需要购买单独的货运保险。本指南的结尾列有一份关于保险的单独注释，供读者参考。

实际物流链中出现的复杂因素，更加强调了厘清这些问题的重要性。订立运输合同的承运人通常是货运代理，而货运代理除了货物运输往往还负责其他与交易相关的职责（尤其是办理清关）。随后，可能会由多个分包承运人使用不同的运输方式来履行运输合同，这被称为“多式联运”。

本指南涵盖了《国际贸易术语解释通则®2010》之下的各个贸易术语。它们总体可以分为两组：由买方订立运输合同的交易和由卖方订立运输合同的交易。

《国际贸易术语解释通则®2010》中有 3 个术语规定应由买方订立运输合同：

- FCA—货交承运人（指定交货地点）
- FAS—船边交货（指定装运港）
- FOB—船上交货（指定装运港）

上述贸易术语所对应的交易方式、买卖合同与运输合同之间的相互关系图示如下。

---

① 译者注，《维也纳国际货物销售合同公约》在中国一般称作《联合国国际货物销售合同公约》。

FCA、FAS 和 FOB 术语也允许由卖方订立运输合同，但由买方承担该运输合同下的风险和运输费用。此处的风险，不是指国际贸易术语解释通则项下各个国际贸易术语第 A5/B5 条规定的与货物交付及风险转移规定相关的实际风险，而是指商业风险。例如，若卖方租船订舱，则租船订舱不成的风险、以及最常见的运费波动风险，均由买方承担。

国际贸易术语解释通则中有 7 个术语规定卖方有义务订立运输合同，它们是：

- CPT—运费付至（指定目的地）
- CIP—运费和保险费付至（指定目的地）
- CFR—成本加运费（指定目的港）
- CIF—成本保险费加运费（指定目的港）
- DAT—运输终端交货（指定目的港或目的地的运输终端）
- DAP—目的地交货（指定目的地）
- DDP—完税后交货（指定目的地）

同理，上述贸易方式可通过下方图示说明。

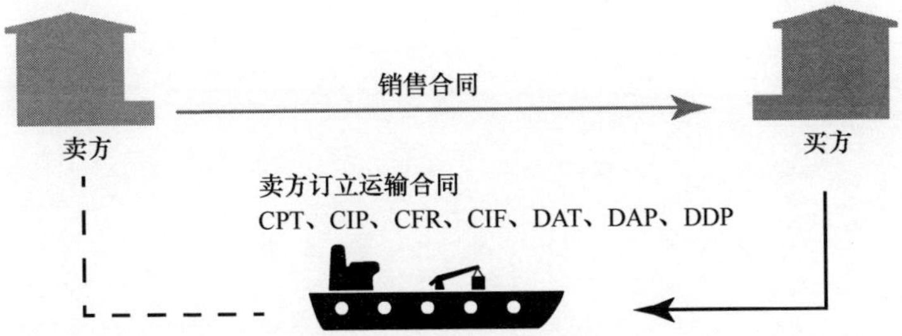

对于国际贸易术语解释通则中规定的工厂交货（EXW）贸易方式，卖方和买方均没有义务安排运输。

希望本指南能帮助运输行业厘清买卖合同和运输合同之间的关系，并使两类合同更为契合。

目　　录

《国际贸易术语解释通则®2010》任一或多种运输方式规则指南

工厂交货（EX WORKS）

《国际贸易术语解释通则®2010》中的 EXW（插入指定交货地点）

篇首语：EXW 术语的图示说明卖方应在其场所内备好货，以便买方的承运人将货物运给买方。但是需要注意以下两点。

（1）《国际贸易术语解释通则®2010》中 EXW 术语的"使用说明"部分规定，"工厂交货是指当卖方在其场所**或其他指定地点**，将货物交由买方处置时，即完成交货"。因此，"指定交货地点"不一定必须是卖方的场所，而可能是另一个地点，甚至可能位于卖方所在的国家之外。

（2）根据《国际贸易术语解释通则®2010》中 EXW 术语的第 A3a）条/第 B3a）条规定，卖方和买方均无义务订立运输合同。

因此，对于以下情形的交易，也可以使用《国际贸易术语解释通则®2010》中的 EXW 术语。

（1）在订立买卖合同之前，货物已经被运输到集散地点（例如，以寄售买卖和库存订单方式进行的交易）。这与订立买卖合同之后货物才被运输到集散地点的 DAT 术语恰好相反。

（2）无须运输货物的买卖合同。例如，货物如果是在保税仓库连续买卖而不实际出库（这种情况下只有最后一个买方提取货物并清货出仓），则不涉及货物运输。

（3）买方自备运输工具接收货物。

所以，《国际贸易术语解释通则®2010》中的 EXW 术语，通常不适用于由买方指定承运人、由承运人前往卖方场所收取货物进行国际运输的情形。对于这种情形，FCA 术语通常更为合适。在国际合同中选用 EXW 术语时，其表示的货物价格通常是指“货物单纯的买卖价格”，这实际上是卖方计算其买卖价格的参考数据①，但 EXW 术语通常不适合作为一种约定的交货术语使用。

问题 1　货物如何交承运人？

“工厂交货”是指卖方将货物运送至指定地点（卖方场所或其他地点）交由买方处置时，即完成交货。卖方无需将货物装上前来接收货物的车辆。②

EXW 买方应当同与其订立合同的承运人约定具体的货物交接地点。卖方交货地如果存在不同的具体地点可供货物交接使用，且卖方和买方未就具体的交接地点进行约定，则卖方可以选择最适合其目的的地点交货。然后，买方则需要向卖方询问货物将被存放在何处。买方应当向卖方通知承运人名称、承运人或被指定人的具体提货时间（应当在买卖双方约定的提货期内）、运输方式等。买方应提前足够的时间将上述信息通知卖方，以便卖方备妥货物。

EXW 买方应当指示其承运人代为接收货物，并在接收货物的车辆上采取一切必要措施（起吊、卸吊、积载、平舱、绑扎、紧固等）完成货物的装载和紧固。如装载、紧固货物对任何所需设备有特殊要求，买方必须提前通知承运人，而卖方也同样有义务提前告知买方这些事项。

在 EXW 交易下，由于卖方的条件通常更为便利，因此由卖方装载货物也是常见做法。如果由卖方装载货物，装载货物的风险

① 同时参见《国际商会代理示范合同》（国际商会出版物第 766E 号）第 16.1 条：“不论买卖合同中选用《国际贸易术语解释通则》中的哪一术语，代理费应当根据《国际贸易术语解释通则》中的 EXW 术语参考价格进行计算。”

② 关于“什么样的容器”属于“前来接收货物的车辆（运输工具）”或“包装”，请参见问题 9（谁负责装载和紧固货物）。

和费用应由买方承担。但是，卖方应注意，在装载货物时，卖方可能必须承担一些无法通过合同约定规避的强制性法律责任，例如运输法、健康和安全法或其他法律之下的强制规定。这些法律的效力可以高于买卖双方在买卖合同中的任何约定，包括买卖合同中已经选择适用的《国际贸易术语解释通则》。

如果要求卖方将货物装上买方派来接收货物的运输工具，则使用 FCA 术语更为合适。

问题 2　何时以何种方式把货物交给收货人?

《国际贸易术语解释通则》EXW 术语不涉及买方（或任何其他收货人）从其指定的承运人处收取货物的问题。

问题 3　谁付运费?

承运人（如有）根据与买方签订的运输合同行事。因此，运费由买方（通常也是收货人）支付。

问题 4　哪些额外费用可能被加入运费中?

货物在约定交货地点交由买方处置发生的所有费用均由买方承担（运费+额外费用）。

问题 5　运费中是否有可变更的部分（如调整因素）?

此问题对 EXW 术语不适用。

问题 6　何时支付运费?

通常会在 EXW 买方和承运人之间的运输合同中明确何时应付运费。买方和承运人可以商定运费应在货物启运之前支付，例如约定“运费预付”（freight prepaid）或“预付运费”（freight in advance）；也可以约定在承运人到达目的地后支付运费，例如约定“运费到付”（freight collect）或“在目的地付运费”（freight payable at destination）。关于运费何时支付，买方通常在向承运人预订运输服务时就已约定好，并写入运输合同，随后在运输单据中也会显示。应当注意，运输合同中除了规定运费支付的时间外，通常还会规定有关支付运费的其他事项。

问题 7　如何包装货物?

鉴于货物的运输风险将由买方承担，除非另有约定，货物应以“适合其运输的方式包装”。“适合其运输的方式”不同于“合理”或“通常”，而是指适于该次运输的目的，这个概念包含了诸如“易于”“相称”“适合”“符合”“正确”和“合适”等含义，而承运人能够依此表述实际检验包装是否达到适于运输的目的。

《国际贸易术语解释通则》中有“任何运输方式”的贸易术语，这些术语可适用于任何种类的运输方式。在 EXW 交易中，由于卖方不是运输合同的缔约方，因此卖方可能不知道货物最终的目的地，也不知道买方将使用何种运输工具运输货物。所以，EXW 买方应当事先将目的地、使用的运输方式、运输路径通知卖方。如果相关法律法规、监管机关对货物的包装方式有要求，买方也应提前将这些要求通知卖方。

对于某种商品，卖方如果没有收到买方对包装方式的指令，或由于之前没有与买方交易过该商品而不知应当采用何种包装方式，那么卖方不能随意选择包装方式，而可以根据适于在其场所提货的运输工具（最常见的是汽车）选择相应的包装方式。

除非是使用集装箱或其他使承运人无法检验货物的包装方式，最适合检验包装是否适合运输条件的应当是承运人。承运人是否有检验货物包装的义务，取决于运输合同的约定以及相关法律的规定。

运输单据上如果显示货物“未包装”，并不代表货物的包装不满足“适合其运输的方式”的要求，因为“特定行业（particular trade）运输未包装货物是常见的做法”（如农产品、矿产品、件杂货等）。

问题 8　由卖方还是买方负责清关?

《国际贸易术语解释通则》中的 EXW 术语规定，当货物的交付地在海关监管区域内而其未来的目的地在该海关监管区域之外时，应由买方办理所有海关手续，其中的风险和费用由其自行承担，包括在指定交货地点出口货物应办理的手续（包括办理所有应办的出口许可证、安全许可或其他官方授权）。买方如果采用 EXW 方式购买货物后出口，那么买方应当注意，卖方只有在买方提出要求时才有义务协助办理出口手续，但卖方没有义务负责安排出口清关。因此，买方如果不能直接或间接完成出口清关，则不建议买方使用 EXW 术语。

与此同时，买方向卖方提供货物出口相关信息或文件（单据）的义务也是有限的。但是，卖方可能出于缴税（增值税/关税减免）或申报等目的，需要买方提供这方面的信息。

在大多数国家，只允许以税务为目的在境内注册的公司和个人以其自身名义完成海关手续。因此，尽管买方承运人（或货运代理）依据运输合同而按照买方的指示行事，并由买方承担相应费用，但承运人从卖方处接收货物之后，因上述原因，却经常以 EXW 卖方的名义完成出口手续。卖方对此应当注意，当出口手续是以卖方的名义完成时，卖方可能要承担有关海关法律中的强制性义务，而无法通过合同规避该等义务。此类强制性法律的效力可能高于买卖合同的任何约定，包括买卖双方选择适用的《国际贸易术语解释通则》。因此，在这种情况下应优先考虑选用 FCA 术语。

为保持前后一致，向承运人、报关代理人或货运代理人发出的指示，以及承运人、报关代理人或货运代理人的行为，均应符合《国际贸易术语解释通则®2010》中 EXW 术语项下有关买卖双方清关义务分担的规定。

问题 9　谁负责货物的积载和紧固?

《国际贸易术语解释通则®2010》不涉及当事人有关积载和货物紧固的义务，因此建议双方必要时在买卖合同中对该事项进行约定。

卖方有义务提供备妥货物，以便买方可以安排接收。“备妥货物”通常意味着卖方依据已知的运输信息，将货物以适合运输的方式包装好（除非该货物通常以无包装方式出售，或者买卖双方同意采用某些其他特定包装）。卖方如果将小件货物（无论包装与否）组合成更适于高效运输的大件包装（比如将货物打托盘或者装板条箱），则卖方应负责确保对大件包装内的货物实施安全、牢固的积载。

问题 10　承运人应当出具何种运输文件?

在 EXW 交易中，卖方没有义务向买方提供货物已交付的证据（见 A8 条规定）。相反，当货物已在指定的交货地点交由买方处置后（不必装上任何接收车辆），买方必须向卖方出具业已收货的凭证（见 B8 条规定）。

EXW 的买方在签订运输合同时，应在运输合同中约定承运人有义务为卖方提供收货确认书。买方与其承运人之间如果没有就提供收货确认书的义务达成协议，承运人届时可以拒绝签发该确认书。在此情况下，如果没有其他证据或文件可证明交货已完成，EXW 卖方可能拒绝交付货物。这时，承运人就必须要求买方对其给予指示。买方如果未发出指示，承运人不得向卖方索要货物，而卖方可以要求买方赔偿相应费用，还可以要求赔偿已发生的滞期费。实践中的一种常见做法是由 EXW 卖方代表买方装载货物，并出具本《指南》FCA 部分中问题 10 列举的相关文件。请注意，这种做法与《国际贸易术语解释通则®2010》中 EXW 术语项下的权利义务规定并不一致。

货交承运人（FREE CARRIER）

《国际贸易术语解释通则®2010》中的 FCA（插入指定交货地点）

篇首语： FCA 规则的图示表示卖方将在卖方场所把货物移交给买方指定的承运人。但请注意，《国际贸易术语解释通则®2010》FCA 术语的“使用指南”部分明确规定，“货交承运人”是指卖方也可以在其他地点将货物交给买方指定的承运人或其他人。货物移交之后的实际启运地点甚至可能位于卖方国家之外。

问题 1　货物如何交承运人？

“货交承运人”是指卖方在卖方场所或其他指定地点，将货物交给买方指定的承运人或其他人。

1. 如果指定地点是卖方场所，该场所可以是任何由卖方控制[①]的地点，当货物装载上买方提供的运输工具时，即完成交货。根据不同的运输方式、运输合同、货物的性质、可用的设施等，“装载”可能包括不同的操作（卸吊、积载、平仓、绑扎和紧固）。其核心意义是，卖方将货物交由买方承运人，由承运人承担保管责任，并通过承运人签署的运输单据加以证明。

2. 卖方如果应将货物提交到承运人或买方指定的其他人（如货运终端或仓库的经营者），那么货物在卖方运输工具上备妥待卸并置于承运人或买方指定的其他人控制之时，交货即告完成。随后，买方指定的承运人或货运终端必须从运输工具（通常是卡车）上卸载货物，或接管运输工具（如集装

① 由卖方订立合同、买方承运人去接收货物的“货运终端”或“仓库”也可归类为“卖方所在地”（见《〈国际贸易术语解释通则® 2010〉问答——关于〈国际贸易术语解释通则® 2010〉的问题和 ICC 专家指南》，ICC 第 744E 号出版物第 78 页问题 17 关于 FCA 中的卖方场所。）

箱），以完成收货。此时，从卖方场所到指定的货物启运地点之间的运输即告完成，并可以通过承运人或货运终端在指定地点签发的货运收据予以证明。

在FCA贸易方式下，买方和承运人应对交货地点进行约定。为了卖方能够交货，买方应当提前足够多的时间将有关信息（如承运人名称、承运人或其指定人将在约定交货期内接收货物的具体时间、运输方式、在指定交货地点接收货物的具体交货点）通知卖方。买方如果未在通知栏明确具体交货点，而有几个交货点可用，则卖方可以选择最适合其目的的具体交货点。

除非货物交付的方式导致承运人无法确认，承运人在交货时应当确认货物和/或其包装的表面状况是否允许安全运输。承运人可以确认货物的表面状况、数量、尺寸和重量。

卖方安排运输时的特殊情况

在FCA卖方代表买方安排运输、将货物交给承运人的特殊情况下，通常需要卖方装载货物（见上文），而无论指定的交货地点是卖方场所并由卖方承担装载货物的费用和风险，还是其他场所并由买方承担装载货物的费用和风险。

问题2　何时以何种方式把货物交给收货人？

《国际贸易术语解释通则》FCA术语不涉及买方（或任何其他收货人）从其指定的承运人处收取货物的问题。

卖家安排运输时的特殊情况

在FCA卖方代表买方安排运输的特殊情况下，买方必须在由卖方订立的运输合同所规定的目的地从承运人处接收货物，并按照通常条件承担风险和费用。

问题3　谁付运费？

承运人根据与FCA买方订立的合同行事，因此由买方（通常也是收货人）支付从指定地点起算的运费。

注意：为了把货物交付到由买方订立合同中指定的承运人处，卖方可能需要与另一承运人签订“将货物运输到指定交货地点”

（“前运输”）的运输合同。卖方可能还需要指定一个承运人从堆垛中提取集装箱，在其场所装载该集装箱，并将其运回指定的交货地点，如集装箱堆场（CY）、集装箱货运站（CFS）或货运终端。这些部分的费用和风险由卖方承担。在这种情况下，卖方承运人需要与买方承运人联络，以便确认向哪家船公司办理订舱，确认从哪个仓库并根据哪一订舱单号提取空集装箱，并确认已装货的集装箱需要被交付到哪个堆场。

卖方安排运输的特殊情况

在 FCA 卖方代表买方安排运输的特殊情况下，卖方可以指示承运人向买方收取运输费用（“运费到付”）。承运人如果不同意，卖方最终向承运人支付了运费，那么卖方可以向买方追偿。

问题 4　哪些额外费用可能被加入运费中？

买方必须承担交货后发生的所有费用（运费+附加费）。

卖方安排运输的特殊情况

在 FCA 卖方代表买方安排运输的特殊情况下，买方/收货人如果拒绝向承运人支付额外的运费，承运人可能转而向卖方支付该部分费用。卖方虽然选用《国际贸易术语解释通则》的 FCA 术语出售货物，但卖方仍应受到运输合同的约束。对于卖方代买方支付的该部分费用，卖方可以向买方追偿。

一方当事人如果在运输单据上被显示为托运人，则通常被推定为是运输合同的缔约方，因而可能成为运费以及所有的运费调整和额外运费的债务人。因此，对于卖方仅将货物交付给承运人而没有与承运人签订运输协议的情况，卖方假如在收到运输单据时发现自己在运输单据上被显示为托运人，其可行的办法是立即否认自己是托运人。

问题 5　运费中是否有可变更的部分（如调整因素）？

买方必须根据 A4（运费+附加费）规定在交货时支付所有费用。

卖方安排运输的特殊情况

在 FCA 卖方代表买方安排运输的特殊情况下，卖方可以指示承运人向买方收取运费及任何调整后的费用。承运人如果不同意，卖方在向承运人支付后可以向买方追偿。

问题6　何时支付运费?

通常会在FCA买方和承运人之间的运输合同中明确何时应付运费。买方和承运人可以商定在承运人启运货物之前支付运费，通常的措辞是“运费预付（freight prepaid）”或“预付运费（freight in advance）”；或在到达后支付运费，通常用“运费到付（freight collect）”或“在目的地付运费（freight payable at destination）”。双方通常在预订运输服务时就已经对此类事宜达成一致并记载于运输合同中，并随后体现在运输单据中。请注意，运输合同通常还包含有关支付运费的进一步规定。

卖方安排运输的特殊情况

在FCA卖方代表买方安排运输的特殊情况下，卖方可以指示承运人向买方收取运费及任何调整后的费用。承运人如果不同意，卖方需要在货物启运前垫付运费，嗣后向买方追偿。

问题7　如何包装货物?

除非另有约定，货物必须以适合其运输的方式包装。“适合其运输的方式”不同于“合理的”或“通常的”，而是指适于运输的目的。这个概念包含了诸如“易于”“相称”“适合”“符合”“正确”“合适”等含义，而承运人能够依此表述实际确认包装是否达到适于运输的目的。

《国际贸易术语解释通则》中所谓的“任何运输方式”可以适用于任何形式的运输。在FCA交易中，卖方可能不知道货物的最终目的地或买方使用的运输工具。因此，FCA买方应事先将目的地、运输方式、路线通知卖方。相关法律法规如果对货物的包装方式有要求，买方也应提前将这些要求通知卖方。

卖方如果没有收到买方对包装方式的指令，之前也没有与买方交易过该商品从而不知晓应当采取何种包装方式，卖方不能随意选择包装方式，但可以选择便于运输工具（通常是汽车）来其场所接收货物的“适当的”包装方式。

除非是使用集装箱，或使用其他使承运人无法检验货物的包装方式，最适合检验货物的包装是否适合运输条件的应当是承运人。承运人是否有检验货物包装的义务，取决于运输合同的约定以及所适用法律的规定。

运输单据上如果显示货物“未包装”，并不代表货物的包装不满足“适合其运输的方式”的要求，因为“特定行业（particular trade）运输未包装货物是常见的做法”（如农产品、矿产品、件杂货等）。

问题 8　由卖方还是买方负责清关？

当货物的运送目的地位于启运地的海关监管区域之外时，应由卖方负责办理所有从指定地点出口货物的海关手续，并承担相应的风险和费用，包括取得所有出口许可证或其他必要的官方授权。货物离开启运地海关监管区域后的手续（如货物过境、货物进口）应由买方办理，风险和费用由买方承担。

由于 FCA 交易中的指定交货地点（卖方场所、货运终端）通常位于出口国国内，因此货物在通关之前就已被承运人或按照买方指示行事的其他人接管。此时，卖方可能尚未获取出口货物所需要的所有信息（如税收或申报之目的），出口清关手续也可能没有完成。

运输合同如果约定买方及其承运人必须应卖方的要求向卖方提供任何附加信息①和/或完成出口手续②所需要的协助，并由卖方对此承担风险和费用，买方则可能需要对其承运人作出相应的指示。

为保持前后一致，向承运人、报关代理人或货运代理人发出的指示，均应符合《国际贸易术语解释通则®2010》中 FCA 术语对买卖双方在办理清关中各自承担哪些义务的有关规定。

问题 9　谁负责货物的积载和紧固？

《国际贸易术语解释通则®2010》不涉及当事人有关货物积载

① 卖方可能需要办理出口许可证，但是买方需要向卖方提供相关证件，例如，最终用户证明（两用物资、废料、濒危证书）。

② 例如，为了减免增值税而返还出口凭证。

和紧固的义务。因此，在必要时，建议双方在买卖合同中对此进行约定。

FCA 卖方“将货物交给买方指定的承运人”的义务中是否包括装载货物，以及这种“装载”是否包括积载和紧固，取决于指定的交货地点（卖方场所或其他地点）、运输方式、运输合同和货物性质。

使用 FCA（卖方场所）条件交易，通常需要卖方积载货物（如在集装箱中或在卡车上积载），以完成货物装载。

使用 FCA（其他地点）条件交易，货物如果尚未装入集装箱（LCL），买方应指示代表其接收货物的收货人，采取合适的方式积载并紧固货物（在集装箱内、在船上、在飞机上……）。

问题 10　承运人应当出具何种运输单据？

在 FCA 买卖中，卖方应当自付费用向买方提供货物已交付的常规凭证，证明：

- 当指定交货地点为卖方场所时，货物已经装上买方提供的运输工具；或
- 当指定交货地点为其他地点时，货物已经在卖方运输工具上备妥待卸，并已交由买方处置。

买方如果要求卖方提供进一步协助，以便买方取得某运输单据，则卖方必须协助，费用和风险由买方承担。

收货确认书

FCA 买方在签订运输合同时，应在运输合同中约定承运人或货运终端向卖方提供收货确认书。在使用 FCA 术语而交货地点是卖方场所以外的地点时，这可能会成为一个问题。

买方如果与其“货运终端”没有约定提供收货确认书的义务，

则货运终端可以拒绝提供此类确认文件。这时，如果没有其他证据（如货运终端签发的收据）可以证明交货完成，卖方则可以拒绝交付货物。在这种情况下，终端必须要求买方发出指令。买方如果没有发出指令，运输终端不得向卖方请求交付货物，而卖方可以根据实际情况要求买方赔偿相关费用或滞期费。

运输单据

FCA 术语对适用的运输方式没有限制，也可适用于多式联运。因此，使用该术语不要求双方使用特定的运输方式或运输单据，买方和承运人可以约定任何形式、种类的运输单据。

大多数的国际运输公约要求承运人提交特定的运输单据或货物收据，如空运单（AWB）、提单（B/L）、公路运单（CMR）。承运人如果应 FCA 卖方的要求签发该等文件，承运人的这一行为通常被视为代买方所为，其意在履行买卖合同，有相反证据者除外。

运输单据是货物已经被承运人保管的凭证（见上文“收货确认书”）。如果要对货物作出相关保留意见，也可以记载在运输单据上。在其他情况下，运输单据可仅供持单人提货（或主张货权）之用（如可转让提单）。

买方如果要求卖方协助其获取运输单据，则卖方有义务协助。FCA 卖方原则上不是运输合同的缔约方，因此买方应当指示承运人向卖方/发货方签发常规种类的运输单据，作为承运人已收货的凭证。卖方如果按照《国际贸易术语解释通则®2010》下 FCA 术语 A3 条中的特殊规定代办运输，则该卖方和承运人可以在运输合同中具体约定由谁出具运输单据。

特别是，运输单据应当载明货物是否已由卖方或承运人完成装载和紧固。此外，单据应列明将货物交付承运人的一方（FCA 卖方）**或**订立运输合同的一方（FCA 买方），以及收货人（通常是买方或其代表）的具体名称。运输单据应记载承运人在交货地收货时的货物表面状况。货物如果是装在一个或多个密封的运输容器（如集装箱）中被接收，则由承运人确认运输容器的表面状况即可。

该文件应清楚无误地注明日期并签字。

除非明显没有必要，否则该文件应包括将货物交付收货人的明确承诺。在使用可转让运输单据的情况下，（收货人向承运人）提交一份正本即可提货。

其他单据

买方有可能要求承运人准备清关单据（发票、装箱单、原产地证书……），但承运人实际上并不负有这些义务。然而，承运人一旦接受该要求，就应特别注意这些非常格式化的单据，尤其是运输方式、货物、准据法以及托运人和承运人身份等。

运费付至（CARRIAGE PAID TO）

《国际贸易术语解释通则®2010》中的 CPT（插入指定目的地）

篇首语：图示表明，在 CPT 贸易方式下，卖方应在卖方场所将货物交给卖方指定的承运人，由该承运人将货物运输至买方。但是需注意，《国际贸易术语解释通则®2010》中 CPT 术语的“使用说明”明确规定，“运费付至”是指卖方还可以在另一个指定的交货地点将货物交付给承运人，或交付给由卖方指定的其他人。此“交付地”甚至可能位于卖方所在的国家之外。

由于风险转移和费用转移的地点不同，使用 CPT 术语时应当关注两个关键点。双方在合同中应尽可能明确约定交付地（风险在该地点转移至买方）和目的地（卖方必须以此地作为货运目的地签订运输合同）。该目的地在以上图示中未列出，其可以是买方场所，也可以是任何其他地方，甚至可以位于买方所在国之外。

问题 1　货物如何交承运人？

“运费付至”是指卖方必须在约定的交付地点（当事人之间如果已约定此地点）将货物交付承运人，并签订运输合同将货物运到指定的目的地。CPT 卖方和与卖方缔约的承运人应就货物交付地点达成协议。

当货物交由承运人保管时交付完成，由卖方指定的承运人签发显示货物将被运至指定目的地的运输单据证明。根据运输方式、运输合同、货物的性质和可用的基础设施等，向承运人交付货物可能需要将货物装上运输工具和/或采取不同的具体措施来紧固货物。

除非货交承运人的方式导致确认不可行，在货物交付时，承运人应对货物和/或货物包装的表面状况是否符合安全运输规定进行确认。承运人可确认货物的表面状况、数量、尺码和重量。

除非卖方和买方已经约定将在特定的货物启运点（“交货点”）交付货物，卖方可以任意选择对自己最方便的地点作为货物的交货点（“装货点”）。

运输行程应当以一份单一合同完成，涵盖从选定的装载地点一直到指定目的地将货物交付买方为止的全部路程。但是，与卖方订立运输合同的承运人（也可能只是货运代理人）可能将其部分义务转包给其他公路、航空、海路、铁路运输的实际承运人。双方如果未就具体交付地点达成协议，则默认当货物根据主运输合同指定目的地交付至第一承运人时，货物风险即转移至买方。这一货物交付地点完全由卖方选择，且买方无控制权[①]。买卖双方如果希望风险在交付承运人之后的某一阶段转移（如风险在海港或机场转移），则买卖双方需要在买卖合同中明确约定。

问题 2　何时以何种方式把货物交给收货人？

根据《国际贸易术语解释通则®2010》CPT 术语规定，卖方必须签订运输合同将货物运至指定目的地，该地点可能是买方地址或任何其他地点（如港口、货运终端等）。在买卖合同中，买卖双方应当尽可能明确地约定承运人在货物运抵约定目的地后向买方交付货物的具体地点。买方若有权决定发货时间和/或指定目的地，或有权决定在该指定目的地内接收货物的地点，买方必须给予卖方充分的通知。双方如果没有约定在目的地交货的具体地点，也不能通过交易惯例确定该具体交货地点，那么卖方可以选择最适合其目的的具体交货地点，并据此指示其承运人。卖方须通知买方货物已交付承运人，并通知承运人的姓名、出发日期和运输方

---

①《联合国国际货物买卖合同公约》第 31 条 a 款：卖方如果没有义务要在任何其他特定地点交付货物，他的交货义务如下：（a）如果销售合同涉及货物的运输，卖方应把货物移交给第一承运人，以运交给买方。

式，且须向买方发出通知使其能够采取必要措施正常收货。

买方应当在指定目的地从承运人处收取货物。根据运输方式、运输合同、货物的性质和可用的基础设施等，买方从承运人处收取货物可能需要其从运输工具上卸载货物。对于卸货费用，《国际贸易术语解释通则》下 CPT 术语仅规定了卖方应承担运输合同之下卸货义务对应的卸货费用，而且该部分卸货费用已包含在运输价格中[①]。对于所有其他部分的卸货费用，买方都必须承担。无论卸货是否属于运输合同的一部分，卸货风险均由买方承担。

通常而言，集装箱货物在卸货港应从海运船上卸下，并根据运输合同的约定被送至集装箱堆场。但是，零包货物可以按“船方不负责卸货”的条件运送，即货物在船舱中备妥待卸，[②]而由买方卸货并承担卸货费用。对于件杂货，可以采用“吊钩下交付”的方式交付，吊卸由买方办理并承担费用。如果指定的交货地点是买方的地址，通常情况下都由买方负责从运输工具上卸下货物。对于集装箱整箱货物，建议各方提前约定由哪一方负责对集装箱进行清洗并将其归还承运人。

一旦买方（收货人）在目的地从承运人处收取货物，即应当检验货物的性质、数量和重量、货物的状况和包装，并在签署收货单据时做出适当保留。这种货物检验不是对货物是否合格的全面检测。货物如果在到达目的地后被转运或重新启运，对货物是否合格的全面检测则可以推迟到货物到达最终目的地之后进行[③]。

如果买方（收货人）拒绝从承运人处收取货物，其将违反《国际贸易术语解释通则®2010》CPT 术语中的第 B4 条和第 B8 条，

---

① 在运输合同下由卖方承担。

② 运输合同包括的装货成本是从货物在启运港“吊钩”起直到货物在目的港“卸钩”。船员在离港时不会将货物附到挂钩上，托运人/接收人必须承担“吊索费用”/“起重费用”。在目的地“卸钩”的费用由收货人/买方承担。具体情况可能因不同港口的交易惯例而异。

③《联合国国际货物买卖合同公约》第 38 条第 3 款。

承运人应联系卖方（托运人）以获得进一步的指示。这样的拒绝行为可能导致某些后果，如买卖合同下的风险和成本将转移至买方；以及

（1）承运人可就因保管货物产生的费用提出主张，并要求赔偿因延误造成的损失；

（2）减少承运人对货物的保管责任；

（3）改变甚至排除承运人履行运输合同的义务；

（4）赋予承运人以救济措施，如允许承运人处置货物和采取其他救济措施。

问题 3　谁付运费？

承运人按照与 CPT 卖方签订的运输合同行事，因此应由卖方（通常也是发货人或托运人）支付运往指定目的地的运费。

除有权向作为契约托运人的 CPT 卖方提出请求外，作为运输合同的承运人，根据具体的法律性质和运输合同的准据法，承运人还有权就运费及其附加费针对收货人（CPT 买方）行使留置权和保留权。

问题 4　哪些额外费用可能被加入运费中？

在议定运输费用时，特别建议 CPT 卖方与承运人在运输合同中明确约定运输成本的哪些项目包含在运费中，哪些不包含在运费中。这些项目包括装载、拼箱、平舱、捆扎、隔垫、卸货、安全警告、港口税和单据等。

超出承运人合理控制的情况所造成的成本，以及合同中约定的罚金（如滞期费、滞箱费、等候费等），不应包含在该事先议定的运费金额中。

CPT 交易的主要规则是，卖方必须按照“通行条件”自行承担货物运输到指定目的地的费用。对通行条件的解释（或理解）可能不尽一致，但目前业界明确的共识是，仅有不可预见的额外

支出（“附加费”），如由搁浅、碰撞、罢工、政府命令或恶劣天气条件所产生的费用，能够被排除在卖方应承担运费的“通行条件”之外。这些附加费均由 CPT 买方承担。[①]除了这些明显的例子外，有时很难核实哪些额外支出属于“通行规则”下卖方应承担的费用。

一般而言，运输费用（由卖方预付的运费）应包含将货物运至目的地的所有常规运输成本，其中包括处理、仓储和转船的费用，以及港口当局在运输期间收取的任何费用。卖方有义务根据所销售货物通常使用的运输工具和运输路线订立运输合同。承运人提供的运输工具必须适于将货物安全地运送到目的地，并且承运人还必须能够预测运输过程中发生的常规费用，并将这些费用包含在运输合同规定的预付运费之中。货物离港时[②]的汇率调整费用和燃料调整费用应当包含在运费中，并由 CPT 卖方承担。

特别建议买卖双方在买卖合同中说明各自将承担哪些特定的额外费用。为避免争议，CPT 卖方也应与其承运人进行相应的协商。

买方应谨慎使用 C 组术语。这些术语比较复杂，买方应当在对其已充分理解的前提下使用。

问题 5　运费中是否有可变更的部分（如调整因素）？

在议定运输费用时，特别建议 CPT 卖方和承运人对是否允许进行任何费用调整在合同中进行约定。

运输合同有时规定当事人可以对正常应付的运费进行追溯调整。此类调整会以许多不同的形式出现，例如燃油附加费（BAF）、[③]汇率附加费（CAF）、[④]国际船舶和港口安全费（ISPS）、[⑤]战争/海盗风

① 建议买方在计算海关估价时（如适用）将这些额外费用包括在内。

② VATOS—货物装船时。

③ 向承运人征收的用于补偿船舶燃料价格波动的额外费用，也称为燃油附加费。

④ 向承运人征收的用于补偿适用货币价格波动的额外费用。

⑤ 港口安全的额外费用。

险费和拥堵费等。此类调整不包含在最初议定的运费中，而通常在货物交付给承运人时计算。所有这些运输费用调整均由 CPT 卖方支付。

问题 6　何时支付运费？

CPT 卖方和承运人必须就支付运费的方式进行具体约定，以便买方可以在货物运抵时立即接收货物，而无需支付运输合同中约定的任何额外费用。

无论运输合同对支付运费的时间作何约定，CPT 卖方始终负有支付运费的义务，并有义务支付货物交付承运人时额外发生的调整费用（参见问题 5）。

卖方和承运人之间议定的运费所涵盖的服务如果包括卸货或卸货后对货物的处理，这些费用也需由卖方支付。卖方可以与承运人在运输合同中约定这些费用应在货物运抵时或运抵后付清。

问题 7　如何包装货物？

除非买方和卖方另有约定，货物必须以适合其运输的方式包装。“适合其运输的方式”不同于“合理的”或“通常的”，而是指适于运输的目的，这包括诸如“易于”“成为”“适合”“符合”“正确”“合适”等特征，并且承运人可以确认是否达到此目的。

由于 CPT 卖方知道货物运输的目的地，并可以选择运输方式，因此，卖方不仅应当选择便于到其场所接收货物的运输工具（通常是汽车）的“适当的”包装，而且该包装还应在全部运输行程满足“适当性”要求。

除非货物用集装箱或其他无法被承运人确认的方式交给承运人，否则，最适合确认包装是否适当的当事人就是承运人。但是，承运人是否有确认货物包装的义务，取决于运输合同的约定以及准据法的规定。

运输单据上如果显示货物“未包装”，并不代表货物的包装不满足“适合其运输的方式”的要求，因为“特定行业（particular trade）运输未包装货物是常见的做法”（如农产品、矿产品、件杂货等）。

问题 8　由卖方还是买方负责清关?

当销售货物的目的地位于卖方关税区域之外时，卖方负责办理所有从指定地点（启运地）出口货物的海关手续[1]，并承担相应的风险和费用，包括可能需要的任何出口许可证或其他官方授权。

从运输地点启运后，在中转地清关的风险和费用将由买方承担。买方还应负责货物在指定目的地的进口清关。

双方为获取文件和信息应提供相互协助，这些信息包括与货物出口、运输和进口有关的安全信息。

由于 CPT 交易中的承运人接收货物的地点（卖方场所、货运终端）可能位于出口国国内，卖方与承运人在运输合同中应当议定由卖方提供所有出口货物所需信息来满足实际需求（如税务或申报之目的）。

为了海关估价之目的，建议卖方指示承运人将运输费用分成“内陆运费”和“国际运费”两部分。

为了保持前后一致，卖方与承运人签订的运输合同的条款，应当与《国际贸易术语解释通则®2010》中 CPT 术语对买卖双方清关义务的责任划分相一致。

① 也包括运往出发地/发运地的运输手续。

问题 9　谁负责货物的积载和紧固？

《国际贸易术语解释通则®2010》不涉及当事人有关积载和紧固货物的义务，因此，必要时建议双方在买卖合同中约定该事宜。

CPT 卖方将货物交付承运人的义务是否包括装载货物，“装载”是否包括积载和紧固货物，取决于运输合同的规定。

当货物在卖方场所被交付承运人时，通常需要卖方积载货物（如在集装箱中或在卡车上积载），以完成货物装载。

问题 10　承运人应当出具何种运输单据？

《国际贸易术语解释通则®2010》中的 CPT 术语规定，卖方必须自担费用向买方提供运输合同项下将货物运至指定目的地的常规运输单据。运输单据应当注明合同下的货物，并且其日期应在约定装运期内。按照双方约定或惯例，该单据还应当使买方能够在指定目的地向承运人请求交付货物，并使买方能够通过向后续的买方转让单据或通过指示承运人而完成销售在途货物。上述运输单据如果是可转让的，而且出具的正本不止一份，则必须向买方提交全套正本。

由 CPT 卖方订立的运输合同，应当在一份合同之下涵盖从选定的提货点一直到指定目的地向买方交付货物的整个运输过程。然而，与卖方签约的承运人（可能是货运代理）可将其部分义务分包给其他实际承运人（包括公路、航空、海路、铁路承运人等）。在这种情况下，在运输期间出具的运输单据可能有多个种类，包括一份由货运代理出具的覆盖从交货地点运送到指定目的地的全程[①]的单据，以及若干份由与货运代理签约的实际承运人出具的运输单据。这些实际承运人与货运代理之间的单据仅用于证明货运

① 货运代理可以作为承运人（当以其自身名义出具运输单据）或承运人的代理人（当以 CPT 术语项下卖方的代理人身份仅安排连续的运输链）而承担责任。

代理对全程运输的安排，因此货运代理并不向卖方或买方提供这些单据。

大多数国际运输公约要求契约承运人就已收妥待运的货物向发货人/托运人提交特定的运输单据或货物收据，如空运单（AWB）、提单（B/L）、公路运单（CMR）。这些运输单据既是货物在指定目的地交承运人保管以运输到指定目的地的证据，也是对货物作出相关批注的凭证①。该运输单据可以这样的方式使用，即只有持该运输单据的人才有权提货（比如持有可转让提单）。

通常，在货物启运时由第一承运人出具常规类型的运输单据。具体来说，该单据应当记载货物是否已由卖方或承运人完成装载和紧固。此外，单据应载明将货物交给承运人的交付方的名称，以及与承运人订立运输合同的一方（CPT 卖方）和收货人（可能是链式交易中下一个实际承运人或 CPT 买方）的名称。运输单据应载明货物在（第一）承运人接收时的表面状况。货物在被接收时如果是装在一个或多个密封的运输容器（如集装箱）中，则承运人能够确认运输容器的表面状况即可。该文件应明确无误地注明日期并签字。

除非明显没有必要，该文件应包括将货物交付收货人的明确承诺，条件是在文件为可转让的运输单据时，收货人得提交一份文件的原件。

其他单据

卖方如果要求承运人准备清关单据（发票、装箱单、原产地证书……），除非承运人是已经承诺承担该义务的货运代理，否则承运人并不负有该义务。因此，每当承运人（如有）接受该要求，应当特别关注这些非常格式化的文件，尤其要注意运输方式、货物、准据法以及运输购买方和承运人的身份等内容。

① 批注应由承运人在发运地、收货人在到货地作出。

注：在 CPT 交易中，由卖方订立将货物运抵指定目的地的运输合同，但货物在启运地点已交承运人时交付给买方。在运输过程中，任何货损风险均由买方承担。因此，买方有强烈而正当的愿望，以确保运输安排能令买方仅需与一位承运人直接联系，即可就运输过程中的货损货差提出索赔，并接受理赔。

运费和保险费付至（CARRIAGE AND INSURANCE PAID TO）

《国际贸易术语解释通则®2010》中的 CIP（插入指定目的地）

除保险义务外，《国际贸易术语解释通则》中的 CIP 术语和 CPT 术语的内容完全一致。

尽管在将货物交付承运人后，卖方基本上没有什么保险利益了，但为了买方的利益，卖方通过其货运代理签订保险合同确是符合实际的。由合同一方一手办理托运和投保是适当的做法，可以合理的支付同步办理运输合同（包括安排运输路径及付运日期）与保险单这两项业务。但需要注意，尽管通过货运代理或承运人办理投保在某些情况下是有利的（尤其是在托运人发货批次有限的情况下），但这一做法既不宜普遍推广，也并非是最佳的做法。针对那些在同一年度大量发货的托运人而言，这一做法可能是完全不合适的。

需要注意，有些国家限制该国进口业务中向国外货运保险公司投保，所以禁止使用《国际贸易术语解释通则》中的 CIP 术语。同样应注意，在某些国家，保险业务甚至包括保险咨询业务，都受到法律限制，这些业务只能由具备适当资质且登记注册的公司或个人办理。

《国际贸易术语解释通则》中的各术语对保险合同本身不做规制，只规制买卖双方与保险有关的业务关系。负责支付保险费的一方，比如卖方，将需要订立特定的保险合同。

《国际贸易术语解释通则》中的 CIP 术语要求卖方向信誉优良的保险商或保险公司自费投保货物运输险，且险别应不低于协会货物条款（C）险。根据货物装运地所在国家、承运人国籍、运输方式等不同情况，投保时也可适用其他标准保险条件。[①]但是，如

① 比如美国协会条款中的平安险、法国海运货物保险条款中的平安险、安特卫普货物保险条款、挪威海运保险计划（NMIP）、德国远洋船舶保险条款。

应买方请求，卖方可基于某些前提条件，投保协会货物条款（A）险或（B）险，或类似的保险险别。同样的原则亦适用于战争险和罢工险。

卖方所投的保险应使得买方或者对货物拥有保险利益的任何其他人，可以向保险人直接索赔。此外，保险金额至少应为合同金额的 110%。卖方投保的保险金额如不能满足这一最低要求，就不能满足 CIP 术语 A3（b）款所规定的卖方的保险义务。

卖方投保的如果是全球运输保险，则可能无法满足 CIP 术语的相关规定，原因是：

（1）由于卖方是这一保险的受益人，因此，买方将可能无法自动获得向保险人索赔的权利，买方可能需要与保险人做出特别的保险安排；

（2）此类保险可能无法满足合同金额 110%的最低保险金额要求，此类保险的部分保单会针对保险金额规定上下限。

运输终端交货（DELIVERED AT TERMINAL）

《国际贸易术语解释通则®2010》中的 DAT（插入指定港口或目的地的运输终端）

篇首语：图示表明，在 DAT 术语条件下，卖方应在指定港口或目的地的指定运输终端将货物从驶抵的载货运输工具上卸下，交由买方处置。“运输终端”包括任何地方，无论是否有遮蔽，如码头、仓库、集装箱堆场或公路、铁路、空货运站，但不是简单的开放场地，必须对空间有所管理以便接受货物。①

问题 1　货物如何交承运人？

“运输终端交货”意指卖方必须订立运输合同（或使用自己的运输工具）将货物在指定目的地运输终端交给买方。②货物如何以及在什么地点交给承运人并由承运人运往运输终端，对买卖双方之间的关系不甚重要。

因此，卖方可在任何方便的地点，以最符合其目的的方式，安排承运人收取货物，因为买方在货物于指定目的地运输终端交付前不承担风险或费用。

除非物交承运人的方式不允许，承运人从卖方处收取货物时，将确认其表面状况和/或包装是否适于安全运输。承运人也可查验货物的表面性质、数量、尺码和重量。

问题 2　何时以何种方式把货物交给收货人？

DAT 术语 A4 要求将要交付的货物自驶抵的运输工具上卸下，

---

① 《〈国际贸易术语解释通则® 2010〉问答—关于〈国际贸易术语解释通则® 2010〉的问题和 ICC 专家指南》，ICC 第 744E 号出版物，第 79 页，问题 21 关于 DAT 中的运输终端。

② 《〈国际贸易术语解释通则® 2010〉问答—关于〈国际贸易术语解释通则® 2010〉的问题和 ICC 专家指南》，ICC 第 744E 号出版物，第 79 页，问题 22 关于 DAT、DAP 和 DDP 下卖方使用自己的运输工具。

并“在指定运输终端”交由买方处置。因此，运输合同必须包括在指定运输终端卸货。

货物是否必须置于运输终端内则需依运输终端的具体情况和贸易惯例而定。可能最主要的是 A8 条款的要求，看买方可在何处凭卖方提供的交付单据提货。[①]在交易采用 DAT 术语时，建议各方尽可能明确指明运输终端，在可能的情况下，明确约定目的地运输终端内的具体地点。

买方如有权决定约定期限内的具体时间和/或在指定运输终端的提货地点，则买方必须给予卖方充分的通知。建议卖方订立完全匹配买方选择的运输合同。如未约定或没有实际做法确定具体运输终端，则卖方可选择约定目的港或目的地最符合其目的的运输终端。

在实践中，DAT 术语特别适用于以下情形。

（1）航空运输，这是因为在货物从飞机上卸下后，航空运输终端是买方可以要求提货的第一地点。

（2）卖方在同一地区有数个客户，货物以整箱货条款运到靠近该市场的运输终端，在该运输终端拆分货物，请客户们在该运输终端提货。

（3）卖方尚未收到货款，将货物运到买方国家的运输终端，指示仅在约定条件下向买方放货。

（4）约定货物不办理进口清关，交付到与进口国买方邻近的运输终端也是可行的。

在第（2）（3）种情形下，通常的预期是将货物交由买方处置的运输终端由组织运输的卖方指定。这样，在买方拒绝付款和/或拒绝收货的情况下，卖方可以收回货物或寻找另一个目的地。

此外，鉴于应办的进口手续需在运输终端交货之后由买方办理，运输终端可以是卖方承运人在约定目的港或目的地的（保税）仓库。因此，通常卖方会根据其与承运人或货代签订的合同，在货物运抵后通知买方运输终端内的地点和如何提货。

根据运输方式、运输终端设施、货物性质、可用的基础设施、

① 《〈国际贸易术语解释通则® 2010〉问答—关于〈国际贸易术语解释通则® 2010〉的问题和 ICC 专家指南》，ICC 第 744E 号出版物第 79 页问题 22（DAT 下何地卸载）。

港口惯例等因素，在运输终端提货可能需要买方将货物（不论是否仍在集装箱内）装上其提货车辆。DAT 术语仅让卖方承担作为运输合同组成部分的在运输终端交货给买方的费用和风险，因而这些费用包括在运输价格之中。买方必须支付其他提货费用。在运输终端装货的风险发生“在货物交由买方处置之后”，因此由买方承担。

在运输终端收货时，买方（收货人）将检验货物的性质、数量和重量以及货物状况和包装，并在签署货物收据时作出适当保留。这种检验并不等于全面的合格评估。在货物转运或再次发运的情况下，评估可推迟到货物运抵最终目的地之后。[①]

如买方（收货人）拒绝从承运人处提货，则其违反了 DAT 术语 B4 和 B8 条款，承运人应联系卖方（托运人）获取进一步指示。这种拒收可能导致的后果包括买卖合同项下的风险和成本转移给买方，以及：

（1）承运人就货物管理费用以及因买方延误提货而导致的损失提出的索赔；

（2）减轻承运人的管货责任；

（3）变更甚至排除承运人在运输合同项下所应履行的义务；

（4）给予承运人采取诸如处置货物和其他救济措施的权利。

问题 3　谁付运费?

承运人基于与 DAT 卖方签订的运输合同行事，因此应由卖方（通常也是发货人或托运人）支付到指定目的地运输终端交由买方处置时的运费。

除可对作为合同托运人的 DAT 卖方提出请求外，根据具体法律性质和运输合同所适用的法律，承运人还可就运费及其附加费对收货人（DAT 买方）行使留置权和保留权。

问题 4　哪些额外费用可能被加入运费中?

在约定运输费用时，建议 DAT 卖方和承运人明确规定哪些运费和目的地运输终端费用（仓储及码头操作费、码头税费、货车

① CISG 第 38 条第 3 款。

运费、集装箱押金等）包括在运费中，哪些不包括。

因承运人不能合理控制的情形导致的费用以及合同罚金（如滞期费、延滞费、等待小时等）不包括在（事先）约定的运输价格中。

DAT 的主要规则是卖方需支付运输合同费用以及直至将货物在指定运输终端交由买方处置时的全部费用。

但因买方未能办理进口手续或未按 B7 条款向卖方通知货物应在何处交付，导致卖方承担的额外费用（仓储费、操作费、延滞费），买方需补偿卖方。从实务角度看，建议卖方寻求承运人/运输终端的帮助，（通过行使其留置权和保留权）直接从买方处收取这些额外费用。

问题 5　运费中是否有可变更的部分（如调整因素）？

在约定运费时，建议 DAT 卖方和承运人明确规定是否允许价格调整。

运输合同有时规定可以回溯性地调整通常应支付的运费。这些调整采用不同形式，如燃油附加费、[①]货币贬值附加费[②]以及其他费用如港口安全设施费、[③]战争/海盗风险费、港口拥挤附加费等。这些调整不包括在原先约定的运费中，但通常在货交承运人时计收。所有这些运费调整都由 DAT 卖方支付。

问题 6　何时支付运费？

DAT 卖方和承运人需约定运费的支付方式，以便买方可在货物运抵后立即接受货物而无须支付任何包括在运输合同中的费用。如运输单据记载了运费支付，则应作出相应标注。

无论运输合同就运费支付时间作出何种规定，DAT 卖方始终对买方有支付运费（以及在货交承运人时增加的任何如问题 5 中所讨论的运费调整）的义务。

如卖方和承运人约定的运费包括卸货或卸货后的进一步处

① 承运人为补偿船只燃油价格浮动收取的附加费。

② 承运人为补偿定价货币浮动收取的附加费。

③ 有关港口安全的额外收费。

理，这些费用也需由卖方支付。经与承运人约定，运输合同可以规定这些费用或其他附加费在货物运抵时或运抵后支付，但需注意为使买方在目的地运输终端提货不受阻碍，卖方有义务安排适当的运费支付方式。

问题 7　如何包装货物？

“运输终端交货”意指卖方必须签订运输合同（或使用自己的运输工具）将货物交给位于指定目的地运输终端的买方。[①]货物在启运时应如何包装以便运输，进而交给承运人运往目的地，对买卖双方之间的关系不甚重要。

问题 8　由卖方还是买方负责清关？

出售货物的运输目的地如在出口地关境之外，应由 DAT 卖方承担风险和费用办理所有出口和运到指定目的港运输终端所需的海关手续（包括任何出口和运输许可或其他可能需要的官方授权）。

在指定运输终端收货的进口手续由买方办理，并由买方自担风险。因买方负责进口清关手续，其可能需要至少一份运输单据以提交给进口当局。

双方需就获取文件和信息相互协助，包括出口、运输和进口所需的有关安全信息。

鉴于 DAT 交易中的指定运输终端通常位于进口国，建议指示承运人将运费拆分为内陆运费和国际运费以便海关估价。

为避免不一致，卖方与承运人的运输合同约定的条款应符合 DAT 术语分配给买卖双方的清关义务。

问题 9　谁负责货物的积载和紧固？

“运输终端交货”意指卖方必须签订运输合同（或使用自己的运输工具），在指定目的地运输终端将货物交给买方，并承担直到

---

① 《〈国际贸易术语解释通则® 2010〉问答—关于〈国际贸易术语解释通则® 2010〉的问题和 ICC 专家指南》，ICC 第 744E 号出版物第 79 页问题 22（DAT、DAP 和 DDP 下卖方使用自己的运输工具）。

交货之时的所有费用和风险。若确需积载但承运人不管积载的情况下，DAT 卖方需在发运时进行积载。

问题 10　承运人应当出具何种运输单据?

“运输终端交货”意指卖方必须签订运输合同（或使用自己的运输工具）并且必须在指定目的地运输终端将货物交给买方，因而运输文件是卖方和承运人的主要关注。

文件必须明确表明承运人有义务将货物交给买方或买方指定代其接收货物的人。

目的地交货（DELIVERED AT PLACE）

《国际贸易术语解释通则®2010》中的 DAP（插入指定目的地）

篇首语：“目的地交货”意指卖方在到达指定目的地的运输工具上把待卸货物交由买方处置时完成交货。该目的地可以是买方地址，也可以是其他目的地，甚至是买方国家之外的地点。DAP下到达的“运输工具”可以是船舶，指定的目的地可以是港口。因此，DAP 能在《国际贸易术语解释通则® 2000》中的 DES 术语中安全使用。

问题 1　货物如何交承运人？

“目的地交货”意指卖方必须订立运输合同（或使用自己的运输工具），在到达指定目的地的运输工具上把待卸货物交由买方处置的方式交货。①货物如何交给承运人以及在什么地点交给承运人并由承运人运往目的地，对买卖双方之间的关系不甚重要。

因此，卖方可在任何方便的地点，以最符合其目的的方式，安排承运人收取货物，因为买方在货物于指定目的地交付前不承担风险或费用。

承运人从卖方处收取货物时将确认其表面状况和/或包装是否可安全运输，除非货物交给承运人的方式无法作此确认。承运人也可查验货物的表面性质、数量、尺码和重量。

问题 2　何时以何种方式把货物交给收货人？

卖方必须在约定日期或约定期限内，在指定目的地的约定地点（双方如果订立了约定地点）在驶抵目的地的运输工具上将待卸的货

① 《〈国际贸易术语解释通则® 2010〉答—关于〈国际贸易术语解释通则® 2010〉的问题和 ICC 专家指南》，ICC 第 744E 号出版物第 79 页问题 22（DAT、DAP 和 DDP 下卖方使用自己的运输工具）。

物交付买方。

买方如有权决定在约定期限内的具体时间和/或在指定目的地（或目的港）的提货点，买方必须给予卖方充分的通知。建议卖方订立完全匹配买方上述选择的运输合同。如未约定或未通过实际做法确定指定目的地（或目的港）具体交货点，则卖方可选择约定目的地（或目的港）最符合其目的的交货点。

运输合同无须规定在目的地交货点从运输工具（如船舶、车辆等）上卸载。当合同涉及集装箱货在指定港口交付时，这会导致无法操作的结果。如意图在指定港口集装箱终端交付货物，建议双方使用 DAT 术语。DAT 术语要求卖方将货物从船舶上卸载并交付货物，这样货物/集装箱就在运输终端交由买方处置。

DAP 也可规定在内陆交付，在这种情况下运输合同无需包括目的港卸载。但运输合同如包括目的港卸载，则卖方无权要求买方补偿其在运输合同项下发生的卸载费用，除非双方之间另有约定。

《国际贸易术语解释通则》除“卸载/未卸载”的区分外，没有确切规定货物应如何交付。从实务角度看，若货物在驶抵目的地的运输工具上交付，则需备妥以便立即卸载。买方（或买方指定执行卸载任务的人）需能够及时开始卸载，且不需要采取其他措施方能卸载（如打开舱盖或舱门，将压在上面的集装箱移开等）。买方需收到可开始卸载的通知，以及可供提货的相关单证。

在目的地自承运人处收货时，买方（收货人）将检验货物的性质、数量和重量以及其状况和包装，并在签署货物收据时作出适当保留。[①]这种检验并不等于全面的合格评估。在货物转运或再次发运的情况下，评估可延迟到货物运抵最终目的地之后。[②]

运输法规定的向承运人主张损害赔偿的通知期限非常短。鉴于 DAP 卖方承担运输风险，买方需有尽快检验货物的激励，并在发现运输货损的情况下为卖方利益通知承运人。建议 DAP 卖方向买方施加义务，要求后者在适当期限内通知承运人，并同时通知买卖合同项下的卖方。由于通知期限很短，为了能够快速检验，交货地不应离启封货物包装的地点过远。

---

① 通知损害和/或损失的延误在适用于运输合同的国际公约中规定得远多于《联合国国际货物买卖合同公约》。

②《联合国国际货物买卖合同公约》第 38 条第 3 款。

如买方（收货人）拒绝从承运人处提货，则违反了DAP术语B4和B8条款，承运人应联系卖方（托运人）获取进一步指示。这种拒收可能导致的后果包括买卖合同项下的风险和成本转移给买方，以及：

（1）承运人索赔管货费用，并就买方提货延误而致货损请求补偿；

（2）减轻承运人的管货责任；

（3）变更甚至排除承运人在运输合同项下所应履行的义务；

（4）给予承运人采取救济措施的权利，如处置货物和采取其他救济措施。

问题3　谁付运费？

承运人基于与DAP卖方签订的运输合同行事。因此应由卖方（通常也是发货人或托运人）支付到指定目的地的运费。

除可对作为合同托运人的DAP卖方提出请求外，根据具体法律性质和运输合同所适用的法律，承运人还可就运费及其附加费对收货人（DAP买方）行使留置权和保留权。

问题4　哪些额外费用可能被加入运费中？

在约定运费时，建议DAP卖方和承运人明确规定哪些运输成本和目的地成本（卸载、集装箱押金、集装箱清洁费等）包括在运费中，哪些不包括在其中。

因承运人不能合理控制的情形导致的费用以及合同罚金（如滞期费、延滞费、等待小时等）不包括在（事先）约定的运输价格中。

DAP的主要规则是卖方需支付运输合同费用以及直至在指定目的地将处于驶抵运输工具上备妥待卸的货物交由买方处置时的全部费用。在运抵时，承运人依据其留置权和保留权向DAP买方收取的额外运输费用（仓储、操作、延滞等），卖方需偿还买方。

但因买方未能办理进口手续或未按B7条款向卖方通知货物应在何处交付，导致卖方承担的额外费用（仓储、操作、延滞等），买方需偿还卖方。从实务角度看，建议卖方寻求其承运人的帮助，直接从买方处收取这些额外费用（通过行使其留置权和保留权）。

问题 5　运费中是否有可变更的部分（如调整因素）？

在约定运费时，建议 DAP 卖方和承运人明确规定是否允许运费调整。

运输合同有时规定可以回溯性地调整通常应支付的运费。这些调整采用不同形式，如燃油附加费、[①]货币贬值附加费，[②]以及其他费用如港口安全设施费、[③]战争/海盗风险费、港口拥挤附加费等。这些调整不包括在原先约定的运费中，但通常在货交承运人时计收。所有这些运费调整都由 DAP 卖方支付。

问题 6　何时支付运费？

DAP 卖方和承运人需约定运费的支付方式，以便买方可在货物运抵后立即接受货物而无需支付任何包括在运输合同中的费用。运输单据如记载了运费支付，应作出相应标注。

无论运输合同就运费支付时间作出何种规定，DAP 卖方始终对买方有支付运费（以及在货交承运人时增加的任何运费调整，如问题 5 中所讨论）的义务。

卖方和承运人约定的运费如包括卸货或卸货后的进一步处理，这些费用也需由卖方支付。经与承运人协议，运输合同可以规定这些费用或其他附加费在货物运抵时或运抵后支付。

问题 7　如何包装货物？

“目的地交货”意指卖方必须签订运输合同（或使用自己的运输工具）在指定目的地将处于驶抵运输工具上备妥待卸的货物交由买方处置以完成交货。货物在启运时应如何包装以便运输，进而交给承运人运往目的地，对买卖双方之间的关系不甚重要。

问题 8　由卖方还是买方负责清关？

售出货物的运输目的地如在出口地关境之外，应由 DAP 卖方

① 承运人为补偿船只燃油价格浮动收取的附加费。

② 承运人为补偿定价货币浮动收取的附加费。

③ 有关港口安全的额外收费。

承担风险和费用，不仅办理货物从装运地出口和运到指定目的地的海关手续，还要办理目的地国家进口所需的海关手续。这包括任何出口、运输和进口许可或其他可能需要的官方授权。

在目的地国家的进口手续由买方承担风险和费用办理。因买方负责进口清关手续，其可能需要至少一份运输单据以提交给进口当局。

各方需就获取文件和信息相互协助，包括出口、运输和进口所需的有关安全信息。

DAP 交易中的指定地如位于进口国，建议指示承运人将运费拆分为内陆运费和国际运费以便海关估价。

当 DAP 卖方组织物流链直至内陆指定目的地时，最符合逻辑的解决办法是卖方不仅指导运输，也应指导物流的其他方面（保险、清关、仓储等），直到在指定目的地货交买方（或其代理人）。鉴于货代根据卖方指示工作，是“物流的设计师”，最佳方式是货代不仅管理货物运输，也管理辅助活动如仓储、清关、保险等，直到其任务结束。尽管进口清关由 DAP 买方完成，实务中可请求卖方货代以买方名义组织货物运抵指定内陆目的地前所有的清关手续（清关、装货）。这样使物流都由一方管理，避免延误和错误的风险。但买方应注意当进口手续由卖方指定和指示的报关代理人以买方名义完成时，买方可能要承担海关法下的强制责任，该强制责任不能通过合同规避。这类强制法在适用上将优先于买卖合同的任何条款，包括买卖合同中所选用的《国际贸易术语解释通则》术语。

买方负责清关。在实务中，DAP 术语下买卖双方常常这样安排清关：卖方请货代公司的报关代理人以买方名义填写海关表格并向报关代理人付费（结关费），报关代理人以买方名义支付进口税费后转向买方收取这笔费用。

为避免不一致，卖方与承运人的运输合同约定的条款应符合 DAP 术语分配给交易双方的清关义务。

问题 9　谁负责货物的积载和紧固?

“目的地交货”意指卖方必须签订运输合同（或使用自己的运输工具），在目的地将货物交给买方，并承担直到该时间的所有费用和风险。若确需积载但承运人不管积载的情况下，DAP 卖方需在发运时进行积载。

问题 10　承运人应当出具何种运输单据?

“目的地交货”意指卖方必须签订运输合同（或使用自己的运输工具），在目的地将货物交给买方，卖方应自担费用，向买方交单，供买方凭以提货。

DAP 买方需接受该交付单据。

完税后交货（DELIVERED DUTY PAID）

《国际贸易术语解释通则®2010》中的 DDP（插入指定目的地）

篇首语：DDP 代表卖方要承担最大义务，即卖方在到达指定目的地的运输工具上把待卸货物交由买方处置并完成清关手续时完成交货。该目的地可以是买方地址，也可以是其他目的地。难以想象，在目的国际港或空港货物未从到达的船舶或飞机上卸载即已完成“进口清关”交货。

问题 1　货物如何交承运人？

“完税后交货”意指卖方必须订立运输合同（或使用自己的运输工具），在指定目的地将到达的运输工具上的待卸货物以交由买方处置的方式交货。货物如何交给承运人以及在什么地点交给承运人并由承运人运往目的地，对买卖双方之间的关系不甚重要。

因此，卖方可在任何方便的地点，以最符合其目的的方式，安排承运人收取货物，因为买方在货物于指定目的地交付前不承担风险或费用。

除非货交承运人之方式不允许，承运人从卖方处收取货物时将确认其表面状况和/或包装是否适于安全运输。承运人也可确认货物的表面性质、数量、尺码和重量。

问题 2　何时以何种方式把货物交给收货人？

卖方于约定日期或期限内，在指定目的地的约定地点（如有），将驶抵目的地的运输工具上待卸的货物交给买方，完成交货。

买方如有权决定在约定期限内的具体时间和/或在指定目的地（或目的港）的提货点，则买方必须给予卖方充分的通知。建议卖方订立完全匹配买方选择的运输合同。如未约定或未通过实际做法确定指定目的地具体交货点，则卖方可选择约定目的地最符合其目的的交货点。

在目的地的交货点，运输合同无须规定从运输工具上卸载。但如运输合同包括了在目的地卸载，除非双方另有约定，卖方无权向买方索要运输合同项下发生的卸载费用。

《国际贸易术语解释通则》除“卸载/未卸载”的区分外，没有确切规定货物应如何交付。从实务角度看，若货物在到达目的地的运输工具上交付，则需备妥以便立即卸载。买方（或买方指定执行卸载任务的人）需能够及时开始卸载，且不需要采取其他措施方能卸载（如打开舱盖或舱门，将压在上面的集装箱移开等）。买方需收到可开始卸载的通知，以及可供提货的相关单证（如提货单）。

在目的地自承运人处收货时，买方（收货人）将检验货物的性质、数量和重量以及其状况和包装，并在签署货物收据时作出适当的保留。①这种检验并不等于全面的合格评估。在货物转运或再次发运的情况下，评估可推迟到货物运抵最终目的地之后。②

运输法规定的向承运人主张损害赔偿的通知期限非常短。鉴于 DDP 卖方承担运输风险，买方需有尽快检验货物的激励，并在发现运输货损的情况下为卖方利益通知承运人。建议 DDP 卖方向买方施加义务要求，后者在适当的期限内通知承运人，并同时通知买卖合同项下的卖方。

由于通知期限很短，交货地不应离实施快速检验而开启货物包装的地点过远。

买方（收货人）如拒绝从承运人处提货，则其违反了 DDP 术语 B4 和 B8 条款，承运人应联系卖方（托运人）获取进一步指示。这种拒收可能导致的后果包括买卖合同项下的风险和成本转移给买方，以及：

（1）承运人索赔管货费用，并就买方提货延误而致货损请求补偿；

（2）减轻承运人的管货责任；

（3）变更甚至排除承运人在运输合同项下所应履行的义务；

（4）给予承运人采取救济措施的权利，如处置货物和采取其他救济措施。

---

① 通知损害和/或损失的延误在适用于运输合同的国际公约中规定得远多于《联合国国际货物买卖合同公约》。

②《联合国国际货物买卖合同公约》第 38 条第 3 款。

问题 3　谁付运费?

承运人基于与 DDP 卖方签订的运输合同行事。因此，应由卖方（通常也是发货人或托运人）支付到指定目的地的运费。

除可对作为合同托运人的 DDP 卖方提出请求外，根据具体法律性质和运输合同所适用的法律，承运人还可就运费及其附加费对收货人（DDP 买方）行使留置权和保留权。

问题 4　哪些额外费用可能被加入运费中?

在约定运费时，建议 DDP 卖方和承运人明确规定哪些运输成本和目的地成本（卸载、集装箱押金、集装箱清洁费等）包括在运费中，哪些不包括。

因承运人不能合理控制的情形导致的费用以及合同罚金（如滞期费、延滞费、等待小时等）不包括在（事先）约定的运费中。

DDP 的主要规则是卖方需支付运输合同费用以及直至在指定目的地将到达的运输工具上备妥待卸的货物交由买方处置时的全部费用。在运抵时，承运人依据其留置权和保留权向 DDP 买方收取的额外运输费用（仓储、操作、延滞等），卖方需偿还给买方。

问题 5　运费中是否有可变更的部分（如调整因素）?

在约定运费时，建议 DDP 卖方和承运人明确规定是否允许运费调整。

运输合同有时规定可以回溯性地调整通常应支付的运费。这些调整采用不同形式，如燃油附加费、[①]货币贬值附加费，[②]以及其他费用如港口安全设施费、[③]战争/海盗风险费、港口拥挤附加费等。这些调整不包括在原先约定的运费中，但通常在货交承运人时计收。所有这些运费调整都由 DDP 卖方支付。

---

① 承运人为补偿船只燃油价格浮动收取的附加费。

② 承运人为补偿定价货币浮动收取的附加费。

③ 有关港口安全的额外收费。

问题 6　何时支付运费？

DDP 卖方和承运人需约定运费的支付方式，以便买方可在货物运抵后立即接受货物而无需支付任何包括在运输合同中的费用。运输单据如记载了运费支付，应作出相应标注。

无论运输合同就运费支付时间作出何种规定，DDP 卖方始终对买方有支付运费（以及在货交承运人时增加的任何运费调整，如问题 5 中所讨论）的义务。

卖方和承运人约定的运费如包括卸货或卸货后的进一步处理，这些费用也需由卖方支付。在与承运人的协议中，运输合同可以规定这些费用或其他附加费在货物运抵时或运抵后支付。

问题 7　如何包装货物？

“完税后交货”意指卖方必须签订运输合同（或使用自己的运输工具），在指定目的地将到达的运输工具上备妥待卸的货物交由买方处置以完成交货。货物在启运时应如何包装以便运输，进而交给承运人运往目的地，对买卖双方之间的关系不甚重要。

问题 8　由卖方还是买方负责清关？

售出货物的运输目的地如在出口地关境之外，应由 DDP 卖方承担风险和费用，不仅办理货物从装运地出口和运到指定目的地的海关手续，而且还要办理目的地国家进口所需的海关手续。这包括任何出口、运输和进口许可或其他可能需要的官方授权。买方仅需协助卖方获取任何文件和信息，包括进口所需的有关安全信息。

这些海关手续指为遵守所适用的海关规章需满足的所有要求，包括文件、安全、信息或实际检验的义务。[①]作为“海关登记的进口商”，DDP 卖方因而需负责进口增值税、消费税、产品责任、消费者安全等。[②]

---

① “国际贸易术语解释通则® 2010 术语中使用术语解释”，国际贸易术语解释通则® 2010 术语，国际商会出版物 715E，p. 10。

② 进口时需支付的增值税和其他税由卖方支付，除非在买卖合同中另有明确的约定。DDP 指南释义，国际贸易术语解释通则® 2010 术语，国际商会出版物 715E，p. 69。

为避免不一致，卖方与承运人运输合同约定的条款应符合DDP术语分配给买卖双方的清关义务。但在大多数国家，只有在其境内登记的公司和个人方被允许以自己的名义办理海关手续，缴纳进口增值税。因此，在货物进入关境后，卖方的承运人（可能是货代）虽然根据DDP卖方的指示行事，且由卖方承担费用，但会经常使用DDP买方的名称（和注册号）完成进口手续，在进口清关表格中称买方为进口商。买方应注意，当进口手续由卖方指定和指示的报关代理人以买方名义完成时，买方可能要承担海关法下的强制责任，该强制责任无法通过合同规避。[①]这类强制法在适用上优先于买卖合同的任何条款，包括买卖合同所选用的《国际贸易术语解释通则》术语。

鉴于DDP交易中的指定目的地通常位于进口国，建议指示承运人将运费拆分为内陆运费和国际运费，以便海关估价。

问题9　谁负责货物的积载和紧固?

“完税后交货”意指卖方必须签订运输合同（或使用自己的运输工具），在目的地将货物交给买方，并承担直到交货之时的所有费用和风险。若确需积载但承运人不管积载的情况下，DDP卖方需在发运时积载。

问题10　承运人应当出具何种运输单据?

“完税后交货”意指卖方必须签订运输合同（或使用自己的运输工具），在指定目的地将货物交给买方，并自担费用向买方交单，供买方凭以提货。

DDP买方需接受该交付单证。

① 在以“DDP（增值税未付）”术语购买时也是如此。

《国际贸易术语解释通则®2010》海运和内河运输规则指南

船边交货（FREE ALONGSIDE SHIP）

《国际贸易术语解释通则®2010》中的 FAS（插入指定装运港）

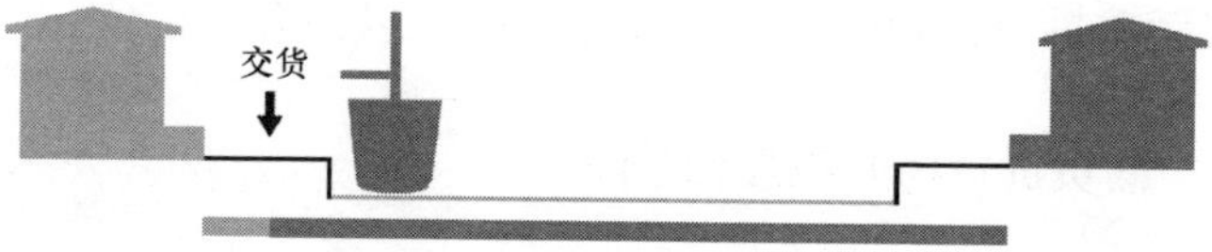

篇首语：图示表明，FAS 术语的卖方需在指定装运港将货物交到买方指定的船边（如置于码头或驳船上）。指定装运港可能位于卖方国家，也可能不在卖方国家。

若货装集装箱，卖方通常将货物交给港口终端等待船只到达的海运承运人，而不是在船边交货立即装运。在这种情况下，使用 FAS 术语并不合适，应使用 FCA 术语。

因此，“船边交货”通常适用于不适合“装入集装箱”的货物，如需要特殊设备（起重机）从到达港口的运输设备（火车、特殊公路运输设备、驳船）上卸载后装到船上的散货。在这种情况下，现实可行的做法是：先将货物直接从驶抵港口的运输工具上卸下，然后使用载货船舶的船用起重机将货物装船，或者由船公司指定的装卸公司将货物装船。

尽管“船边交货”对特定类型的交易而言是适当的交付条件，但很少使用。

问题 1　货物如何交承运人？

船边交货意指卖方应在指定装港，根据港口惯常方式，将货物置于买方指定船边（如码头或驳船）的指定装船点（如有），以完成其交货义务。卖方也可以通过购入已按此方式交付的他人货物来完成其交货义务。

交货究竟如何进行，需要根据指定装运港的惯例（如有）解释。如无港口惯例，则货交买方指定的船边备妥待装即完成交货。如无船，则卖方无法交货。仅在船舶抛锚入泊，并经有关部门完成清关手续，备妥待装后，卖方才能交货。①本术语应解释为仅在买方提供了船边装货地点，并向卖方发出适当通知的情况下适用。是否要求将货物从驶抵港口的运输工具（如有）上卸载，要根据货物的性质、驶抵港口的运输工具和可用的基础设施等而定。

如各方约定应在一定期限内交货，买方有权在该期限内选择交货日。FAS 买方及承运人应商定在装运港货物交接的日期和地点（“装货点”）。买方需在充分时间内向卖方通知船只的名称，载货船舶在约定期限内受领货物的特定时间，以及接受货物交付的码头（装货点），以使卖方能够在驶抵港口的船边交货。卖方如未收到装运点和选定交货时间的准确通知，即所谓预通知，卖方可以在指定装港自行选定最适合其目的的交货地点，以及约定交货期限内的交货时间。

买方若已指定装船点，但事后又打算做出变更，只要卖方已按买方指定装船点的最初指令行事，且买方的变更通知又送达过晚而令卖方在执行这一通知时将支出额外费用，则卖方没有义务承担将货物运至新装船点的费用。②

为买卖合同的目的，买方指定的承运人需代表买方提货。如适用，这包括卸载或接管驶抵港口的运输工具（集装箱）。

由买方承担风险和费用，卖方需给予买方充分通知，告知货物已按 A4 条款交付，或船只未能在约定时间提货。

买方如未能通知船只名称或装货点，或买方指定的船只未能

① 《国际贸易术语解释通则® 1990》问题 17——FAS 交货期限，《国际贸易术语解释通则® 2010》提问与回答《〈国际贸易术语解释通则® 2010〉术语的问题和专家国际商会指南》，国际商会出版物 744E 第 107 页。

② 《国际贸易术语解释通则® 2010》问题 35——FAS 下船只和货物在不同港口，《国际贸易术语解释通则® 2010》提问与回答《〈国际贸易术语解释通则® 2010〉术语的问题和专家国际商会指南》，国际商会出版物 744E，第 98 页。

按时到达，或未能提取货物，或早于通知的时间停止收货，由此导致卖方承担的额外支出，应由买方做出补偿。买方还要承担约定交货日或约定交货期届满之日后发生货损货差的全部风险，前提是货物已被明确划拨于合同项下。

承运人从卖方处收取货物时，将确认其表面状况和/或包装是否适于安全运输，因货物交给承运人的方式无法作此确认者除外。承运人也可查验货物的表面性质、数量、尺寸和重量。

卖方安排运输的特殊情形

为使货物和船只同步到达港口，由 FAS 卖方代表买方指定船舶也许是现实的做法。在这种情况下，当运输合同条款不包括装船（如钩到钩条款或船方不管装条款）时，为将货物交给承运人，可能需要卖方将货物挂上吊钩，或者将货物装上船，但由买方承担风险和费用。

问题 2　何时以何种方式把货物交给收货人？

《国际贸易术语解释通则》的各项规则不涉及买方从其指定的承运人处接受货物的情形。

卖方安排运输的特殊情形

在 FAS 卖方代表买方安排运输的特殊情形下，买方需在运输合同规定的目的地从承运人处接收货物，该运输合同由卖方按照通常条款订立，由买方承担风险和费用。

问题 3　谁付运费？

承运人基于与 FAS 买方签订的运输合同行事。因此，应由买方（通常也是收货人）支付自指定装运港的运费。

注意：为将货物交给与买方签订合同的承运人，卖方可能需要与另一个承运人订立合同，将货物运到指定装运港（“前段运输”）。在货物运抵船边前的费用和风险由卖方承担。

卖方安排运输的特殊情形

在 FAS 卖方代表买方安排运输的特殊情形下，卖方可尝试指示承运人从买方处收取运费。承运人如不同意，卖方需向承运人支付运费，但卖方可就此向买方要求补偿。

问题 4 哪些额外费用可能被加入运费中?

买方需支付交货后的所有费用（运费+附加费）。

鉴于交货发生在船边，并在装船前完成，故建议买方指示其承运人在启运港组织将货装上船，由买方承担费用和风险，并签订包括装船费用的运输合同（船方管装条款）。

卖方在FAS买方指定地点外的其他地点和/或其他时间或另外约定的期限交货，由此导致的额外支出，由FAS卖方承担（或就此作出补偿）。

卖方安排运输的特殊情形

在FAS卖方代表买方安排运输的特殊情形下，如买方/收货人拒绝支付附加运费，承运人可要求卖方支付。尽管卖方按照FAS术语出售货物，但因货运指示由卖方发出，故卖方应受运输合同约束。卖方可要求买方就此作出补偿。

问题 5 运费中是否有可变更的部分（如调整因素）?

根据A4条款，买方需支付自货交船边起的所有费用（运费+附加费）。

卖方安排运输的特殊情形

在FAS卖方代表买方安排运输的特殊情形下，卖方可尝试指示承运人从买方处收取运费和任何运费调整。承运人如不同意，卖方可要求买方补偿其支付的费用。

问题 6 何时支付运费?

FAS买方与承运人之间的运输合同通常约定了支付运费的时间。买方与承运人可约定运费在发运时支付，通常由“运费已付”或“运费预付”等措辞表示，或约定在运到时支付，由“运费到付”或“运费在目的地支付”等措辞表示。这通常在订舱时约定，包括在运输合同中，随后在运输单据中重申。需要注意的是，运输合同常常包括运费支付的进一步规定。

卖方安排运输的特殊情形

在FAS卖方代表买方安排运输的特殊情形下，卖方可尝试指示承运人从买方处收取运费和做任何运费调整。承运人如不同意，卖方需在启运时支付运费并要求买方补偿。

问题 7　如何包装货物？

除非另有约定，货物需以“适合其运输的方式”包装。“适合其运输的方式”并不等于“合理方式”或“通常方式”，而是指适合运输目的的方式。这包括“易于”“适宜”“适当”“符合”“正确”“合适”等特质，这些特质均可被承运人检验。

鉴于 FAS 术语意指海运，卖方需选择“适合”海运的包装。

需要注意的是，如正确使用，适于海运的各个《国际贸易术语解释通则》术语常常用于“无包装出售的货物类型”。因此，运输单证上标明的“未包装”并不当然意味着货物没有为运输进行“适当”的包装。在特定行业，运输无包装出售的货物可能是常见的情况（某些农产品、矿产品、件杂货等）。

问题 8　由卖方还是买方负责清关？

当出售运往出口地关境外的货物时，应由 FAS 卖方自行承担风险和费用办理所有从指定交货港/启运港出口货物所需的海关手续。这包括任何出口许可或其他可能需要的官方授权。从指定交货（运输、进口）港发运后的海关手续由买方自行承担风险和费用。

在 FAS 交易中的指定交货地（在码头船边，货物可能还在卡车上或者在驳船上等）可能仍位于出口国。从管理的角度看，货物可能在实际越过关境前，即已交付给买方。在交货之时，卖方为货物出口所需（如缴税或申报等目的）的全部信息可能尚不可得，所有海关手续可能尚未完成。

应卖方要求且由卖方承担风险和费用，买方需协助 FAS 卖方获取办理出口手续[①]和/或完成出口程序[②]的额外信息，为此可能需要对承运人发出相应指令。

① 卖方可能需申请出口许可，但买方需提供最终用户证明（军民两用货物、废品等）。

② 例如为免缴增值税返还出口证据。

为避免不一致，对承运人、报关行或货代的指示应符合 FAS 术语分配给交易双方的清关义务。

问题 9　谁负责货物的积载和紧固?

FAS 卖方将货物交给买方指定承运人的义务在货物运抵发货港船边即告完成，卖方无须将货物装船。因此，买方在签订运输合同时，将积载、紧固和其他装船事项（包括将货物从驶抵港口的运输工具上转运上船、垫舱、平舱等）都包含在运输合同中。

问题 10　承运人应当出具何种运输单据?

在 FAS 交易中，卖方应自担费用，向买方提供常规证据，证明货物已在指定装港的买方指定装船点（如有），置于买方指定的载货船舶的船边（或已购入按此方式交付的货物）。

若货物尚未从驶抵港口的驳船、卡车或火车上卸下，要实现船边交货可能存在问题。建议卖方指示 FAS 买方在签订运输合同时，确定需向卖方提供货物收据的人。[①]由于货物在被装上买方指定的载货船舶之前，就（在船边）完成了交货，而在交货时，货物经常尚未从驶抵装运港的卖方运输工具上卸载，这就使问题变得复杂化。这一难题可以解释为何 FAS 术语在无关联当事人之间的交易中，以及在使用信用证融资的业务操作中使用有限。

运输单据

大多数海运和内河运输国际公约要求承运人就其收到并运输的货物提交特定的运输单据。运输单据是货物已由承运人监管的证据，并可注明对货物的任何保留。在其他情形下，运输单据仅供持单人凭以提货之用（例如可转让提单）。

因为 FAS 的卖方不是运输合同的一方，且不管装船，承运人通常没有义务将运输单证交给 FAS 的卖方，这方面的实践可能有差异。但如买方要求，卖方有义务协助买方获取运输单据。

① 根据 FAS 术语 B8 条款，买方需接受交付的证据，但没有积极义务向卖方提供其承运人收到货物的证据。

买方如要求承运人准备报关文件（发票、装箱单、原产地证书等），承运人没有义务安排。但承运人如接受这一要求，则应特别关注那些格式化程度很高的单据，特别应注意运输方式、货物、适用法律法规，以及承托双方的法律地位。

船上交货

《国际贸易术语解释通则®2010》中的 FOB（插入指定装运港）

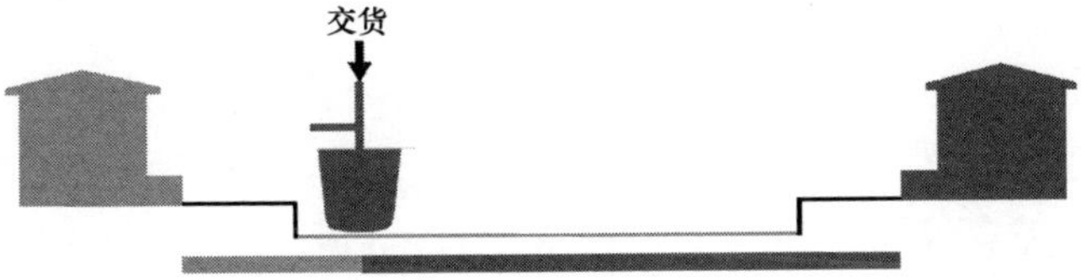

篇首语：“船上交货”是指卖方以在指定装运港将货物装上买方指定的船舶（或通过取得已交付至船上货物）的方式交货。指定装运港可位于或不位于卖方所在国家。

“船上交货”可能适合于那些不适合“装入集装箱”的货物，如从位于启运港的卖方的运输工具或者设施直接装运/抽送至船上的大宗货物。然而，货物如果在集装箱里，卖方通常在港口终端交付货物，货物被储藏在港口终端等待船只到达并装船，而不是实际将货物装到船上。该终端常常由买方的海运承运人指定。在此情况下，使用 FOB 术语并不适合，而应当使用 FCA 术语。

由于其常常与物流实践矛盾，“船上交货”可能不是一种适当的交付条件。此外，因卖方与承运人并无合同关系，因此当卖方同意将货物装船时，应当谨慎行事。尽管如此，FOB 仍然是一个被广泛运用的《国际贸易术语解释通则®》术语，因为当货物被装船时：

> 船舷常常被界定为“虚拟关境”，因此货物一经交付，卖方就从物理属性上将货物置于海关监管区域之外，这可以使得某些行政手续更为便利（海关估价、增值税减免……）；
>
> 相对于货物运抵码头时出具的收货凭证而言，货物的交付可以通过（可转让）提单来实现。①

① 参见《〈国际贸易术语解释通则®2010〉问答—关于〈国际贸易术语解释通则®2010〉的问题和 ICC 专家指南》，ICC 第 744E 号出版物问题 12 承运人为履行运输合同义务应出具何种运输单据？

当付款方式为跟单信用证[①]或跟单托收时，已装船提单常常作为货物交付所要求的单据。

问题1 货物如何交承运人？

“船上交货”是指卖方必须在买方指定的装运港内将货物在买方指定的装船点（如有此装船点的话）置于买方指定的船舶之上（或者以在船上交付的方式取得货物）。

此种交付具体如何实现需要遵循指定启运港惯例（如有）的解释，而启运港惯例的解释可能存在广泛差异。例如，在某些港口，当货物位于船舶吊钩所及之处即被视为“已装船”并完成交付。此外，货物的性质（液体、气体、散货、常规货载……）以及船舶的类型常常决定了装船的方式。

在不考虑港口惯例或其他相关因素如当事方之间交易实践的情况下，货物一经装上甲板即被默认为已在船上交货。其后所有操作（积载、平舱、紧固……）的风险及费用由买方承担。[②]由于将货物置于船舶之上并不考虑致损的过程，因此，货物如果在装载及放置于甲板的过程中发生掉落而造成损失，该风险仍将由卖方承担。然而，货物如果位于船舶吊钩下方即被视为“已装船”，则风险将由买方承担。[③]

---

① 国际商会第745号出版物，2013年版，ISBP745第21页第A18a）条：与货物运输有关的一些常用单据，诸如但不限于提货通知、提货单、货物收据、运输行收货证明、运输行装运证明、运输行运输证明、运输行货物收据和大副收据，并非UCP 600第19—25条所规定的运输单据。这些单据仅在信用证明确规定的范围内审核，否则根据UCP 600第14（f）条审核。

② 积载和平舱是散装货装船后必须执行的操作。FOB卖方通常不负责货物的积载或平舱。因此，在某些情况下，买方往往通过对《国际贸易术语解释通则®》术语添加以下附加条件来详细规定卖方责任：“FOB积载费和平舱费在内”（《〈国际贸易术语解释通则®2010〉问答—关于〈国际贸易术语解释通则®2010〉的问题和ICC专家指南》，ICC第744E号出版物第40页。）

③《国际贸易术语解释通则®2010》问题37—在FOB、CFR及CIF术语中，“装船”是什么意思？以及《〈国际贸易术语解释通则®2010〉问答—关于〈国际贸易术语解释通则®2010〉的问题和ICC专家指南》问题42中FOB、CFR及CIF术语下的装船，国际商会第744E号出版物第100页。

如果当事方约定交货应当在某期限内完成，则买方可以在该期限内选择具体的交付日期。

FOB 买方与承运人应当就货物在装运港内交接的日期及地点（“装货点”）进行约定并在运输单据上予以批注。为使卖方将货物装上船舶，买方须预留充足的时间将船舶名称、约定交货期间内选定的交货时间、收货码头（装货点）等信息通知卖方。在没有收到有关装货点及选定交货时间的准确通知（预通知）的情况下，卖方可以在指定装运港及约定交货期限内自行选择最适合其目的的装货点及交货时间。

买方已指定装货点，但其后又打算变更相关指示，卖方如果已按照买方原指示行事且因新指示过迟到达以致卖方无法在不产生额外费用的情况下执行该指示，此种情况卖方将不承担货物转运至新装货点所产生的费用。

买方指定的承运人必须代表买方收取货物。

由买方承担风险和费用，卖方必须就其已经按照 A4 交货或船舶未在约定时间内收取货物给予买方充分的通知。

买方如果未通知船名及装货点，或买方指定的船舶未准时到达，或买方未能接收货物，或买方早于通知的时间停止装货，则买方必须向卖方偿付由此支出的额外费用。买方还须承担自约定之日或约定交货期限届满之日起货物灭失或损坏的一切风险，前提是该货物已被清楚地确定为合同项下之货物。[①]

除非交货方式不允许，承运人将对货物及/或其包装的表面状况进行检验以判断其是否符合安全运输的要求。承运人也可以核实货物的表面属性、数量、尺码及重量。卖方交付的货物如果已装入集装箱，则承运人将无法进行此种检验，运输单据将包含诸

---

① 《国际贸易术语解释通则®2010》问题 44—《〈国际贸易术语解释通则®2010〉问答——关于〈国际贸易术语解释通则®2010〉的问题和 ICC 专家指南》中 FOB 术语下的风险与港口费用，国际商会第 744E 号出版物第 105 页。

如“托运人积载、计数”“内容据称”及/或“托运人加封”之类的批注。

卖方安排运输的特殊情形

为使货物和船舶能够同步到达装运港及/或保证船舶准时到达以符合信用证的目的，由FOB卖方代表买方来指定船舶可能是实际可行的。在这种情况下，运输合同如果未包含船上平舱和积载条款（诸如“船方不管装卸货、绑扎、紧固及隔垫（FIO LSD①）”术语），则卖方向承运人交货时，还需要办理平舱和积载，风险及费用由买方承担。

问题2　何时以何种方式把货物交给收货人？

《国际贸易术语解释通则®》不规范买方从其指定的承运人处接收货物之行为。

卖方安排运输的特殊情形

在FOB卖方代表买方安排运输的特殊情形下，买方必须在运输合同约定的目的地向承运人提取货物。该运输合同由卖方按常规条件与承运人订立，并由买方承担相应的风险与费用。

问题3　谁付运费？

承运人按其与FOB买方签订的运输合同行事。因此，应当由买方（通常也是收货人）负责支付自指定装运港起发生的运输费用。

注意：为将货物装上买方约订的船舶，卖方或许得与另一承运人约定将货物运至指定装运港（“前程运输”），因此产生的费用及风险由卖方承担。卖方应知悉：将货物运往装运港的前程运输过程通常不包括将货物从驶抵装运港的运输工具上卸载，也不包括码头作业和后续的装船作业。上述环节所产生的费用和风险均应由FOB卖方承担，除非装运港惯例有不同规定。

卖方安排运输的特殊情形

在FOB卖方代表买方安排运输的特殊情形下，卖方可以尝试

① Free in and Out，Lashing，Securing and Dunnaging。

指示承运人向买方收取运费。如因承运人不同意而由卖方向承运人支付运费的，卖方可以向买方求偿。

提单上被称之为托运人的一方常常被推断为运输合同的当事方，也即是运费及所有与之相关的运费调整和附加费的承担方。未与承运人订立运输合同、仅因向承运人交货而被称为（实际的或单据化的）托运人的一方会发现，在取得提单之时否认其作为运输合同当事方这一做法可能是有用的。

问题 4　哪些额外费用可能被加入运费中?

买方必须支付自交货之时起的一切费用（运费+额外费用）。

FOB 买方应知悉，海运承运人在提供运费报价时也常常会使用“f.o.b.”这一缩略语作为运输条件，构成其运输合同的一部分。然而，海运承运人的报价与《国际贸易术语解释通则®》术语所解读的费用与风险规定本身并非一一对应，而将受承运人适用的运输条件的约束①，该条件可能包含在其 f.o.b.运费条款中。

- 从港口终端运至船舶（全班轮条款）
- 装船（船方管装货）
- 吊钩交货后装船（吊钩交接）
- 装船后操作（船方不管装货）
- 只管航行（船方不管装货、绑扎、紧固及隔垫）

根据港口惯例，货物一经装船即完成交付，因此对于买方而言按照“船方不管装船”条件签订运输合同就已足够。然而，为确保对装船后的货物实施适当的积载和紧固，运输合同理应包含承运人的此项义务。买方通常应承担在装运港产生的滞期费，该费用可直接支付给承运人或者通过买卖合同予以规定。

---

①《〈国际贸易术语解释通则®2010〉问答—关于〈国际贸易术语解释通则®2010〉的问题和 ICC 专家指南》，国际商会第 744E 号出版物第 41 页：“买卖合同中的 FOB 与提单中 FOB 区别何在？”。应当谨记，运输术语在国际范围内尚未统一。

FOB卖方必须支付（或偿付）因其未在买方指定的装货点及/或约定的装货时间或装货期间内交货而产生的额外费用。

卖方安排运输的特殊情形

在FOB卖方代表买方安排运输的特殊情形下，买方/收货人如果拒绝支付额外的运输费用，承运人可以向卖方索取该费用。尽管使用FOB这一《国际贸易术语解释通则®》术语进行买卖，FOB术语的卖方须受运输合同的约束，因为其对货物运输作出了指示，卖方可以就因此而支付的费用向买方求偿。

问题5　运费中是否有可变更的部分（如调整因素）?

买方必须支付自按照A4装船交付之时起的一切费用（运费+额外费用）。

卖方安排运输的特殊情形

在FOB卖方代表买方安排运输的特殊情形下，卖方可以尝试指示承运人向买方收取运费及其任何调整的费用。承运人如不同意，卖方可就此类已支付的任何费用向买方求偿。

问题6　何时支付运费?

由FOB术语的买方与承运人签订的运输合同通常会明确约定运费应于何时支付。买方与承运人可约定使用短语“运费已付”或“运费预付”来表明运费于启运时支付，或者“运费待收”或“运费在目的地支付”来表明运费于到达时支付。这通常在预订船舶时得以商定并包含在运输合同中，且随后在运输单据中被重申。应当注意的是，运输合同常常还包含有关运费支付的进一步规定。

卖方安排运输的特殊情形

在FOB卖方代表买方安排运输的特殊情形下，卖方可以尝试指示承运人向买方收取运费及调整任何费用。承运人如不同意，卖方可能必须在启运时支付运费，然后再向买方求偿。

问题7　如何包装货物?

除非另有约定，货物必须以“适合其运输”的方式予以包装。“适合其运输”并不等同于“合理”或“通常”，而是指符合运输目的的方式。

这包括诸如“易于”“适宜”“适当”“符合”“正确”“合适”之类可被承运人证实符合运输目的的包装品质。

FOB《国际贸易术语解释通则®》术语适用于海运，所以卖方需要选择一种“适合”于海运的包装。

需要注意的是，在正确使用的情况下，海运《国际贸易术语解释通则®》术语常常被用于“未经包装即可买卖的货物”。运输单据显示“未包装”，这并不代表货物未经适当包装以满足运输的需要。在特定行业中，运输未经包装即行买卖的这类货物（例如，农产品、矿产品、件杂货等）可能是常见的做法。

问题 8　由卖方还是买方负责清关?

当将货物销售至海关监管区域以外的目的地时，FOB 卖方必须自负风险和费用，办理从指定交货港/启运港运输（从第三地过境）及出口货物所需的一切海关手续，包括可能需要的任何出口许可或其他官方授权。从指定交货港启运后（包括从他国过境和进口）所需的海关手续由买方办理，并自负风险和费用。

从行政管辖的角度而言，在船上交货常常等同于货物在海关监管区域以外完成交货。此时，卖方所需的出口货物的所有信息，诸如为纳税或申报之目的，应予提供；所有海关手续应已完成。

应 FOB 卖方要求并由其承担风险和费用，买方必须协助卖方获取任何用于办理出口手续的附加信息①，买方还可能要对承运人作出相应指示。

为保持前后一致，向承运人、报关代理人或货运代理人发出

---

① 卖方可能须申请出口许可证，但买方须向卖方提供相关证明，诸如最终用户证明（两用物资、废料、濒危证书等……）。

的指示，均应符合 FOB《国际贸易术语解释通则®》术语项下对买卖双方清关义务分担的规定。

问题 9　由谁负责货物的积载和紧固？

在不考虑港口惯例或其他相关因素例如当事方之间的交易实践的情况下，货物一经装上甲板即被默认为已装船。其后所有操作（积载、平舱、紧固……）的风险及费用由买方承担。因此，在订立运输合同时，买方应指示承运人就理舱、货物紧固及其他装船相关事宜作出约定。

如果买卖双方在买卖合同中通过附加“积载、紧固、平舱”等措辞对合同做出变更，那么通常认为买方仅在货物按照合同约定妥善办理积载/紧固/平舱手续后开始承担费用。风险的转移也同样被推迟。在对《国际贸易术语解释通则®》术语作出任何变更的情况下，为明确费用和风险的分担，强烈建议合同双方在合同中对《国际贸易术语解释通则》术语变形的意图做出明确约定。①

所有《国际贸易术语解释通则®2010》术语的 A9 款均隐含以下含义：即买方可以就货物的安全包装提出合理的要求。由此可见，买方的这种要求可基于所适用的买卖法而提出。②

问题 10　承运人应当出具何种运输单据？

在 FOB 交易中，卖方应当自付费用，向买方提供常规证据以证明货物已在指定装运港按港口惯常方式被装上买方指定的船舶（或通过购入已装船货物的方式完成交货）。买方须接受此种交付

---

①《国际贸易术语解释通则®2010》问题 38—《国际贸易术语解释通则®2010》问答中 FOB、CFR 和 CIF 术语下“船方不管装货、积载和紧固”时的风险转移（《〈国际贸易术语解释通则®2010〉问答—关于〈国际贸易术语解释通则®2010〉的问题和 ICC 专家指南》，国际商会第 744E 号出版物第 100 页。

②《国际贸易术语解释通则®2010》问题 40—《国际贸易术语解释通则®2010》问答中 FOB 术语下包装、集装箱和件杂货（《〈国际贸易术语解释通则®2010 问答〉—关于〈国际贸易术语解释通则®2010〉的问题和 ICC 专家指南》），国际商会第 744E 号出版物第 101 页。

凭证。这种交付凭证可以是实际运输单据，也可以不是。因为在FOB 交易条件下，惯常的做法是：由买方签订运输合同，并向买方出具运输单据。①

在此种情形下，买方如果要求的话，卖方仅有义务协助其取得运输单据。

在 FOB 术语下，建议卖方指示 FOB 买方②在订立运输合同时约定承运人必须向卖方提供“确认收据”（如大副收据）。

运输单据

大多数海运及内河运输国际公约均要求承运人就收妥待运的货物签发特定运输单据。运输单据是货物已置于承运人监管之下的证据，并可记载任何对货物的保留意见。在其他情形下，运输单据可仅供持单人主张货权之用（如可转让提单的功能一样）。

作为一项广泛接受的一般原则，大副收据的持有人或提单指定的（实质的/单据化的）托运人通常有权从承运人处取得提单。但是，提单如果指定 FOB 买方作为托运人或卖方对取得提单没有兴趣，则除非买方同意，卖方无权从承运人处取得提单。

FOB 卖方如果根据《国际贸易术语解释通则®》术语 A3a）的特别规定代表买方安排运输，则 FOB 卖方成为运输合同的当事方，有权从承运人处取得提单。③

---

①《国际贸易术语解释通则®2010》问题 15—《国际贸易术语解释通则®2010》问答中 FCA、FAS 和 FOB 术语下“通常交货凭证”与“通常运输单据”的对比（《〈国际贸易术语解释通则®2010〉问答—关于〈国际贸易术语解释通则®2010〉的问题和 ICC 专家指南》），国际商会第 744E 号出版物第 58 页。

② 在《国际贸易术语解释通则®》FOB 术语下，B8 规定买方必须接受交货凭证，但并没有积极义务向卖方提供买方指定的承运人已接收货物的凭证。

③《国际贸易术语解释通则®2010》问题 41—《国际贸易术语解释通则®2010》问答中 FOB 术语下的交货凭证、提单（《〈国际贸易术语解释通则®2010〉问答—关于〈国际贸易术语解释通则®2010〉的问题和 ICC 专家指南》），国际商会第 744E 号出版物第 102 页。

买方如果要求承运人提供清关单据（例如发票、装箱单、原产地证明等），承运人并没有义务这样做。但若承运人接受此要求，则应特别关注此类格式化程度很高的单据，尤其是在运输方式、货物、适用的法律法规以及托运人和承运人之间的相互关系等方面。

成本加运费（Cost and Freight）

《国际贸易术语解释通则®2010》中的 CFR（插入指定目的港）

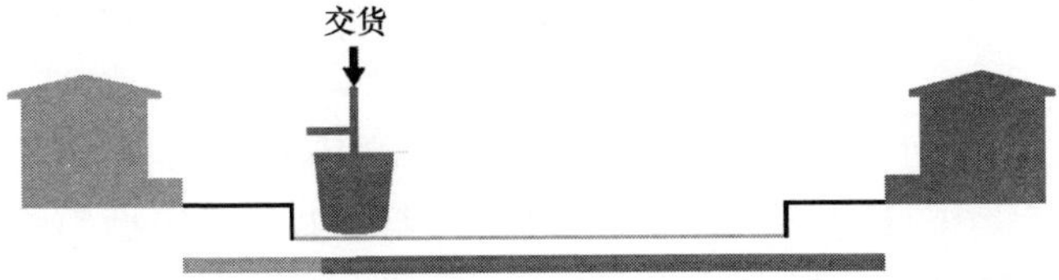

篇首语：“成本加运费”是指卖方通过将货物装上其指定的船舶以运往具名目的港/卸货港（或以取得已这样交付的货物）的方式交货。交货港并非 CFR 术语中的具名港口，而可能是任何约定的启运港，载货船舶由此出发前往目的港。交货港可以是位于卖方国家的港口，也可以不是。

由于风险转移和费用转移的地点不同，CFR 术语有两个关键点。虽然合同通常都会指定目的港（运往地），但不一定都会指定装运港（启运地），而装运港是风险转移至买方的地方。装运港如果对买方具有特殊意义，特别建议其在合同中尽可能对此作出明确约定。

“成本加运费”可能适合于那些不适合“装入集装箱”的货物，如大宗货物和杂货，它们在启运港卖方的运输工具或者设施上被卸下并直接装船，并在目的港由买方直接收取。然而，如果使用集装箱运输货物，卖方通常在港口终端交付货物而非将货物实际装船，货物被堆存在港口终端等待船只到达并装船；买方则通常在目的港码头收取货物。该集装箱码头通常由卖方的海运承运人指定。在此类情况下，就不适合使用 CFR 术语，而应当使用 CPT 术语。

由于常常与物流实践冲突，故一旦出现纠纷，则会带来不确定性，因此，成本加运费可能并非一种适当的交货条件。尽管如此，CFR 仍然是一个被广泛运用的《国际贸易术语解释通则®》术语，原因如下。

（1）船舷常常被界定为“虚拟关境”，因此，货物一经交付，卖方就从物理属性上将货物置于海关监管区域之外并脱离了出口国的司法管辖。当事方如果未就交货地/出发地做出准确的约定，则买方的风险可能被限定在特定的范围。

（2）货物交付通常凭港至港运输单据完成，（可转让）提单就是很好的港至港运输单据，其与多式联运单据不同，后者在内陆交货地签发，涵盖直至内陆目的地的全程运输。当付款方式为跟单信用证或跟单托收时，（可转让）运输单据常常作为一种更可取的交货凭证。

（3）当货物到达进口国的海关监管区域时，买方便取得了货物；货物运抵后，在进口国司法管辖范围内发生的情况，与卖方再无瓜葛。在很多国家，货物的交易价格需要与货物到达目的国关境时的价值（海关价值）大致吻合。

问题1　货物如何交承运人？

“成本加运费”是指卖方必须订立运输合同并约定将货物从指定装运港（若买卖双方曾对此港口做出约定的话）运至指定目的港。卖方必须在该装运港以将货物装上船（或者以取得已装船货物）的方式将货物交付给其承运人。除非买卖双方就货物交付的启运港（“从……装运”）做出特别约定，卖方可以选择最能满足其目的的交货港/装运港。

此种交付具体如何实现需要遵循指定启运港惯例（如有）的解释，而启运港惯例的解释可能存在广泛差异。例如，在某些港口，当货物位于船舶吊钩所及之处时即被视为“装船”以备交付。同时，货物的性质（液体、气体、散货、常规货载……）以及船舶的类型常常决定了装船的方式。

在不考虑港口惯例或其他相关因素的情况下，如当事方之间交易实践的情况下，货物一旦交于承运人监管即被默认为已装船，通过卖方指定的承运人签发，显示货物将运至指定目的港的运输单据作为证明。为实现风险转移的目的，货物一经装船即视为已交货。根据运输合同、货物的性质及可供使用的运输设施等因素，“装船”交付可能需要某些不同的特定操作（如将货物装上船舶、积载、平舱、捆绑、紧固等……）。

当事方如果约定装运（启运）应当在某期限内完成，则 CFR 买方可以在该期限内就具体交付日期作出选择，并须及时地将此信息通知卖方。任何时候，当买方确定了指定目的港内的收货点（例如码头……）时，他也必须就此给予卖方充分的通知。买方如果未尽此通知义务，买方须承担自约定之日或约定装运期限届满之日起货物灭失或损坏的一切风险，前提是该货物已清楚地确定为合同项下之货物。

CFR 卖方与承运人应当就货物在装运港内交接的日期和地点（“装船点”），在指定目的港内的到达点进行约定并在运输单据上予以批注。

承运人将对货物及/或其包装的表面情况进行检验以判断其是否符合安全运输的要求，除非交货的方式不允许其这样做。承运人也可以核实货物的表面属性、数量、尺码及重量。卖方交付的货物如果已装入集装箱，则承运人无法进行此种检验，在这种情形下，运输单据将包含诸如“托运人积载、装箱和计数”、“内容据称”及/或“托运人加封”之类的批注。

问题 2　何时以何种方式把货物交给收货人？

在《国际贸易术语解释通则®2010》中 CFR 术语下，指定目的港是卖方在运输合同中必须约定的目的地，也是买方从承运人处收取货物的地点。

特别建议当事方尽可能确切地对承运人在指定目的港内将货物交付给买方的地点做出约定。

当买方有权决定在指定目的港内接收货物的地点时，买方必须给予卖方充分的通知。双方如果没有约定在目的港交货的具体地点或者无法通过实践做法确定具体交货地点的，那么卖方可以选择指定目的港内最适合其目的的交货地点，并对其承运人做出相应指示。

卖方必须通知买方货物已在启运港交付给承运人（具体包括船名、启运时间、预计到达时间等信息）。有需要时，卖方还须向买方发出通知，使买方能够采取通常必要的措施以收取货物。

买方必须在指定目的港从承运人处收取货物。根据运输合同、货物的性质及可供使用的运输设施等因素，买方从承运人处收取货物可能需要买方从船上卸载货物。

《国际贸易术语解释通则》中 CFR 术语规定，卖方仅承担运输合同中约定的卸货费用，且该卸货费用已包含在运费中。买方必须承担所有其他卸货费用。无论卸货是否属于运输合同的一部分，卸货风险均由买方承担①。

散装货物可以“船方不管卸货”的方式交货，即货物到港后停留在货舱中以备卸货交付，而由买方办理卸货并承担费用。件杂货常常采用“吊钩下交付”的方式交货，吊卸由买方办理并承担费用。一般而言，集装箱货物应当在卸货港从海运船只上被卸下，并被运至集装箱堆场，相关费用由卖方承担，这是合理的做法。

一旦在目的港从承运人处收取货物，买方（收货人）将对货物的性质、数量和重量以及货物的表面状况和包装予以检验，并在签收运输单据以表明收货时做出适当的保留。这种对货物的检验认证并不等同于对货物完全合格的认定。货物如果在到达目的地后被转运或二次发运，这种对货物是否合格的检测认定可能会

① 有关卸货的规定如果构成运输合同的一部分，那么承运人的责任（及责任限制）正常情况下也适用于卸货期间发生的货物损坏和灭失的风险。

被推迟至货物到达最终目的地之后再进行。[①]

问题 3　谁付运费？

承运人是按照其与 CFR 卖方签订的运输合同行事的，因此，应当由卖方（通常也是发货人或托运人）负责支付将货物运送至指定目的港的运输费用。

除了拥有对作为契约托运人的 CFR 卖方的运费请求权，承运人还可以根据其具体法律地位和运输合同所适用的法律，对收货人（即 CFR 买方）行使对运费及额外费用的留置权或保留权。

问题 4　哪些额外费用可能被加入运费中？

在商定运输费用时，特别建议 CFR 卖方与承运人在运输合同中明确约定哪些运输成本（例如，装船、装箱、平舱、捆扎、隔垫、卸船、安全警告、港口税、单据等）被包含在运费中以及哪些不被包含。

CFR 卖方需知悉，海运承运人在提供运费报价时也常常会使用“c.f.r.”这一缩略语作为运输术语，构成其运输合同的一部分。然而，海运承运人的报价与 Incoterms®术语所解读的费用与风险规定本身并非自动对应，而将受船公司适用的运输条件的约束，该条件可能包含在其 c.f.r.运费条款中：

- 在卸货港将货物从船舶运至港口终端（全班轮条款）
- 卸货（船方管卸货）
- 卸至船吊吊钩所及之处，但货不离钩（卸至吊钩下）
- 排除卸货责任（船方不管卸货）

鉴于《国际贸易术语解释通则》中 CFR 术语规定了卖方仅承担运输合同中约定的卸货费用，且该卸货费用已包含在运费中[②]，

---

① 《联合国国际货物销售合同公约》第 38 条第 3 款。

② “运输合同中规定由卖方承担”。

因此，卖方按“船方不管卸货”条件签订运输合同就可以了。这样，买方就必须支付所有其他卸货费用。

CFR 术语的主要规则是，卖方必须按照“通常条件”订立运输合同，自行承担货物运输到指定目的港的费用。“通常条件”的内容可能会有所差异，但目前的普遍共识是，仅有不可预见的额外费用（“附加费”）能够被排除在外。例如，因搁浅、碰撞、罢工、政府命令或恶劣天气条件所产生的费用。这些费用均由 CFR 买方承担①。

除了这些明显的例子外，有时很难辨认哪些成本与通常运输条件有关。比如，承运人有权向收货人主张因发送到港通知、出具纸质单据以代替数字信息所产生的费用吗？当仅有不可预见的费用产生并由买方承担时，更进一步的问题是对于谁而言这些费用是不可预见的？是卖方、承运人或是买方？

一般而言，运输费用（由卖方预付的运费）应包含将货物运至目的港的所有正常运费，包括处理、仓储和转运的费用，以及港口当局在运输期间收取的任何费用。卖方有义务根据所销售货物通常使用的运输路线和运输方式订立运输合同。显而易见，这种运输方式必须适合于将货物安全地运送至目的地，并且，承运人还必须能够预见运输期间发生的一般费用，并将这些费用包括在预付的运费中，而卖方必须与这样的承运人签订运输合同。在货物离港时有效的汇率贬值附加费和燃油附加费应当包含在运费中，②并由 CFR 卖方承担。

特别建议买卖双方在买卖合同中明确约定卖方应承担的特定额外费用及买方应承担的费用。为避免争议，CFR 卖方应对承运人给予相应的指示。

在使用 C 组术语时，买方应格外谨慎，具体参见 CFR 术语的

---

① 建议买方在计算关税税额时（如适用）将这些额外费用包括在内。

② VATOS—“货物发运时生效”。

篇首部分。

问题 5　运费中是否有可变更的部分（如调整因素）？

在议定运输费用时，特别建议 CFR 卖方和承运人就是否允许任何费用的调整进行约定。

合同有时可能会对正常运费的追溯调整做出规定。这类调整表现为多种不同的形式。例如，燃油附加费（BAF）、①汇率调整附加费（CAF）②，以及其他费用，如国际船舶和港口安全设施费（ISPS）③、战争/海盗风险费、港口拥挤附加费等。这类调整不包含在原定运费中，而通常在货物交付给承运人时计收。所有这些运费调整均由 CFR 卖方支付。

问题 6　何时支付运费?

CFR 卖方和承运人必须就运费支付事项做出相应约定，以便买方可以在货物到达时立即收取货物，而无须支付运输合同中约定的任何费用。运输单据如果载有运费支付情况，则应做出相应批注。

无论运输合同对运费支付的时间如何规定，对于买方而言，CFR 卖方始终有义务支付运费（以及在问题 5 中提及的，在货物交付给承运人时产生的任何额外调整的费用）。

卖方和承运人约定的运费如果包括卸货费用或卸货后对货物做进一步处理所产生的费用，那么这些费用也必须由卖方支付。根据与承运人达成的协议，卖方可以在运输合同中约定这些或其他额外费用将在货物到达时或到达后支付。

问题 7　如何包装货物?

除非另有约定，货物运输的风险由买方承担。货物必须以“适

① 由承运人征收的用于补偿船舶燃油价格波动产生的额外费用，也称为燃油附加费。

② 由承运人征收的用于补偿计价货币汇价波动产生的额外费用。

③ 港口安全的额外费用。

合其运输”的方式予以包装。如果采用 CFR 贸易术语，经海运或内河水运，则“适合其运输”并不等同于“合理”或“通常”，而是指符合运输目的的方式。这包括诸如“易于”“适宜”“适当”“符合”“正确”“合适”等可被承运人证实符合运输目的的包装品质。

运输单据显示“未包装”，这并不代表货物未经适当包装即运输。在特定行业中，运输未经包装即行销售的种类货物（如农产品、矿产品、件杂货等）可能是常见的做法。

问题 8　由卖方还是买方负责清关?

当将货物销售至海关监管区域以外的目的地时，CFR 卖方必须自负风险和费用，办理从交货港（装运港）出口货物所需的一切海关手续。[①]这包括可能需要的任何出口许可或其他官方授权。

运输合同中未约定的从装运港启运后的中转手续，由买方办理，并自负风险和费用。买方还必须在指定目的港办理所有进口货物的清关手续。

当事方必须在获取任何单据和信息方面彼此给予协助，这些信息包括货物出口、运输和进口所需的相关安全信息。

从行政管辖的角度而言，货物“已装船”常常等同于货物在海关监管区域以外完成交付。在许多国家，由于卖方将货物运抵目的国/进口国的目的港所需的运费计入其买卖价格中，交易价格也应与货物运抵目的国海关监管区域时的（海关）价值相吻合。

为确保前后一致，卖方与承运人签订的运输合同条款，均应符合 CFR《国际贸易术语解释通则®》术语项下对买卖双方清关义务分担的规定。

---

① 以及运往启运港/交货港所需的中转手续（如有）。

问题 9　由谁负责货物的积载和紧固?

《国际贸易术语解释通则®2010》对当事人有关货物积载和紧固的义务不作规范。如需规范，建议双方在买卖合同中做出约定。

CFR 卖方将货物交付给承运人的义务是否包括实际装船的责任，而所谓的“装船”是否包括理舱和紧固货物？这些都取决于装运港的惯例、运输合同的规定以及货物的性质（参见问题 1 货物如何交付给承运人）。

问题 10　承运人应当出具何种运输单据?

《国际贸易术语解释通则®2010》中 CFR 术语规定，卖方必须自负费用向买方提供惯常运输单据，按照合同的约定将货物运至指定目的港。运输单据必须注明基础合同下的货物，运输单据的日期须在约定的装运期以内。该单据还必须使买方能够凭以在指定目的港向承运人索取货物，并且，除非另有约定，使买方能够通过向后手买方转让单据或向承运人发出指示来实现在途货物的买卖。当此运输单据以可转让形式出具，且包含多份正本时，则全套正本单据均须提交给买方。

由 CFR 卖方订立的运输合同应当在一份合同中涵盖货物从选定的装运港被发运直至在指定目的港被交付给买方的整个运输过程。

大多数海运及内河运输国际公约均要求承运人就收妥待运的货物签发特定运输单据。运输单据是货物已置于承运人监管之下的证据，并可记载对货物的任何保留意见。在其他情形下，运输单据可仅供持单人主张货权之用（如可转让提单的功能一样）。

作为一项广泛接受的一般原则，CFR 卖方作为提单载明的契约托运人有权从承运人处取得提单。

运输单据应当注明承运人在港口收取货物时该货物的表面状

况。尽管为付款之目的而可能需要提交“清洁”[①]运输单据，[②]但《国际贸易术语解释通则》对此并无要求。运输单据应当以显而易见的方式注明日期并签署。

除非明显无此必要，否则运输单据应载明承运人向收货人交货的明确责任。在使用可转让运输单据的情况下，收货人仅凭提交一份正本运输单据即可提货。

其他单据

如果卖方要求承运人提供清关单据（例如发票、装箱单、原产地证明等），承运人并没有义务这样做。但承运人若接受此要求，则应特别关注此类格式化程度很高的单据，尤其是在运输方式、货物、适用的法律法规以及托运人和承运人之间的相互关系等方面。

注：在 CFR 交易中，卖方订立运输合同将货物运至指定目的港，但当货物在启运港被装上船舶时，该货物已经被交付给买方。运输过程中发生的任何货损将由买方承担。因此，买方具有强烈且正当的利益，确保运输安排并使其与承运人之间直接沟通，以便其可以就货物在运输过程中遭受的任何灭失或毁损向承运人索赔并接受理赔[③]。

① 未载有货损货差批注。

② UCP 600 第 27 条。

③ 如果合同中未约定运输保险——在这种情形下，保险公司一般会向承运人进行索偿。

成本、保险费加运费（Cost Insurance and Freight）

《国际贸易术语解释通则®2010》中的 CIFR（插入指定目的港）

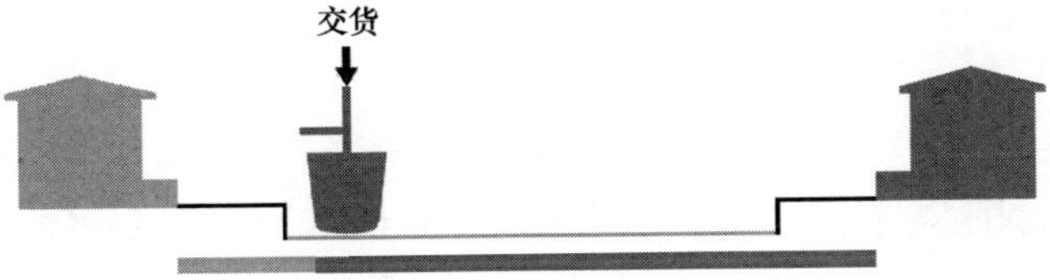

除了投保义务，《国际贸易术语解释通则®》CIF 与 CFR 术语的规则完全一致。

尽管在货交承运人以后卖方对货物已经没有可保利益，但是为了买方利益，卖方通过其货运代理签订保险合同是现实的。运输和运输保险皆由同一人办理可能是一种能以合理的成本实现运输合同（例如，运输路径、日期）与保险单相匹配的适当方法。然而需要注意的是，尽管在某些情况下（尤其是当托运人发货次数有限时）使用货运代理或承运人投保可能存在优势，但这种做法既未受到广泛推荐也并非是最好的。若托运人需要在某一年内大量发货，这种方法甚至可能完全不合适。

需要注意的是，某些国家对于进口商与国外海运保险公司签订合同是加以限制的，这样（在实际上）就等于禁止使用 CIF 术语。同时应注意，在某些国家，法律限定仅有那些具备资质并登记注册的公司及个人才可以经办保险业务，甚至规定只有他们才能提供保险咨询。

《国际贸易术语解释通则®》术语本身并不规制保险合同，而仅规制买卖双方关系中涉及保险的部分。负责支付保险费用的一方，比如卖方，必须签订特定的保险合同。

CIF《国际贸易术语解释通则®》术语要求卖方自费投保。投保险别需至少符合《协会货物保险条款》（Institute Cargo Clauses LMA/IUA）“C 险”（Clause C）。保险合同应与信誉良好的承保人或保险公司订立。

根据装运港及船公司国籍情况，也可按其他标准保险条款投保。[①]

然而，买方如果要求且满足相应前提条件，卖方必须投保《协会货物保险条款》（Institute Cargo Clauses LMA/IUA）“A 险或 B 险”（Clauses A OR B）或类似险别。战争险和罢工险也同样办理。

卖方购买的保险应该使买方或其他对货物有可保利益者有权直接向保险人索赔，且最低保险金额是合同总价另加 10%（即 110%）。其他任何由卖方办理的保险如未满足这些最低要求，便未履行其在 CIF 术语项下 A3（b）条所规定的卖方投保义务。

卖方若投保全球运输险，可能不符合 CIF 条件对保险的要求[②]，原因如下。

（1）无法自动给予买方直接向保险人索赔的权利，原因是保险受益人是卖方。有鉴于此，买方可能有必要与保险人做出特殊安排。

（2）保险金额未达到合同金额 110%的最低要求。某些保险单会规定免赔额或赔偿限额。

有关保险的注意事项

除 CIP 和 CIF 术语以外，所有《国际贸易术语解释通则®》术语均在其第 A3b）/第 B3b）条中规定买卖双方没有义务就货物在运输过程中发生的灭失或毁损的风险投保。

贸易术语中未规定投保的合同义务并不表明买卖双方对投保

① 例如，《美国协会货物保险条款》平安险（FPA）、《法国海运货物保险单》平安险（FPA cover）、《安特卫普货物保险单》、《挪威海运保险计划》（NMIP）以及《DTV 货物保险条件》。

②《国际贸易术语解释通则®2010》问题 12（全球运输保险单）—《国际贸易术语解释通则®2010》问答（《〈国际贸易术语解释通则®2010〉问答—关于〈国际贸易术语解释通则®2010〉的问题和 ICC 专家指南》），国际商会第 744E 号出版物第 56 页。

没有利害关系，而仅仅表明买卖双方均有权自由决定是否订立保险合同以保障自己在按照《国际贸易术语解释通则®》术语第 A4 条的规定，将货物运往交货地（作为卖方时）或从交货地接收货物后（作为买方时）在运输过程中所发生的风险。

适用的公约	《国际公路货物运输合同公约》	《国际铁路货物运输公约》
灭失及损坏赔偿责任限额	8.33 SDR/千克	17 SDR/千克
延迟交付赔偿责任限额	运费	3 倍运费
货损、货差通知		
■ 明显的	■ 收货时立即通知	■ 收货时立即通知
■ 不明显的	■ 发现损害之日起	■ 发现损害之日起
	7 日内	7 日内
迟延交付索赔通知	收货后连续 21 日内	收货后连续 60 日内
诉讼时效	1 年	1 年

SDR 汇率
（特别提款权）
可访问以下网址：http://www.imf.org/external/np/fi n/rates/rms_fi ve.cfm

承运人责任、运输工具保险及货物保险

由于承运人并不对运输过程中可能出现的所有情况承担责任，因此特别建议买卖双方仔细核查其是否对货物在运输过程中发生的灭失或损坏的风险订立保险合同。

运输常常是一种共同责任，货物从一个承运人处被运送至另一个承运人处，并由码头经营人、装卸公司等进行相应操作。货物若在运抵目的地时被发现存在货损货差，要证明应由供应链中的哪一方承担责任，以及应在多大程度上承担责任，并不总是那么容易。

此外，承运人在从发货人处接收货物的时候可能已经在运输单据上做出了保留性批注（例如，有关货物包装的批注）。此类保留性批注，涉及货物装运的具体状况（如装货甲板）、损害的性质（如间接损害、延误……）或者造成货损的原因（如货物性质、第三方造成的事故……），将使运输单据变得“不清洁”，进而可能导致承运人免于担责。在此种情形下，承运人及承运人责任险保险人（如有），可能会拒绝理赔。

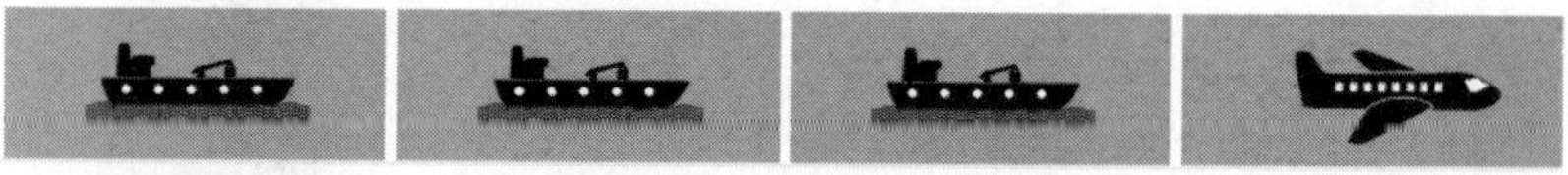

《海牙—维斯比规则》	《汉堡规则》	《鹿特丹规则》	《蒙特利尔公约》
	（限制适用）	（尚未生效）	
666.67 SDR/单位	835 SDR/单位	875 SDR/单位	19 SDR/千克
或 2 SDR/千克	或 2 SDR/千克	或 3 SDR/千克	
—	2.5 倍运费	2.5 倍运费	19 SDR/千克
■ 收货后立即通知	■ 收货后第一个工作日内	■ 收货后立即通知	■ 14 日内
■ 收货后 3 日内	■ 收货后 15 日内	■ 收货后 7 个工作日内	■ 14 日内
—	收货后连续 60 日内	收货后连续 21 日内	收货后连续 21 日内
1 年	1 年	2 年	2 年

最后但同样重要的是，国际运输公约及法律对运输合同当事人之间的权利和义务做了界定，从而将承运人的责任限定在某个上限之内。该责任限额根据不同运输方式所适用的国际公约的不同而有所差异。当货物的价值超过该法定限额，承运人及其保险人将仅就部分损失承担责任，除非损害是因承运人的重大疏忽或故意所造成的。另外，某些因迟延、后续关联损失（关税和国内消费税等）等原因造成的损害可能不被纳入赔偿责任范围。

托运人可以尝试与承运人达成协议，通过向承运人提供被承运人接受的货物价值声明或权益声明的方式扩大承运人的赔偿责任限额。然而，若承运人接受这一做法，此种协议将导致更高的运费成本。而且，此种协议并不能使承运人对其在特定情况下无须担责的货物灭失及损毁承担责任。

重要事项

如果承运人声称其购买了保险，通常认为承运人已经投保，该保险单覆盖了所适用的运输公约或运输法规定的承运人强制责任范围。这并不必然意味着货物的全部价值已投保，也不意味着承运人如果对货损无须承担（赔偿）责任，就必然能让保险人承担（赔偿）责任。

重要且应注意的是，运输单据（例如提单）尽管是运输合同的证明，但并非是承运人对货物责任的投保证明。承运人与其保险人之间合意达成的保险合同是承运人保险的唯一证明，该保险受保险合同条款约束。

因此，买卖双方应当始终将货物的保险纳入考量，购买的货物保险应当涵盖货物在运输过程中可能遭受的全部损害，并独立于承运人的责任；该保险还应涵盖买卖双方作为“商人”可能承担的责任（如海上救助费、海洋环境污染费……）。买卖双方还应当审核需要投保的范围和金额。这种风险评估将把下列事项纳入考量，包括货物性质、货物状况及其价值、承运人的资质及其强制责任、运输方式及运输路径……

共同责任保单

考虑到对货物保险的总体需求（此类货物保险系对承运人责任和承运人责任险的补充），同时考虑到所应支付的保费（根据各种特定情况，保费水平相对较低），各企业可以考虑对其所有往来货载投保“共同责任险”或“全球险”。

附　　录

《国际贸易术语解释通则®2010》

目录

序言

为适应国际贸易的快速发展和国际贸易实践领城发生的新变化，国际商会于 2007 年发起对《国际贸易术语解释通则 2000》（Incoterms 2000）进行修订的动议，并组建了修订小组。为了将中国商界的利益和要求反映到 Incoterms®的最新版本中，中国国际商会于 2009 年牵头组建了 ICC China《国际贸易术语解释通则®》修订委员会，带领国内商界多次向国际商会提交中方针对 Incoterms®2010 修订稿的意见，其中大部分意见被采纳到新通则中。在这个过程中，我们欣喜地看到中国商界在世界经贸舞台上的地位得到迅速提高，中国的参与已经成为世界商业规则制订中不可或缺的一部分。

Incoterms®2010 的修订工作历时 3 年，征集了全球商界大量意见和建议，几易其稿，最终版本于 2010 年 9 月正式面世，并于 2011 年 1 月 1 起生效。为帮助国内经贸界尽快学习和熟练掌握新的规则，并将规则及早应用于贸易实践，中国国际商会在第一时间组织了中文版本的翻译工作。同时，作为被国际商会授权唯一可以举办 Incoterms®2010 培训的中国机构，中国国际商会举办了一系列培训，帮助中国企业深入理解和正确应用 Incoterms®2010 各种条款。

在此，我要感谢 ICC China《国际贸易术语解释通则》修订委员会的专家对每一次的修订稿件所提出的宝贵意见，正是他们的不懈努力使中国商界的声音得以准确及时地反馈给国际商会。我还要感谢中国政法大学国际法学院院长莫世健教授，中国国际经济贸易仲裁会仲裁员、Incoterrns 2000 译审专家魏家驹教授，中国国际经济贸易仲裁委员会仲裁员严思忆教授在百忙之中对中文版本进行的细致严谨的审校工作，从而保证了本书译本的权威性。

特别值得一提的是，ICC China 的专家们此次还对 Incoterms 的译名进行了认真的讨论。他们一致认为，Incoterms 字面和实际内容并无“解释”之意，贴切的译名应为国际贸易术语通则。但考虑到 Incoterms 已进入中国多年，为不影响企业读者约定俗成的习惯，Incoterms®2010 仍维持了《国际贸易术语解释通则》的译法。从这一点上可以看出，我们的专家团队本着高度负责的态度，对 Incoterms®2010 翻译工作词斟句酌，力图为读者提供最权威的参考工具。

翻译和出版国际商会出版物是中国国际商会的重要职能。今后，我们还将继续向中国企业介绍国际商会以及其他国际组织制定的文件和出版物，开展与之相关的活动，更好地为中国商界服务。

万季飞

中国国际商会会长

二〇一〇年十二月

前言

全球化经济为商业活动进入世界各地市场提供了前所未有的广阔途径。货物正以更大数量、更多种类在更多国家进行买卖。但是，随着全球贸易量的增大与复杂程度的提高，买卖合同起草不当引起误解和高成本纠纷的可能性也随之增加。

《国际贸易术语解释通则®》是一套国际商会（ICC）关于国内外贸易术语使用的通则，旨在便利全球贸易活动。在买卖合同中使用《国际贸易术语解释通则®2010》中的术语可以明确当事方各自的义务，并减少法律纠纷风险。

自1936年国际商会创立《国际贸易术语解释通则》以来，这套全球普遍接受的合同标准不断定期更新以适应国际贸易的发展。《国际贸易术语解释通则®2010》考虑了无关税区的不断扩大、商业交易中电子信息使用的增加、货物运输中对安全问题的进一步关注以及运输方式的变化。《国际贸易术语解释通则®2010》更新并整合了与“交货”相关的规则，将术语总数由原来的13条减至11条，并对所有规则做出更加简洁、明确的陈述。同时，《国际贸易术语解释通则®2010》首次在贸易术语中对买方与卖方不使用有性别差别的称谓。

国际商会商业法律与惯例委员会成员来自世界各地不同贸易领域，其丰富的专业知识保证了《国际贸易术语解释通则®2010》足以满足全球商界的需要。

国际商会希望在此感谢以Fabio Bortolotti 教授（意大利）为主席的商业法律与惯例委员会和由 Charles Debattista 教授（联合主席，英国）、Christoph Martin Radtke（联合主席，法国）、Jens Bredow（德国）、Johnny Herre（瑞典）、David Lowe（英国）、Lauri Railas（芬兰）、Frank Reynolds（美国）和 Miroslav Subert

（捷克）组成的起草小组，以及为此 11 条规则配图的 Asko Raty（芬兰）。

顾磊杰（Rajat Gupta）
国际商会会长

引言

《国际贸易术语解释通则®》（Incoterms®）①是一套由三个字母组成的、反映货物买卖合同中商业实务的贸易术语。《国际贸易术语解释通则®》主要描述了货物由卖方交付给买方过程中所涉及的上作、成本和风险。

如何使用《国际贸易术语解释通则®2010》的术语

1. 在买卖合同中写入《国际贸易术语解释通则®2010》术语

如果想在合同中使用《国际贸易术语解释通则®2010》，应在合同中用类似词句做出明确表示，如“所选用的国际贸易术语，包括指定地点，并标明《国际贸易术语解释通则®2010》”。

2. 选择合适的国际贸易术语

对国际贸易术语的选择应适合于货物性质和运输方式。首先是考虑合同各方是否想给卖方或买方增加额外的义务，如安排运输或保险的义务等。每个术语的“使用说明”对选择术语十分有用。无论选择何种术语，买卖双方均应清楚，对其合同的解释很可能会受到所使用港口或地点特有的惯例的影响。

3. 尽可能对地点和港口做出详细说明

只有合同各方写明港口或地点，所选用的国际贸易术语才能发挥作用。而对港口或地点写得越确切，就越能凸显国际贸易术语的作用。准确表述的范例如下：

“FCA 38 Coors Albert ler，Paris，France Incoterms®2010” ②

在贸易术语 Ex Works（EXW，工厂交货）、Free Carrier（FCA，

---

①“Incoterms”是国际商会注册商标。

② 中文版注：“FCA”（货交承运人）是术语，“38 Cours Albert ler，Paris，France”是地点或地址，“Incoterms®2010”是对所选的贸易术语最新版本的说明。

货交承运人）、Delivered at Terminal（DAT，运输终端交货）、Delivered at Place（DAP，目的地交货）、Delivered Duty Paid（DDP，完税后交货）、Free Alongside Ship（FAS，船边交货）和 Free on Board（FOB，船上交货）中，指定地点是交货地点和风险从卖方转移到买方的地点。

在贸易术语 Carriage Paid To（CPT，运费付至）、Carriage and Insurance Paid To（CIP，运费、保险费付至）中，Cost and Freight（CFR，成本加运费）和 Cost，Insurance and Freight（CIF，成本、保险费加运费）的指定地点与交货地点有别。在此四个贸易术语中，指定地点是目的地，其运费已经支付。如能在指明地点或目的地内明确该地点或目的地内确定的点将更有助于避免疑问或争议。

4. 切记国际贸易术语并没有给你一个完整的买卖合同

国际贸易术语确实规定了买卖合同中哪方有安排运输、保险的义务，卖方何时向买方交货以及各方应当支付的费用，但国际贸易术语没有说明应付价格或支付方式。它也没有涉及货物所有权的转让或违约后果。这些问题通常依据买卖合同的明确约定或合同的适用法处理。合同各方应当清楚，强制适用的本地法可能推翻买卖合同的任何条款，包括所选择的国际贸易术语在内。

《国际贸易术语解释通则®2010》的主要特点

1. 两个新增术语 DAT（运输终端交货）和 DAP（目的地交货）取代了《国际贸易术语解释通则 2000》中的 DAF（边境交货）、DES（目的港船上交货）、DEQ（目的港码头交货）和 DDU（未完税交货）

国际贸易术语由原来的 13 个减至 11 个。该变化是通过使用两个可适用于任何运输模式的新术语即 DAT（运输终端交货）和 DAP（目的地交货），取代《国际贸易术语解释通则 2000》中的 DAF（边境交货）、DES（目的港船边交货）、DEQ（目的港码头交货）和 DDU（未完税交货）来实现的。

在这两个新增术语中，交货都在指定目的地发生。使用 DAT 时，货物已从到达的运输工具中卸下，交由买方处置（与以前的 DEQ 术语相同）。使用 DAP 时，货物同样交由买方处置，但仅需作好卸货准备（与以前的 DAF、DES 和 DDU 术语相同）。

新术语使得《国际贸易术语解释通则 2000》的 DES 与 DEQ 成为多余。DAT 中的指定终端很可能是港口，因此该术语可完全适用于《国际贸易术语解释通则 2000》DEQ 适用的场合。同样，DAP 中抵达的运输工具很可能是船只，指定地点也很可能是港口，因此，DAP 可完全适用于《国际贸易术语解释通则 2000》DES 适用的场合。这两个新术语和先前的术语一样，是“交货”型的，由卖方承担将货物交至指定目的地的所有费用（除与进口相关的费用外，如有）和风险。

2.《国际贸易术语解释通则®2010》中 11 个术语的分类

《国际贸易术语解释通则®2010》的 11 个术语可分为特征鲜明的两大类：

适用于任何单一运输方式或多种运输方式的术语

EXW	工厂交货
FCA	货交承运人
CPT	运费付至
CIP	运费和保险费付至
DAT	运输终端交货
DAP	目的地交货
DDP	完税后交货

适用于海运及内河水运的术语

FAS	船边交货
FOB	船上交货
CFR	成本加运费
CIF	成本、保险加运费

第一类包括《国际贸易术语解释通则®2010》中的七个术语，不论选用何种运输方式，也不论是否使用一种或多种运输方式，均可适用。EXW、FCA、CPT、CIP、DAT、DAP 和 DDP 均属此类，甚至没有海运时也可使用这些术语。但是，要记住，当船舶用于部分运输时，可以使用这些术语。

《国际贸易术语解释通则®2010》中的第二类术语，交货地点和将货物交至买方的地点都是港口，因此被划分为“适于海运及内河水运的术语”。FAS、FOB、CFR 和 CIF 均属此类。在最后 3 个术语中省略了以船舷作为交货点的表述，取而代之的是货物置于“船上”时构成交货。这样的规定更符合当今商业现实，且能避免出现那种已经过时的风险在一条假想垂直线上摇摆不定的情形。

3. 国内贸易与国际贸易通则

国际贸易术语通则传统上用于货物跨越国界的国际货物买卖合同。但是，在世界许多地区，像欧盟一样的贸易同盟已使不同成员国间的边界手续显得不再重要。因此，《国际贸易术语解释通则®2010》的副标题正式确认这些术语对国际和国内货物买卖合同均可适用。因而，《国际贸易术语解释通则®2010》在多处明确说明，只有在适用时，才产生遵守进/出口手续要求的义务。

两种发展让 ICC 认识到应及时向此方向演进。第一，贸易方常在纯国内买卖合同中使用国际贸易术语；第二，美国国内贸易中出现了更愿意以国际贸易术语取代传统使用的《美国统一商法典》中的运输和交货术语的现象。

4. 使用说明

在每个《国际贸易术语解释通则®2010》术语前，均有该术语的使用说明。使用说明解释了每个术语的要点，比如何时适用，风险何时转移和买卖双方如何分摊费用。使用说明不是《国际贸易术语解释通则®2010》的构成部分，但期望能帮助使用者在特定交易中准确、高效地选择合适的术语。

5. 电子讯息

《国际贸易术语解释通则》以往的版本曾经规定诸多文件可用电子数据信息替代。《国际贸易术语解释通则®2010》的 A1 和 B1 条款则在各方约定或符合惯例的情况下，赋予电子讯息与纸质讯息同等效力。这种表述便利新电子程序在《国际贸易术语解释通则®2010》有效期内的发展。

6. 保险合同

《国际贸易术语解释通则®2010》是《伦敦保险协会货物险条款》修订以来的第一版国际贸易术语，并且已考虑了修订对条款的影响。《国际贸易术语解释通则®2010》将与保险相关的信息义务纳入涉及运输合同和保险合同的 A3 和 B3 条款。这些规定已从《国际贸易术语解释通则 2000》的 A10 和 B10 的泛泛的条款中抽出。为了明确双方与保险相关的义务，A3 和 B3 中有关保险的用语也作了相应调整。

7. 安检通关及其通关所需信息

现在人们对货物移动时的安全问题日益关注，要求确保除了其内在特性外，货物对人的生命和财产不得构成威胁。因此，《国际贸易术语解释通则®2010》在各术语的 A2/B2 和 A10/B10 条款中，明确了买卖各方间完成或协助完成安检通关的义务，比如产销监管链信息。

8. 码头作业费

按照《国际贸易术语解释通则》CPT、CIP、CFR、CIF、DAT、DAP 和 DDP 术语，卖方必须安排货物运输至指定目的地。运费虽由卖方支付，但买方为实际支付方，因为通常运费由买方包含在货物总价之中。运输费用有时会包括在港口或集装箱码头设施内处理和移动货物的费用中，而承运人或港口运营人很可能向接收货物的买方索要这些费用。在这种情况下，买方会希望避免为同一服务支付两次费用：一次是在货物总价中向卖方支付；另一次是单独向承运人或港口运营人支付。为了避免此类问题发生，《国际贸易术语解释通则®2010》相关术语的 A6 和 B6 条款中明确了此类费用的分摊。

9. 链式销售

与特定产品的销售不同，在商品销售中，货物在运送至销售链终端的过程中常常被多次转卖。出现此种情况时，在销售链中端的卖方实际上不运送货物，因为处于销售链始端的卖方已经安排了运输。因此，处在销售链中间的卖方不是以运送货物的方式，而是以“取得”货物的方式，履行对其买方的义务。为了澄清此问题，《国际贸易术语解释通则®2010》术语中包括“取得运输中货物”的义务，并以其作为在相关术语中运输货物义务的替代义务。

国际贸易术语的变通

有时，买卖各方希望变通国际贸易术语。《国际贸易术语解释通则®2010》并不禁止此类变通，但是这样做是有风险的。为避免不期望见到的情况出现，缔约方需要在买卖合同中非常清晰地明确他们希望通过修改达到的效果。例如，合同如果对《国际贸易术语解释通则®2010》某术语的费用分摊作出改变，缔约方也应清楚地表明他们是否同时希望改变风险自卖方转移至买方的点。

引言的地位

引言对《国际贸易术语解释通则®2010》术语的使用与解释作出总体介绍，但并不构成术语的一部分。

《国际贸易术语解释通则®2010》术语专用词的解释

如同《国际贸易术语解释通则 2000》一样，买卖双方的义务是对照列出的，分别反映在规定卖方义务的 A 栏和买方义务的 B 栏。这些义务可由卖方或买方亲自承担，但有时根据合同条款或适用的法律，也可以通过第三方中介如承运人、货运代理人，以及由卖方或买方指定的其他人来承担。

《国际贸易术语解释通则®2010》术语文字意在不言自明。但为了便利使用者，以下部分将对几个专用词在本通则中的特定含义做出指导性说明。

承运人：《国际贸易术语解释通则®2010》术语中，承运人是签约承担运输责任的一方。

海关手续：指为遵守任何适用的海关规定所需满足的要求，并可包括各类文件、安全、信息或事物检验的义务。

交货：在贸易法律与实务中，此概念有多种涵义。但在《国际贸易术语解释通则®2010》术语中，它所指的是货物灭失与损坏的风险从卖方转移至买方的点。

交货凭证：此词现为A8的标题，是指证明已交货的凭证。在《国际贸易术语解释通则®2010》许多术语中，交货凭证是运输凭证或对应的电子记录。但是，在使用EXW、FCA、FAS和FOB时，交货凭证可能仅仅是一张收据。交货凭证也会有其他作用，比如作为支付安排的构成部分。

电子记录或程序：由一条或多条电子信息组成的整套信息，同时适用时与对应的纸质凭证具有同等效力。

包装：此词可用于不同的包装：

（1）为满足买卖合同的要求对货物进行包装；

（2）为适应运输需要对货物进行包装；

（3）在集装箱或其他运载工具中装载包装好的货物。

在《国际贸易术语解释通则®2010》术语中，包装所指的是以上第一种和第二种情况。《国际贸易术语解释通则®2010》中的术语不涉及各方在集装箱内的装载义务，因此，需要的话，各方应在买卖合同中作出约定。

适用于任何单一运输方式或多种运输方式的通则

EXW

Ex Works 工厂交货

EXW（插入指定交货地点）《国际贸易术语解释通则®2010》或 Incoterms®2010

使用说明

该术语可适用于任何运输方式，也可适用于多种运输方式。它适合国内贸易，而FCA一般则更适合国际贸易。

"工厂交货"是指当卖方在其所在地或其他指定地点（如工厂、车间或仓库等）将货物交由买方处置时，即完成交货。卖方不需将货物装上任何前来接收货物的运输工具，要清关时，卖方也无需办理清关手续。

特别建议双方在指定交货地范围内尽可能明确具体交货地点，因为在货物到达交货地点之前的所有费用和风险都由卖方承担。买方则需承担自此指定交货地的约定地点（如有）收取货物所产生的全部费用和风险。

EXW（工厂交货）术语代表卖方最低义务，使用时需注意以下问题。

a）卖方对买方没有装货的义务，即使实际上卖方也许更方便这样做。卖方如果装货，也是由买方承担相关风险和费用。当卖方更方便装货时，FCA一般更为合适，因为该术语要求卖方承担装货义务，以及与此相关的风险和费用。

b）以 EXW 为基础购买出口产品的买方需要注意，卖方只有在买方要求时，才有义务协助办理出口，即卖方无义务安排出口通关。因此，在买方不能直接或间接地办理出口清关手续时，不建议使用该术语。

c）买方仅有限度地承担向卖方提供货物出口相关信息的责任。但是，卖方则可能出于缴税或申报等目的，需要这方面的信息。

A 卖方义务

A1 卖方一般义务

卖方必须提供符合买卖合同约定的货物和商业发票，以及合同可能要求的其他与合同约定相符的证据。

Al—A10 中所指的任何单证在双方约定或符合惯例的情况下，可以是同等作用的电子记录或程序。

A2 许可证、授权、安检通关和其他手续

适用时，经买方要求并承担风险和费用，卖方必须协助买方取得出口许可或出口相关货物所需的其他官方授权。
适用时，经买方要求并承担风险和费用，卖方必须提供其所掌握的该项货物安检通关所需的任何信息。

A3 运输合同与保险合同

a）运输合同
卖方对买方无订立运输合同的义务。

b）保险合同
卖方对买方无订立保险合同的义务。但应买方要求并由其承担风险和费用（如有），卖方必须向买方提供后者取得保险所需的信息。

A4 交货

卖方必须在指定的交付地点或该地点内的约定点（如有），以将未置于任何接收货物的运输工具上的货物交由买方处置的方式交货。若在指定交货地没有约定点，且有几个点可供使用时，卖方可选择最适合于其目的的点。卖方必须在约

定日期或期限内交货。

A5 风险转移

除按照 B5 的灭失或损坏情况外，卖方承担按照 A4 完成交货前货物灭失或损坏的一切风险。

B 买方义务

B1 买方一般义务

买方必须按照买卖合同约定支付价款。

B1—B10 中所指的任何单证在双方约定或符合惯例的情况下，可使用具同等作用的电子记录或程序。

B2 许可证、授权、安检通关和其他手续

适用时，应由买方自负风险和费用，取得进出口许可或其他官方授权，办理相关货物出口的海关手续。

B3 运输合同与保险合同

a）运输合同
买方对卖方无订立运输合同的义务。

b）保险合同
买方对卖方无订立保险合同的义务。

B4 收取货物

当卖方行为与 A4、A7 相符时，买方必须收取货物。

B5 风险转移

买方承担按照 A4 交货时起货物灭失或损坏的一切风险。

买方如果未能按照 B7 给予卖方通知，则买方必须从约定的交货日期或交货期限届满之日起，承担货物灭失或损坏的一切风险，但以该项货物已清楚地确定为合同项下之货物者为限。

A6 费用划分

卖方必须支付按照 A4 完成交货前与货物相关的一切费用，但按照 B6 应由买方支付的费用除外。

A7 通知买方

卖方必须给予买方其收取货物所需的任何通知。

A8 交货凭证

卖方对买方无义务。

A9 查对—包装—标记

卖方必须支付为了按照 A4 进行交货所需要进行的查对费用（如查对质量、丈量、过磅、点数的费用）。

除非在特定贸易中，某类货物的销售通常不需包装，卖方必须自付费用包装货物。 除非买方在签订合同前已通知卖方特殊包装要求，卖方可以适合该货物运输的方式对货物进行包装。包装应作适当标记。

A10 协助提供信息及相关费用

适用时，应买方要求并由其承担风险和费用，卖方必须及时向买方提供或协助其取得相关货物出门和/或进门、和/或将货物运输到最终目的地所需要的任何文件和信息，包括安全相关信息。

B6 费用划分

买方必须支付：

a）自按照 A4 交货时起与货物相关的一切费用；

b）由于其未收取已处于可由其处置状态的货物或未按照 B7 发出相关通知而产生的额外费用，以该项货物已清楚地确定为合同项下之货物者为限；

c）适用时，货物出口应缴纳的一切关税、税款和其他费用及办理海关手续的费用；及

d）对卖方按照 A2 提供协助时所产生的一切花销和费用的补偿。

B7 通知卖方

当有权决定在约定期限内的时间和/或在指定地点内的接收点时，买方必须向卖方发出充分的通知。

B8 交货证据

买方必须向卖方提供其已收取货物的相关凭证。

B9 货物检验

买方必须支付任何强制性装船前的检验费用，包括出口国有关机构强制进行的检验费用。

B10 协助提供信息及相关费用

买方必须及时告知卖方任何安全信息要求，以便卖方遵守A10的规定。

买方必须偿付卖方按照 A10 向买方提供或协助其取得文件和信息时发生的所有花销和费用。

FCA

Free Carrier 货交承运人

FCA（插入指定交货地点）《国际贸易术语解释通则®2010》或 Incoterms®2010

使用说明

该术语可适用于任何运输方式，也可适用于多种运输方式。

“货交承运人”是指卖方在卖方所在地或其他指定地点将货物交给买方指定的承运人或其他人。由于风险在交货地点转移至买方，特别建议双方尽可能清楚地写明指定交货地内的交付点。

双方如果希望在卖方所在地交货，则应当将卖方所在地址明确为指定交货地。双方如果希望在其他地点交货，则必须确定不同的特定交货地点。

适用时，FCA 要求卖方办理货物出口清关手续，但卖方无义务办理进口清关，支付任何进口税或办理任何进口海关手续。

A 卖方义务

A1 卖方一般义务

卖方必须提供符合买卖合同约定的货物和商业发票，以及合同可能要求的其他与合同相符的证据。

A1—A10 中所指的任何单证在双方约定或符合惯例的情况下，可以是同等作用的电子记录或程序。

A2 许可证、授权、安检通关和其他手续

适用时，卖方必须自负风险和费用，取得所有的出口许可或其他官方授权，办理货物出口所需的一切海关手续。

A3 运输合同与保险合同

a）运输合同
卖方对买方无订立运输合同的义务。但买方若要求，或依商业实践，且买方未适时做出相反指示，卖方可以按照通常条件签订运输合同，由买方负担风险和费用。在以上两种情形下，卖方都可以拒绝签订运输合同；如予拒绝，卖方应立即通知买方。

b）保险合同
卖方对买方无订立保险合同的义务。但应买方要求并由其承担风险和费用（如有），卖方必须向买方提供后者取得保险所需的信息。

A4 交货

卖方必须在约定日期或期限内，在指定地点或指定地点的约

定点（如有约定），将货物交付给买方指定的承运人或其他人。以下情况，交货完成：

a）若指定地点是卖方所在地，则当货物被装上买方提供的运输工具时；

b）在任何其他情况下，则当货物虽仍处于卖方的运输工具上，但已准备好卸载，并已交由承运人或买方指定的其他人处置时。

B 买方义务

B1 买方一般义务

买方必须按照买卖合同约定支付价款。

B1—B10 中所指的任何单证在双方约定或符合惯例的情况下，可以是同等作用的电子记录或程序。

B2 许可证、授权、安检通关和其他手续

适用时，应由买方自负风险和费用，取得所有进口许可或其他官方授权，办理货物进口和从他国过境运输所需的一切海关手续。

B3 运输合同与保险合同

a）运输合同
除了卖方按照 A3 a）签订运输合同的情形外，买方必须自付费用签订自指定的交货地点起运货物的运输合同。

b）保险合同
买方对卖方无订立保险合同的义务。

B4 收取货物

货物按照 A4 交付时，买方必须收取。

买方如果未按照 B7 d）明确指定交货地点内特定的交付点，且有数个交付点可供使用时，卖方则有权选择最适合其目的的交货点。

除非买方另行通知，卖方可采取符合货物数品和/或性质需要的方式将货物交付运输。

A5 风险转移

除按照 B5 的灭失或损坏情况外，卖方承担按照 A4 完成交货前货物灭失或损坏的一切风险。

A6 费用划分

卖方必须支付

a）按照 A4 完成交货前与货物相关的一切费用，但按照 B6 应由买方支付的费用除外；及

b）适用时，货物出口所需海关手续费用，出口应交纳的一切关税、税款和其他费用。

B5 风险转移

买方承担自 A4 交货时起货物灭失或损坏的一切风险。
如果：
a）买方未按照 B7 规定通知 A4 项下的指定承运人或其他人，或发出通知；或
b）按照 A4 指定的承运人或其他人未在约定的时间接管货物；

则买方承担货物灭失或损坏的一切风险：
（i）自约定日期起，若无约定日期的，则
（ii）自卖方在约定期限内按照 A7 通知的日期起；或若没有通知日期的，则
（iii）自任何约定交货期限届满之日起。

但以该项货物已清楚地确定为合同项下之货物者为限。

B6 费用划分

买方必须支付：
a）自按照 A4 交货时起与货物相关的一切费用，如适用时，A6 b）中出口所需的海关手续费用及出口应交纳的一切关税、税款和其他费用除外；
b）由以下原因之一发生的任何额外费用：
（i）买方未能指定 A4 项下的承运人或其他人，或
（ii）买方指定的 A4 项下的承运人或其他人未接管货物，
（iii）买方未能按照 B7 给予卖方相应的通知，

但以该项货物已清楚地确定为合同项下之货物者为限；及

c）如适用时，货物进口应交纳的一切关税、税款和其他费用，及办理进口海关手续的费用和从他国过境运输的费用。

A7 通知买方

由买方承担风险和费用，卖方必须就其已经按照 A4 交货或买方指定的承运人或其他人未在约定时间内收取货物的情况给予买方充分的通知。

A8 交货凭证

卖方必须自付费用向买方提供已按照 A4 交货的通常证据。

应买方要求并由其承担风险和费用，卖方必须协助买方取得运输凭证。

A9 查对—包装—标记

卖方必须支付按照 A4 交货所需要进行的查对费用（如查对货物质量、丈量、过磅、点数的费用），以及出口国有关机构强制进行的装运前检验所产生的费用。

除非在特定贸易中某类货物的销售通常不需包装，卖方必须自付费用包装货物。除非买方在签订合同前已通知卖方特殊包装要求，卖方可以根据该货物运输的方式对货物进行包装。包装应作适当标记。

A10 协助提供信息及相关费用

适用时，应买方要求并由其承担风险和费用，卖方必须及时向买方提供或协助其取得相关货物进口和/或将货物运输到最终目的地所需要的任何文件和信息，包括安全相关信息。

卖方必须偿付买方按照B10提供或协助取得文件和信息时所发生的所有花销和费用。

B7 通知卖方

买方必须通知卖方以下内容：
a）按照 A4 所指定的承运人或其他人的姓名，以便卖方有足够时间按照该条款交货；

b）适用时，在约定的交付期限内所选择的由指定的承运人或其他人收取货物的时间；

c）指定人适用的运输方式；及

d）指定地点内的交货点。

B8 交货证据

买方必须接受按照 A8 提供的交货凭证。

B9 货物检验

买方必须支付任何强制性装船前的检验费用，但出口国有关机构强制进行的检验除外。

B10 协助提供信息及相关费用

买方必须及时告知卖方任何安全信息要求，以便卖方遵守 A10 的规定。

买方必须偿付卖方按照 A10 向买方提供或协助其取得文件和信息时发生的所有花销和费用。

适用时，应卖方要求并由其承担风险和费用，买方必须及时向卖方提供或协助其取得货物运输和出口及从他国过境运输所需要的任何文件和信息，包括安全相关信息。

CPT

Carriage Paid To 运费付至

CPT（插入指定目的地）《国际贸易术语解释通则®2010》或 Incoterms® 2010

使用说明

该术语可适用于任何运输方式，也可适用于多种运输方式。

“运费付至”是指卖方将货物在双方约定地点（双方如果已经约定了地点）交给卖方指定的承运人或其他人。卖方必须签订运输合同并支付将货物运至指定目的地所需的费用。

在使用CPT、CIP、CFR或CIF术语时，当卖方将货物交付给承运人时，而非当货物到达目的地时，即完成交货。

由于风险转移和费用转移的地点不同，该术语有两个关键点。特别建议双方尽可能确切地在合同中明确交货地点（风险在这里转移至买方），以及指定的目的地（卖方必须签订运输合同运到该目的地）。运输到约定目的地如果涉及多个承运人，且双方不能就交货点达成一致时，可以推定：当卖方在某个完全由其选择且买方不能控制的点将货物交付给第一个承运人时，风险转移至买方。双方如希望风险晚些转移的话（例如在某海港或机场转移），则需要在其买卖合同中订明。

由于卖方需承担将货物运至目的地具体地点的费用，特别建议双方尽可能确切地在指定目的地内明确该点。建议卖方取得完全符合该选择的运输合同。卖方如果按照运输合同在指定的目的地卸货发生了费用，除非双方另有约定，卖方无权向买方要求偿付。

适用时，CPT 要求卖方办理货物的出口清关手续。但是卖方无义务办理进口清关，支付任何进口税或办理进口相关的任何海关手续。

A 卖方义务

A1 卖方一般义务

卖方必须提供符合买卖合同约定的货物和商业发票，以及合同可能要求与合同相符的证据。

Al—A10 中所指的任何单证在双方约定或符合惯例的情况下，可以是同等作用的电子记录或程序。

A2 许可证、授权、安检通关和其他手续

适用时，卖方必须自负风险和费用，取得所有的出口许可或其他官方授权，办理货物出口和交货前从他国过境运输所需的一切海关手续。

A3 运输合同与保险合同

a）运输合同
卖方必须签订或取得运输合同，将货物自交货地送至指定目的地或该目的地的交付点（如有约定）。必须按照通常条件订立合同，由卖方支付费用，经由通常航线和习惯方式运送货物。双方如果没有约定特别的点或该点不能由惯例确定，卖方则可选择最适合其目的的交货点和指定目的地内的交货点。

b）保险合同
卖方对买方无订立保险合同的义务。但应买方要求并由其承担风险和费用（如有），卖方必须向买方提供后者取得保险所需的信息。

A4 交货

卖方必须在约定日期或期限内，以将货物交给按照 A3 签订的合同承运人方式交货。

A5 风险转移

除按照 B5 的灭失或损坏情况外，卖方承担按照 A4 完成交货前货物灭失或损坏的一切风险。

B 买方义务

B1 买方一般义务

买方必须按照买卖合同约定支付价款。

B1—B10 中所指的任何单证在双方约定或符合惯例的情况下，可以是同等作用的电子记录或程序。

B2 许可证、授权、安检通关和其他手续

适用时，应由买方自负风险和费用，取得所有的进口许可或其他官方授权，办理货物进口和从他国过境运输所需的一切海关于续。

B3 运输合同与保险合同

a）运输合同
买方对卖方无订立运输合同的义务。

b）保险合同
买方对卖方无订立保险合同的义务。但应卖方要求，买方必须向卖方提供其取得保险所需的信息。

B4 收取货物

当货物按照 A4 交付时，买方必须收取，并在指定目的地从承运人处收取货物。

B5 风险转移

买方承担按照 A4 交货时起货物灭失或损坏的一切风险。

买方如未按照 B7 给予卖方通知，则买方必须从约定的交货日期或交货期限届满之日起，承担货物灭失或损坏的一切风险，但以该货物已清楚地确定为合同项下之货物者为限。

A6 费用划分

卖方必须支付：

a）按照 A4 完成交货前与货物相关的一切费用，但按照 B6 应由买方支付的费用除外；

b）按照 A3 a）所发生的运费和其他一切费用，包括根据运输合同规定由卖方支付的装货费和在目的地的卸货费用；及

c）适用时，货物出口所需海关手续费用，出口应交纳的一切关税、税款和其他费用，以及按照运输合同规定，由卖方支付的货物从他国过境运输的费用。

A7 通知买方

卖方必须向买方发出已按照 A4 交货的通知。

卖方必须向买方发出任何所需通知，以便买方采取收取货物通常所需要的措施。

A8 交货凭证

依惯例或应买方要求，卖方必须承担费用，向买方提供其按照 A3 订立的运输合同通常的运输凭证。

此项运输凭证必须载明合同中的货物，且其签发日期应在约定运输期限内。如已约定或依惯例，此项凭证也必须能使买方在指定目的地向承运人索取货物，使买方在货物运输途中以向下家买方转让或通知承运人方式出售货物。

当此类运输凭证以可转让形式签发且有数份正本时，则必须将整套正本凭证提交给买方。

B6 费用划分

在不与 A3 a）冲突的情况下，买方必须支付：

a）自按照 A4 交货时起，与货物相关的一切费用，适用时按照 A6 c）出口所需的海关手续费用，及出口应交纳的一切关税、税款和其他费用除外；

b）货物在运输途中直至到达约定目的地为止的一切费用，按照运输合同该费用应由卖方支付的除外；

c）卸货费，除非根据运输合同该项费用应由卖方交付；

d）买方如未按照 B7 发出通知，则自约定发货之日或约定发货期限届满之日起，所发生的一切额外费用，但以该货物已清楚地确定为合同项下之货物为限；及

e）适用时，货物进口应交纳的一切关税、税款和其他费用，及办理进口海关手续的费用和从他国过境运输的费用，除非该费用已包括在运输合同中。

B7 通知卖方

当有权决定发货时间和/或指定目的地或目的地内收取货物的点时，买方必须向卖方发出充分的通知。

B8 交货证据

凭证与合同如果相符，买方必须接受按照 A8 提供的运输凭证。

A9 查对—包装—标记

卖方必须支付为了按照 A4 进行交货所需要的查对费用（如查对质量、丈量、过磅、点数的费用），以及出口国有关机构强制进行的装运前检验所发生的费用。

除非在特定的贸易中某类货物的销售通常不需包装，卖方必须自付费用包装货物。除非买方在签订合同前已通知卖方特殊包装要求，卖方可以根据该货物运输的方式对货物进行包装。包装应作适当标记。

A10 协助提供信息及相关费用

适用时，应买方要求并由其承担风险和费用，卖方必须及时向买方提供或协助其取得相关货物进口和/或将货物运输到最终目的地所需要的任何文件和信息，包括安全相关信息。

卖方必须偿付买方按照B10提供或协助取得文件和信息时发生的所有花销和费用。

B9 货物检验

买方必须支付任何强制性装船前检验费用，但出口国有关机构强制进行的检验除外。

B10 协助提供信息及相关费用

买方必须及时告知卖方任何安全信息要求，以便卖方遵守A10 的规定。

买方必须偿付卖方按照 A10 向买方提供或协助其取得文件和信息时发生的所有花销和费用。
适用时，应卖方要求并由其承担风险和费用，买方必须及时向卖方提供或协助其取得货物运输和出口及从他国过境运输所需要的任何文件和信息，包括安全相关信息。

CIP

Carriage And Insurance Paid To 运费和保险费付至

CIP（插入指定目的地）《国际贸易术语解释通®2010》或
Incoterms® 2010

使用说明

该术语可适用于任何运输方式，也可适用于多种运输方式。

“运费和保险费付至”是指卖方将货物在双方约定地点（双方如已经约定了地点）交付承运人或卖方指定的其他人。卖方必须签订运输合同并支付将货物运至指定目的地的所需费用。

卖方还必须为买方在运输途中货物的灭失或损坏风险签订保险合同。买方应注意到，CIP 只要求卖方投保最低险别。买方如果需要更多保险保护的话，则需与卖方明确就此达成协议，或者自行做出额外的保险安排。

在使用 CPT、CIP、CFR 或 CIF 术语时，当卖方将货物交付给承运人时，而不是当货物到达目的地时，即完成交货。

由于风险转移和费用转移的地点不同，该术语有两个关键点。特别建议双方尽可能确切地在合同中明确交货地点（风险在这里转移至买方），以及指定目的地（卖方必须签订运输合同运到该目的地）。运输到约定目的地如果涉及多个承运人，且双方不能就特定的交货点达成一致时，可以推定：当卖方在某个完全由其选择且买方不能控制的点将货物交付给第一个承运人时，风险转移至买方。双方如希望风险晚些转移的话（例如在某海港或机场转移），则需要在其买卖合同中订明。

由于卖方需承担将货物运至目的地具体地点的费用，特别建议双方尽可能确切地在指定目的地内明确该点。建议卖方取得完全符合该选择的运输合同。卖方如果按照运输合同在指定的目的地卸货发生了费用，除非双方另有约定，卖方无权向买方要求偿付。

适用时，CIP 要求卖方办理货物的出口清关手续。但是卖方无义务办理进口清关，支付任何进口税或办理进口相关的任何海关手续。

A 卖方义务

A1 卖方一般义务

卖方必须提供符合买卖合同约定的货物和商业发票，以及合同可能要求的其他与合同相符的证据。

A1—A10 中所指的任何单证在双方约定或符合惯例的情况下，可以是同等作用的电子记录或程序。

A2 许可证、授权、安检通关和其他手续

适用时，卖方必须自负风险和费用，取得所有的出门许可或其他官方授权，办理货物出口和交货前从他国过境运输所需的一切海关手续。

A3 运输合同与保险合同

a）运输合同

卖方必须签订或取得运输合同，将货物自交货地内的约定交货点（如有）运送至指定目的地或该目的地的交付点（如有约定）。必须按照通常条件订立合同，由卖方支付费用，经由通常航线和习惯方式运送货物。双方如果没有约定特别的点或该点不能由惯例确定，卖方可选择最适合其目的的交货点和指定目的地内的交货点。

b）保险合同

卖方必须自付费用取得货物保险。该保险需至少符合《协会货物保险条款》（Institute Cargo Clauses，LMA/IUA）“条款（C）”（Clause C）或类似条款的最低险别。保险合同应与信誉良好的承保人或保险公司订立。应使买方或其他对货物有可保利益者有权直接向保险人索赔。

当买方要求且能够提供卖方所需的信息时，卖方应办理任何附加险别，由买方承担费用。如果能够办理，办理诸如《协会货物保险条款》（Institute Cargo Clauses，LMA/IUA）“条款（A）或（B）”（Cluases A or B）或类似条款的险别，也可同时或单独办理《协会战争险条款》（Institute War Clauses）和/或《协会罢工险条款》（Institute Strikes Clauses，LMA/IUA）或其他类似条款的险别。

保险最低金额是合同规定价格另加 10%（即 110%），并采用合同货币。

B 买方义务

B1 买方一般义务

买方必须按照买卖合同约定支付价款。

B1—B10 中所指的任何单证在双方约定或符合惯例的情况下，可以是同等作用的电子记录或程序。

B2 许可证、授权、安检通关和其他手续

适用时，应由买方自负风险和费用，取得所有的进口许可或其他官方授权，办理货物进口和从他国过境运输所需的一切海关手续。

B3 运输合同与保险合同

a）运输合同
买方对卖方无订立运输合同的义务。

b）保险合同
买方对卖方无订立保险合同的义务。但应卖方要求，买方必须向卖方提供后者应买方按照 A3 b）规定要求其购买附加险所需的信息。

保险期间为货物自 A4 和 A5 规定的交货点起，至少到指定目的地止。

卖方应向买方提供保单或其他保险证据。

此外，应买方要求并由买方承担风险和费用（如有），卖方必须向买方提供后者取得附加险所需的信息。

A4 交货

卖方必须在约定日期或期限内，以将货物交给按照 A3 签订的合同承运人方式交货。

A5 风险转移

除按照 B5 的灭失或损坏情况外，卖方承担按照 A4 完成交货前货物灭失或损坏的一切风险。

A6 费用划分

卖方必须支付：
a）按照 A4 完成交货前与货物相关的一切费用，但按照 B6 应由买方支付的费用除外；

b）按照 A3 a）所发生的运费和其他一切费用，包括根据运输合同规定由卖方支付的装货费和在目的地的卸货费用；

c）根据 A3 b）发生的保险费用；及

d）适用时，货物出口所需海关手续费用，出口应交纳的一切关税、税款和其他费用，以及按照运输合同规定由卖方支付的货物从他国过境运输的费用。

B4 收取货物

当货物按照 A4 交付时，买方必须收取，并在指定目的地自承运人收取货物。

B5 风险转移

买方承担按照 A4 交货时起货物灭失或损坏的一切风险。
买方如未按照 B7 通知卖方，则自约定的交货日期或交货期限届满之日起，买方承担货物灭失或损坏的一切风险，但以该货物已清楚地确定为合同项下之货物者为限。

B6 费用划分

在不与 A3 a）冲突的情况下，买方必须支付：
a）自按照 A4 交货时起与货物相关的一切费用，适用时按照 A6 d）出口所需的海关手续费用，及出口应交纳的一切关税、税款和其他费用除外；

b）货物在运输途中直至到达约定目的地为止的一切费用，按照运输合同该费用应由卖方支付的除外；

c）卸货费，除非根据运输合同该项费用应由卖方支付；

d）买方如未按照 B7 发出通知，则自约定发货之日或约定发货期限届满之日起所发生的一切额外费用，但以该货物已清楚地确定为合同项下之货物者为限；

e）适用时，货物进口应交纳的一切关税、税款和其他费用，及办理进口海关手续的费用和从他国过境运输的费用，除非该费用已包括在运输合同中；及

f）应买方要求，按照 A3 和 B3 取得附加险别所发生的费用。

A7 通知买方

卖方必须向买方发出交货的通知。

卖方必须向买方发出所需通知，以便买方采取收取货物通常所需要的措施。

A8 交货凭证

依惯例或应买方要求，卖方必须承担费用，向买方提供其按照 A3 订立的运输合同通常所需的运输凭证。

此项运输凭证必须载明合同中的货物且其签发日期应在约定运输期限内。如已约定或依惯例，此项凭证也必须能使买方在指定目的地向承运人索取货物，并能使买方在货物运输途中以向下家买方转让或通知承运人方式出售货物。

当此类运输凭证以可转让形式签发且有数份正本时，则必须将整套正本凭证提交给买方。

A9 查对—包装—标记

卖方必须支付按照 A4 交货所需要的查对费用（如查对质量、丈量、过磅、点数的费用）以及出口国有关机构强制进行的装运前检验所发生的费用。

除非在特定贸易中某类货物的销售通常不需包装，卖方必须自付费用包装货物。

除非买方在签订合同前已通知卖方特殊包装要求，卖方可以适合该货物运输的方式对货物进行包装。包装应作适当标记。

A10 协助提供信息及相关费用

适用时，应买方要求并由其承担风险和费用，卖方必须及时向买方提供或协助其取得相关货物进口和/或将货物运输到最终目的地所需要的任何文件和信息，包括安全相关信息。

卖方必须偿付买方按照B10提供或协助取得文件和信息时发生的所有花销和费用。

B7 通知卖方

有权决定发货时间和/或指定目的地或目的地内收取货物的点时，买方必须向卖方发出充分的通知。

B8 交货证据

凭证与合同如果相符，买方必须接受按照 A8 提供的运输凭证。

B9 货物检验

买方必须支付任何强制性装船前检验费用，但出口国有关机构强制进行的检验除外。

B10 协助提供信息及相关费用

买方必须及时告知卖方任何安全信息要求，以便卖方遵守 A10 的规定。

买方必须偿付卖方按照 A10 向买方提供或协助其取得文件和信息时发生的所有花销和费用。

适用时，应卖方要求并由其承担风险和费用，买方必须及时向卖方提供或协助其取得货物运输和出口及从他国过境运输所需要的任何文件和信息，包括安全相关信息。

DAT

Delivered At Terminal 运输终端交货

DAT（插入指定港口或目的地的运输终端）《国际贸易术语解释通则®2010》或 Incoterms ®2010

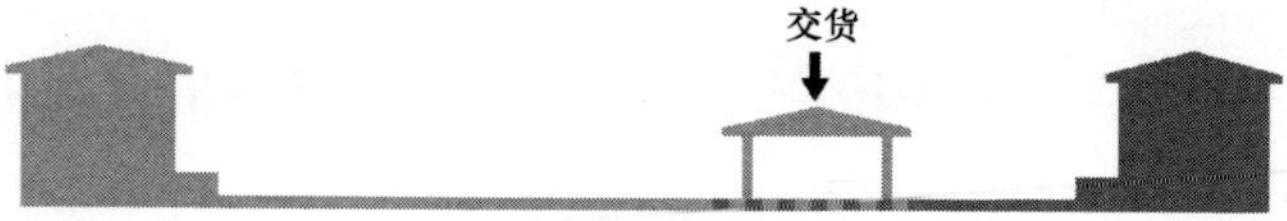

使用说明

该术语可适用于任何运输方式，也可适用于多种运输方式。

“运输终端交货”是指当卖方在指定港口或目的地的指定运输终端将货物从抵达的载货运输工具上卸下，交由买方处置时，即为交货。“运输终端”意味着任何地点，而不论该地点是否有遮盖，例如码头、仓库集装箱堆积场或公路、铁路、空运货站。卖方承担将货物送至指定港口或目的地的运输终端并将其卸下的一切风险。

由于卖方承担在特定地点交货前的风险，特别建议双方尽可能确切地约定运输终端，或如果可能的话，确定在约定港口或目的地的运输终端内的特定的点。建议卖方取得完全符合该选择的运输合同。

此外，双方如果希望由卖方承担由运输终端至另一地点间运送和受理货物的风险和费用，则应当使用 DAP 或 DDP 术语。

适用时，DAT 要求卖方办理出口清关手续。但卖方无义务办理进口清关，支付任何进口税或办理任何进口海关手续。

A 卖方义务

A1 卖方一般义务

卖方必须提供符合合同约定的货物和商业发票，以及合同可能要求的其他与合同相符的证据。

Al—A10 中所指的任何单证在双方约定或符合惯例的情况下，可以是同等作用的电子记录或程序。

A2 许可证、授权、安检通关和其他手续

适用时，卖方必须自负风险和费用，取得所有的出口许可和其他官方授权，办理货物出口和交货前从他国过境运输所需的一切海关手续。

A3 运输合同与保险合同

a）运输合同
卖方必须自付费用签订运输合同，将货物运至约定港口或目的地的指定运输终端。如未约定特定的运输终端或该终端不能由惯例确定，卖方则可在约定港口或目的地选择最适合其目的的运输终端。

b）保险合同
卖方对买方无订立保险合同的义务。但应买方要求并由其承担风险和费用（如有），卖方必须向买方提供后者取得保险所需的信息。

A4 交货

卖方必须在约定日期或期限内，以在 A3 a）指定港口或目的

地运输终端，将货物从抵达的运输工具上卸下并交由买方处置的方式交货。

A5 风险转移

除按照B5的灭失或损坏情况外，卖方承担按照A4完成交货前货物灭失或损坏的一切风险。

B 买方义务

B1 买方一般义务

买方必须按照买卖合同约定支付价款。

B1—B10 中所指的任何单证在双方约定或符合惯例的情况下，可以是同等作用的电子记录或程序。

B2 许可证、授权、安检通关和其他手续

适用时，买方必须自负风险和费用，取得所有进口许可或其他官方授权，办理货物进口的一切海关手续。

B3 运输合同与保险合同

a）运输合同
买方对卖方无订立运输合同的义务。

b）保险合同
买方对卖方无订立保险合同的义务。但应卖方要求，买方必须向卖方提供取得保险所需的信息。

B4 收取货物

当货物按照 A4 交付时，买方必须收取。

B5 风险转移

买方承担按照 A4 交货时起货物灭失或损坏的一切风险。

如果：

a）买方未按照 B2 履行义务，则承担因此造成的货物灭失或损坏的一切风险；或

b）买方未按照 B7 通知卖方，则自约定的交货日期或交货期限届满之日起，买方承担货物灭失或损坏的一切风险。

但以该货物已清楚地确定为合同项下之货物者为限。

A6 费用划分

卖方必须支付

a）A3 a）发生的费用，以及按照 A4 交货前与货物相关的一切费用，但按照 B6 应由买方支付的费用除外；及

b）适用时，在按照 A4 交货前发生的、货物出口所需的海关手续费用，出口应交纳的一切关税、税款和其他费用，以及货物从他国过境运输的费用。

A7 通知买方

卖方必须向买方发出所需通知，以便买方采取收取货物通常所需要的措施。

A8 交货凭证

卖方必须自付费用，向买方提供凭证，以确保买方能够按照 A4/B4 收取货物。

A9 查对—包装—标记

卖方必须支付按照 A4 交货所需要的查对费用（如查对质量、丈量、过磅、点数的费用），以及出口国有关机构强制进行的装运前检验所发生的费用。

除非在特定贸易中，某类货物的销售通常不需要包装，卖方必须自付费用包装货物。

除非买方在签订合同前已通知卖方特殊包装要求，卖方可以根据该货物运输的方式对货物进行包装。包装应作适当标记。

A10 协助提供信息及相关费用

适用时，应买方要求并由其承担风险和费用，卖方必须及时向买方提供或协助其取得相关货物进口和/或将货物运输到最终目的地所需要的任何文件和信息，包括安全相关信息。卖方必须偿付买方按照 B10 提供或协助取得文件和信息时所发生的所有花销和费用。

B6 费用划分

买方必须支付

a）自按照 A4 完成交货之时起，与货物相关的一切费用；

b）买方未按照 B2 履行其义务或未按照 B7 发出通知导致卖方发生的任何额外费用，但以该货物已清楚地确定为合同项下之货物者为限；及

c）适用时，办理进口海关手续的费用，以及进口需缴纳的所有关税、税款和其他费用。

B7 通知卖方

当有权决定约定期内的具体时间和/或指定运输终端内收取货物的点时，买方必须向卖方发出充分的通知。

B8 交货证据

买方必须接受按照 A8 提供的交货凭证。

B9 货物检验

买方必须支付任何强制性装船前检验费用，但出口国有关机构强制进行的检验除外。

B10 协助提供信息及相关费用

买方必须及时告知卖方任何安全信息要求，以便卖方符合 A10 的规定。

买方必须偿付卖方按照 A10 向买方提供或协助其取得文件

和信息时发生的所有花销和费用。

适用时，应卖方要求并由其承担风险和费用，买方必须及时向卖方提供或协助其取得货物运输和出口及从他国过境运输所需要的任何文件和信息，包括安全相关信息。

DAP

Delivered At Place 目的地交货

DAP（插入指定目的地）《国际贸易术语解释通则 ® 2010》或 Incoterms • ® 2010

* 完整配图请参见由国际商会编写、中国国际商会/国际商会中国国家组织翻译的《国际贸易术语解释通则®2010》。

使用说明

该术语可适用于任何运输方式，也可适用于多种运输方式。

“目的地交货”是指当卖方在指定目的地将仍处于抵达的运输工具之上且已作好卸载准备的货物交由买方处置时，即为交货。卖方承担将货物运送到指定地点的一切风险。

由于卖方承担在特定地点交货前的风险，特别建议双方尽可能清楚地约定指定目的地内的交货点。建议卖方取得完全符合该选择的运输合同。卖方如果按照运输合同在目的地发生了卸货费用，除非双方另有约定，卖方无权向买方要求偿付。

适用时，DAP 要求卖方办理出口清关手续。但是卖方无义务办理进口清关，支付任何进口税或办理任何进口海关手续。双方如果希望卖方办理进口清关，支付所有进口关税，并办理所有进口海关手续，则应当使用 DDP 术语。

A 卖方义务

A1 卖方一般义务

卖方必须提供买卖合同约定的货物和商业发票，以及合同可能要求的其他与合同相符的证据。

A1—A10 中所指的任何单证在双方约定或符合惯例的情况下，可以是同等作用的电子记录或程序。

A2 许可证、授权、安检通关和其他手续

适用时，卖方必须自负风险和费用，取得所有的出口许可和其他官方授权，办理货物出口和交货前从他国过境运输所需的一切海关手续。

A3 运输合同与保险合同

a）运输合同
卖方必须自付费用签订运输合同，将货物运至指定目的地或指定目的地内的约定的点（如有）。如未约定特定的点或该点不能由惯例确定，卖方则可在指定目的地内选择最适合其目的的交货点。

b）保险合同
卖方对买方无订立保险合同的义务。但应买方要求并由其承担风险和费用（如有），卖方必须向买方提供后者取得保险所需的信息。

A4 交货

卖方向买方交货必须在约定日期或期限内，在指定的目的

地，在约定的地点（如有约定地点的话），将货物仍置于抵达的运输工具之上且做好卸载货物的准备。

A5 风险转移

除按照 B5 的灭失或损坏情况外，卖方承担按照 A4 完成交货前货物灭失或损坏的一切风险。

B 买方义务

B1 买方一般义务

买方必须按照买卖合同约定支付价款。

B1—B10 中所指的任何单证在双方约定或符合惯例的情况下，可以是同等作用的电子记录或程序。

B2 许可证、授权、安检通关和其他手续

适用时，买方必须自负风险和费用，取得所有进口许可或其他官方授权，办理货物进口的一切海关手续。

B3 运输合同与保险合同

a）运输合同
买方对卖方无订立运输合同的义务。

b）保险合同
买方对卖方无订立保险合同的义务。但应卖方要求，买方必须向卖方提供取得保险所需的信息。

B4 收取货物

当货物按照 A4 交付时，买方必须收取。

B5 风险转移

买方承担按照 A4 交货时起货物灭失或损坏的一切风险。

如果：

a）买方未按照 B2 履行义务，则承担由此造成的货物灭失或损坏的一切风险；或

A6 费用划分

卖方必须支付：

a）因 A3 a）发生的费用，以及按照 A4 交货前与货物相关的一切费用，但按照 B6 由买方支付的费用除外；

b）运输合同中规定的应由卖方支付的在目的地卸货的任何费用；及

c）适用时，在按照 A4 交货前发生的货物出口所需海关手续费用，出口应交纳的一切关税、税款和其他费用，以及货物从他国过境运输的费用。

A7 通知买方

卖方必须向买方发出所需通知，以便买方采取收取货物通常所需要的措施。

A8 交货凭证

卖方必须自付费用，向买方提供凭证，以确保买方能够按照 A4/B4 收取货物。

A9 查对—包装—标记

卖方必须支付按照 A4 交货所需要的查对费用（如查对质量、丈量、过磅、点数的费用），以及出口国有关机构强制进行的装运前检验所发生的费用。

除非在特定贸易中，某类货物的销售通常不需包装，卖方必须自付费用包装货物。除非买方在签订合同前已通知卖方特殊包装要求，卖方可以适合该货物运输的方式对货物进行包装。包装应作适当标记。

b）买方未按照 B7 通知卖方，则自约定的交货日期或交货期限届满之日起，买方承担货物灭失或损坏的一切风险。

但以该货物已清楚地确定为合同项下之货物者为限。

B6 费用划分

买方必须支付：

a）自按照 A4 交货时起与货物相关的一切费用；

b）在指定目的地从到达的运输工具上为收取货物所必须支付的一切卸货费用，但运输合同规定该费用由卖方承担者除外；

c）买方未按照 B2 履行义务或未按照 B7 发出通知导致卖方发生的任何额外费用，以该货物已清楚地确定为合同项下之货物者为限；及

d）适用时，办理进口海关手续的费用，以及进口需缴纳的所有关税、税款和其他费用。

B7 通知卖方

当有权决定约定期间内的具体时间和/或指定目的地内收取货物的点时，买方必须向卖方发出充分的通知。

B8 交货证据

买方必须接受按照 A8 提供的交货凭证。

B9 货物检验

买方必须支付任何强制性装船前检验费用，但出口国有关机构强制进行的检验除外。

A10 协助提供信息及相关费用

适用时，应买方要求并由其承担风险和费用，卖方必须及时向买方提供或协助其取得相关货物进口和/或将货物运输到最终目的地所需要的任何文件和信息，包括安全相关信息。

卖方必须偿付买方按照 B10 提供或协助取得文件和信息时发生的所有花销和费用。

B10 协助提供信息及相关费用

买方必须及时告知卖方任何安全信息要求，以便卖方遵守A10 的规定。

买方必须偿付卖方按照 A10 向买方提供或协助其取得文件和信息时发生的所有花销和费用。

适用时，应卖方要求并由其承担风险和费用，买方必须及时向卖方提供或协助其取得货物运输和出口及从他国过境运输所需要的任何文件和信息，包括安全相关信息。

DDP

Delivered Duty Paid 完税后交货

DDP（插入指定目的地）《国际贸易术语解释通则®2010》或 Incoterms®2010

使用说明

该术语可适用于任何运输方式，也可适用于多种运输方式。

“完税后交货”是指当卖方在指定目的地将仍处于抵达的运输工具上、但已完成进口清关且已作好卸载准备的货物交由买方处置时，即为交货。卖方承担将货物运至目的地的一切风险和费用，并且有义务完成货物出口和进口清关，支付所有出口和进口的关税和办理所有海关手续。

DDP 代表卖方的最大责任。

由于卖方承担在特定地点交货前的风险和费用，特别建议双方尽可能清楚地约定在指定目的地内的交货点。建议卖方取得完全符合该选择的运输合同。卖方如果按照运输合同在目的地发生了卸货费用，除非双方另有约定，卖方无权向买方索要。

卖方如不能直接或间接地完成进口清关，则特别建议双方不使用 DDP。

双方如希望买方承担所有进口清关的风险和费用，则应使用 DAP 术语。

除非买卖合同中另行明确规定，任何增值税或其他应付的进口税款由卖方承担。

A 卖方义务

A1 卖方一般义务

卖方必须提供符合买卖合同约定的货物和商业发票，以及可能要求的其他与合同相符的证据。

A1—A10 中所指的任何单证在双方约定或符合惯例的情况下，可以是同等作用的电子记录或程序。

A2 许可证、授权、安检通关和其他手续

适用时，卖方必须自负风险和费用，取得所有的进出口许可和其他官方授权，办理货物出口、从他国过境运输和进口所需的一切海关手续。

A3 运输合同与保险合同

a）运输合同
卖方必须自付费用签订运输合同，将货物运至指定目的地或指定目的地内的约定的点（如有约定）。如未约定特定的交付点或该交付点不能由惯例确定，卖方则在指定目的地内选择最适合其目的的交货点。

b）保险合同
卖方对买方无订立保险合同的义务。但应买方要求并由其承担风险和费用（如有），卖方必须向买方提供后者取得保险所需的信息。

A4 交货

卖方必须在约定日期或期限内，在约定的地点（如有）或指

定目的地，以将仍处于抵达的运输工具之上且已做好卸载准备的货物交由买方处置的方式交货。

A5 风险转移

除按照 B5 的灭失或损坏清况外，卖方承担按照 A4 完成交货前货物灭失或损坏的一切风险。

B 买方义务

B1 买方一般义务

买方必须按照买卖合同约定支付价款。

B1—B10 中所指的任何单证在双方约定或符合惯例的情况下，可以是同等作用的电子记录或程序。

B2 许可证、授权、安检通关和其他手续

适用时，应卖方要求并由其承担风险和费用，买方必须协助卖方取得货物进口所需所有进口许可或其他官方授权。

B3 运输合同与保险合同

a）运输合同
买方对卖方无订立运输合同的义务。

b）保险合同
买方对卖方无订立保险合同的义务。但应卖方要求，买方必须向卖方提供取得保险所需的消息。

B4 收取货物

当货物按照 A4 交付时，买方必须收取货物。

B5 风险转移

买方承担按照 A4 交货时起货物灭失或损坏的一切风险。

如果：

a）买方未按照 B2 履行义务，则承担因此造成的货物灭失或损坏的一切风险；或

b）买方未按照 B7 通知卖方，则自约定的交货日期或交货期限届满之日起，买方承担货物灭失或损坏的一切风险，但以该货物已清楚地确定为合同项下之货物者为限。

A6 费用划分

卖方必须支付：

a）除 A3 a）发生的费用，以及按照 A4 交货前与货物相关的一切费用，但按照 B6 应由买方支付的费用除外；

b）运输合同中规定的应由卖方支付的在目的地卸货的任何费用；及

c）适用时，在按照 A4 交货前发生的货物进出口所需的海关手续费用，出口和进口应交纳的一切关税、税款和其他费用，以及货物从他国过境运输的费用。

A7 通知买方

卖方必须向买方发出所需通知，以便买方采取收取货物通常所需要的措施。

A8 交货凭证

卖方必须自付费用，向买方提供凭证，以确保买方能够按照 A4/B4 收取货物。

A9 查对—包装—标记

卖方必须支付按照 A4 交货所需要的查对费用（如查对质量、丈量、过磅、点数的费用），以及进出口国有关机构强制进行的装运前检验所发生的费用。

除非在特定贸易中，某类货物的销售通常不需包装，卖方必须自付费用包装货物。

除非买方在签订合同前已通知卖方特殊包装要求，卖方可以适合该货物运输的方式对货物进行包装。包装应作适当标记。

A10 协助提供信息及相关费用

适用时，应买方要求并由其承担风险和费用，卖方必须及时向买方提供或协助其取得自指定目的地将货物运输到最终目的地所需要的任何文件和信息，包括安全相关信息。

卖方必须偿付买方按照 B10 提供或协助取得文件和信息时所发生的所有花销和费用。

B6 费用划分

买方必须支付：

a）自按照 A4 交货时起与货物相关的一切费用；

b）在指定目的地从到达的运输工具上，为收取货物所必须支付的一切卸货费用，但运输合同规定该费用由卖方承担者除外；及

c）买方未按照 B2 履行义务或未按照 B7 发出通知导致卖方产生的任何额外费用，以该货物已清楚地确定为合同项下之货物者为限。

B7 通知卖方

当有权决定约定期间内的具体时间和/或指定目的地内收取货物的点时，买方必须向卖方发出充分的通知。

B8 交货证据

买方必须接受按照 A8 提供的交货凭证。

B9 货物检验

买方无义务向卖方支付任何进出口国有关机构在装运前强制进行的检验的费用。

B10 协助提供信息及相关费用

买方必须及时告知卖方任何安全信息要求，以便卖方遵守 A10 的规定。

买方必须偿付卖方按照 A10 向买方提供或协助其取得文件

和信息时产生的所有花销和费用。

适用时，应卖方要求并由其承担风险和费用，买方必须及时向卖方提供或协助其取得货物运输、进出口以及从他国过境运输所需要的任何文件和信息，包括安全相关信息。

适用于海运和内河水运的通则

FAS

Free Alongside Ship 船边交货

FAS（插入指定装运港）《国际贸易术语解释通则®2010》或 Incoterms®2010

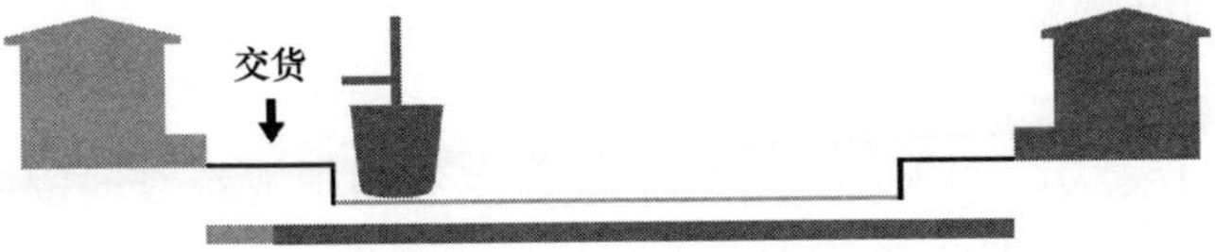

使用说明

该通则仅用于海运或内河水运。

“船边交货”是指当卖方在指定的装运港将货物交到买方指定的船边（例如置于码头或驳船上）时，即为交货。货物灭失或损坏的风险在货物交到船边时发生转移，同时买方承担自那时起的一切费用。

由于卖方承担在特定地点交货前的风险和费用，而且这些费用和相关作业费可能因各港口惯例不同而变化，特别建议双方尽可能清楚地约定指定装运港内的装货点。

卖方需要将货物运至船边或取得已经这样交运的货物。此处使用的“取得”一词适用于商品贸易中常见的交易链中的多层销售（链式销售）。

当货物装在集装箱里时，卖方通常在集装箱码头将货物移交给承运人，而非交到船边。
这时，FAS 术语不合适，而应当使用 FCA 术语。

适用时，FAS 要求卖方办理出口清关手续。但卖方无义务办理进口清关，支付任何进口税或办理任何进口海关手续。

A 卖方义务

A1 卖方一般义务

卖方必须提供符合买卖合同约定的货物和商业发票，以及合同可能要求的其他与合同相符的证据。

A1—A10 中所指的任何单证在双方约定或符合惯例的情况下，可以是同等作用的电子记录或程序。

A2 许可证、授权、安检通关和其他手续

适用时，卖方必须自负风险和费用，取得所有的出口许可或其他官方授权，办理货物出口所需的一切海关手续。

A3 运输合同与保险合同

a）运输合同
卖方对买方无订立运输合同的义务。但若买方要求，或是依商业实践，且买方未适时做出相反指示，卖方可以按照通常条件签订运输合同，由买方负担风险和费用。在以上两种情形下，卖方都可拒绝签订运输合同，如予拒绝，卖方应立即通知买方。

b）保险合同
卖方对买方无订立保险合同的义务。但应买方要求并由其承担风险和费用（如有），卖方必须向买方提供后者取得保险所需的信息。

A4 交货

卖方必须在买方指定的装运港内的装船点（如有），以将货物置于买方指定的船舶旁边，或以取得已经在船边交付的货物的方式交货。在其中任何情形下，卖方都必须在约定日期或期限内按照该港的习惯方式交货。

买方如果没有指定特定的装货地点，卖方则可在指定装运港选择最适合其目的的装货点。双方如果已同意交货应当在一段时间内进行，买方则有权在该期限内选择日期。

B 买方义务

B1 买方一般义务

买方必须按照买卖合同约定支付价款。

B1—B10 中所指的任何单证在双方约定或符合惯例的情况下，可以是同等作用的电子记录或程序。

B2 许可证、授权、安检通关和其他手续

适用时，应由买方自负风险和费用，取得所有进口许可或其他官方授权，办理货物进口和从他国过境运输所需的一切海关手续。

B3 运输合同与保险合同

a）运输合同
除了卖方按照 A3 a）签订合同的情形外，买方必须自付费用签订自指定的装运港到起运货物的运输合同。

b）保险合同
买方对卖方无订立保险合同的义务。

B4 收取货物

当货物按照 A4 交付时，买方必须收取。

A5 风险转移

除按照 B5 的灭失或损坏情况外，卖方承担按照 A4 完成交货前货物灭失或损坏的一切风险。

A6 费用划分

卖方必须支付

a）按照 A4 交货前与货物相关的一切费用，但按照 B6 应由买方支付的费用除外；及

b）适用时，货物出口所需海关手续费用，以及出口应交纳的一切关税、税款和其他费用。

A7 通知买方

由买方承担风险和费用，卖方必须就其已经按照 A4 交货或船舶未在约定时间内收取货物给予买方充分的通知。

A8 交货凭证

卖方必须自付费用向买方提供已按照 A4 交货的通常证据。

B5 买方承担按照 A4 交货时起货物失火或损坏的一切风险。

如果：

a）买方未按照 B7 发出通知；或

b）买方指定的船舶未准时到达，或未收取货物，或早于 B7 通知的时间停止装货；

则买方自约定交货日期或约定期限届满之日起承担所有货物灭失或损坏的一切风险，但以该货物已清楚地确定为合同项下之货物者为限。

B6 费用划分

买方必须支付：

a）自按照A4交货之时起与货物相关的一切费用，适用时，A6 b）中出口所需的海关手续费用，及出口应交纳的一切关税、税款和其他费用除外；

b）由以下原因之一发生的任何额外费用：

（i） 买方未能按照 B7 发出相应的通知；或

（ii） 买方指定的船舶未准时到达，未能收取货物或早于B7通知的时间停止装货，但以该货物已清楚地确定为合同项下之货物者为限；及

c）适用时，货物进口应交纳的一切关税、税款和其他费用，及办理进口货物海关手续的费用和从他国过境运输的费用。

B7 通知卖方

买方必须就船舶名称、装船点和其在约定期间内选择的交货时间（如需要时）向卖方发出充分的通知。

B8 交货证据

买方必须接受按照 A8 提供的交货凭证。

除非上述证据是运输凭证，否则，应买方要求并由其承担风险和费用，卖方必须协助买方取得运输凭证。

A9 查对—包装—标记

卖方必须支付按照 A4 交货所需要的查对费用（如查对质量、丈量、过磅、点数的费用），以及出口国有关机构强制进行的装运前检验所发生的费用。

除非在特定贸易中某类货物的销售通常不需包装，卖方必须自付费用包装货物。
除非买方在签订合同前已通知卖方特殊包装要求，卖方可以根据该货物运输的方式对货物进行包装。包装应作适当标记。

A10 协助提供信息及相关费用

适用时，应买方要求并由其承担风险和费用，卖方必须及时向买方提供或协助其取得相关货物进口和/或将货物运输到最终目的地所需要的任何文件和信息，包括安全相关信息。

卖方必须偿付买方按照B10提供或协助取得文件和信息时所发生的所有花销和费用。

B9 货物检验

买方必须支付任何强制性装船前检验费用，但出口国有关机构强制进行的检验费用除外。

B10 协助提供信息及相关费用

买方必须及时告知卖方任何安全信息要求，以便卖方遵守 A10 的规定。

买方必须偿付卖方按照 A10 向买方提供或协助其取得文件和信息时发生的所有花销和费用。

适用时，应卖方要求并由其承担风险和费用，买方必须及时向卖方提供或协助其取得货物运输和出口以及他国过境运输所需要的任何文件和信息，包括安全相关信息。

FOB

Free On Board 船上交货

FOB（插入指定装运港）《国际贸易术语解释通则®2010》或 Incoterms® 2010

使用说明

该术语仅用于海运或内河水运。

“船上交货”是指卖方以在指定装运港将货物装上买方指定的船舶或通过取得已交付至船上货物的方式交货。货物灭失或损坏的风险在货物交到船上时转移，同时买方承担自那时起的一切费用。

卖方应在船上交付货物或者取得已在船上交付的货物。此处使用的“取得”一词适用于商品贸易中常见的交易链中的多层销售（链式销售）。

FOB 可能不适合于货物在上船前已经交给承运人的情况，例如用集装箱运输的货物通常是在集装箱码头交货。在此类情况下，应当使用 FCA 术语。

适用时，FOB 要求卖方出口清关。但卖方无义务办理进口清关，支付任何进口税或办理任何进口海关手续。

A 卖方义务

A1 卖方一般义务

卖方必须提供符合买卖合同约定的货物和商业发票，以及合同可能要求的其他与合同相符的证据。

A1—A10 中所指的任何单证在双方约定或符合惯例的情况下，可以是同等作用的电子记录或程序。

A2 许可证、授权、安检通关和其他手续

适用时，卖方必须自负风险和费用，取得所有的出口许可或其他官方授权，办理货物进口和从他国过境运输所需的一切海关手续。

A3 运输合同与保险合同

a）运输合同
卖方对买方无订立运输合同的义务。但若买方要求，或是依商业实践，且买方未适时做出相反指示，卖方可以按照通常条件签订运输合同，由买方负担风险和费用。在以上两种情形下，卖方都可拒绝签订运输合同；如予拒绝，卖方应立即通知买方。

b）保险合同
卖方对买方无订立保险合同的义务。但应买方要求并由其承担风险和费用（如有），卖方必须向买方提供后者取得保险所需的信息。

A4 交货

卖方必须在指定装运港内的装船点（如有），以将货物置于买方指定船舶之上的方式，或以取得已在船上交付的货物的方式交货。在其中任何情形下，卖方都必须在约定日期或期限内，按照该港的习惯方式交货。

买方如果没有指定特定的装货点，卖方则可在指定装运港选择最适合其目的的装货点。

A5 风险转移

除按照 B5 的灭失或损坏情况外，卖方承担按照 A4 完成交货前货物灭失或损坏的一切风险。

B 买方义务

B1 买方一般义务

买方必须按照买卖合同约定支付价款。

B1—B10 中所指的任何单证在双方约定或符合惯例的情况下，可以是同等作用的电子记录或程序。

B2 许可证授权、安检通关和其他手续

适用时，应由买方自负风险和费用，取得所有进口许可或其他官方授权，办理货物进口和从他国过境运输所需的一切海关手续。

B3 运输合同与保险合同

a）运输合同

除了卖方按照 A3 a）签订运输合同情形外，买方必须自付费用签订自指定的装运港起运货物的运输合同。

b）保险合同

买方对卖方无订立保险合同的义务。

B4 收取货物

当货物按照 A4 交付时，买方必须收取。

B5 风险转移

买方承担按照 A4 交货时起货物灭失或损坏的一切风险。

A6 费用划分

卖方必须支付：

a）按照 A4 完成交货前与货物相关的一切费用，但按照 B6 由买方支付的费用除外；及

b）适用时，货物出口所需海关手续费用，以及出口应交纳的一切关税、税款和其他费用。

A7 通知买方

由买方承担风险和费用，卖方必须就其已经按照 A4 交货或船舶未在约定时间内收取货物给予买方充分的通知。

如果：

a）买方未按照 B7 通知指定的船舶名称；或

b）买方指定的船舶未准时到达导致卖方未能按 A4 履行义务，或该船舶不能够装载该货物，或早于 B7 通知的时间停止装货；

买方则按下列情况承担货物灭失或损坏的一切风险：

（i）自约定之日起，或如没有约定日期的；

（ii）自卖方在约定期限内按照 A7 通知的日期起，或如没有通知日期的；

（iii）自任何约定交货期限届满之日起。

但以该货物已清楚地确定为合同项下之货物者为限。

B6 费用划分

买方必须支付：

a）自按照A4交货之时起与货物相关的一切费用，适用时按照A6 b）出口所需海关手续的费用，及出口应交纳的一切关税、税款和其他费用除外；

b）由于以下原因之一发生的任何额外费用：

（i）买方未能按照B7给予卖方相应的通知，或

（ii）买方指定的船舶未准时到达，不能装载货物或早于B7通知的时间停止装货；

但以该货物已清楚地确定为合同项下之货物者为限；及

c）适用时，货物进口应交纳的一切关税、税款和其他费用，及办理进口海关手续和从他国过境运输的费用。

B7 通知卖方

买方必须就船舶名称、装船点和其在约定期间内选择的交货时间（如需要时），向卖方发出充分的通知。

A8 交货凭证

卖方必须自付费用向买方提供已按照 A4 交货的通常证据。

除非上述证据是运输凭证，否则，应买方要求并由其承担风险和费用，卖方必须协助买方取得运输凭证。

A9 查对—包装—标记

卖方必须支付按照 A4 交货所需要的查对费用（如查对质量、丈量、过磅、点数的费用），以及出口国有关机构强制进行的装运前检验所发生的费用。

除非在特定贸易中，某类货物的销售通常不需包装，卖方必须自付费用包装货物。 除非买方在签订合同前已通知卖方特殊包装要求，卖方可以适合该货物运输的方式对货物进行包装。包装应作适当标记。

A10 协助提供信息及相关费用

适用时，应买方要求并由其承担风险和费用，卖方必须及时向买方提供或协助其取得相关货物进门和/或将货物运输到最终目的地所需要的任何文件和信息，包括安全相关信息。

卖方必须偿付买方按照 B10 提供或协助取得文件和信息时所发生的所有花销和费用。

B8 交货证据

卖方必须接受 A8 提供的交货凭证。

B9 货物检验

买方必须支付任何强制性装船前检验的费用，但出口国有关机构强制进行的检验除外。

B10 协助提供信息及相关费用

买方必须及时告知卖方任何安全信息要求，以便卖方遵守 A10 的规定。

买方必须偿付卖方按照 A10 向买方提供或协助其取得文件和信息时发生的所有花销和费用。

适用时，应卖方要求并由其承担风险和费用，买方必须及时向买方提供或协助其取得货物运输和出门及从他国过境运输所需要的任何文件和信息，包括安全相关信息。

CFR

Cost And Freight 成本加运费

CFR（插入指定目的港）《国际贸易术语解释通则®2010》或 Incoterms® 2010

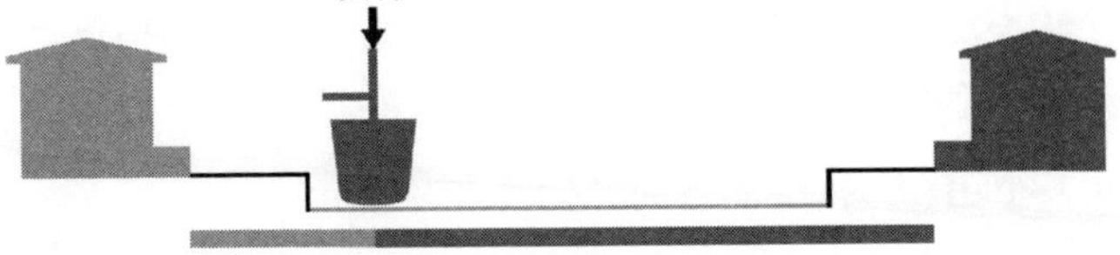

使用说明

该术语仅用于海运或内河水运。

“成本加运费”是指卖方在船上交货或以取得已经这样交付的货物方式交货。货物灭失或损坏的风险在货物交到船上时转移。卖方必须签订合同，并支付必要的成本和运费，将货物运至指定的目的港。

使用 CPT、CIP、CFR 或者 CIF 时，卖方按照所选择术语规定的方式将货物交付给承运人时，即完成其交货义务，而不是货物到达目的地之时。

由于风险转移和费用转移的地点不同，该术语有两个关键点。虽然合同通常都会指定目的港，但不一定都会指定装运港，而这里是风险转移至买方的地方。装运港如果对买方具有特殊意义，特别建议双方在合同中尽可能准确地指定装运港。

由于卖方要承担将货物运至目的地具体地点的费用，特别建议双方应尽可能确切地在指定目的港内明确该点。建议卖方取得完全符合该选择的运输合同。卖方如果按照运输合同在目的港交付点发生了卸货费用，则除非双方事先另有约定，卖方无权向买方要求补偿该费用。

卖方需要将货物在船上交货，或以取得已经这样交付、运往目的港的货物的方式交货。此外，卖方还需签订一份运输合同，或者取得一份这样的合同。此处使用的“取得”一词适用于商品贸易中常见的交易链中的多层销售（链式销售）。

CFR 可能不适合于货物在上船前已经交给承运人的情况，例如集装箱运输的货物通常是在集装箱码头交货。在此类情况下，应当使用 CPT 术语。

适用时，CFR 要求卖方办理出口清关。但卖方无义务办理进口清关，支付任何进口税或办理任何进口海关手续。

A 卖方义务

A1 卖方一般义务

卖方必须提供符合买卖合同约定的货物和商业发票，以及合同可能要求的其他与合同相符的证据。

A1—A10 中所指的任何单证在双方约定或符合惯例的情况下，可以是同等作用的电子记录或程序。

A2 许可证、授权、安检通关和其他手续

适用时，卖方必须自负风险和费用，取得所有的出口许可或其他官方授权，办理货物出口所需的一切海关手续。

A3 运输合同与保险合同

a）运输合同
卖方必须签订或取得运输合同，将货物自交货地内的约定交货点（如有）运送至指定目的港或该目的港的交付点（如有约定）。通输合同必须按照通常条件订立，由卖方支付费用，经由通常航线，用常规运输该类商品的船舶运输。

b）保险合同
卖方对买方无订立保险合同的义务。但应买方要求并由其承担风险和费用（如有），卖方必须向买方提供后者取得保险所需的信息。

A4 交货

卖方必须以将货物装上船，或者以取得已装船货物的方式交货。在其中任何情况下，卖方都必须在约定日期或期限内，按照该港的习惯方式交货。

A5 风险转移

除按照 B5 的灭失或损坏情况外，卖方承担按照 A4 完成交货前货物灭失或损坏的一切风险。

B 买方义务

B1 买方一般义务

买方必须按照买卖合同约定支付价款。

B1—B10 中所指的任何单证在双方约定或符合惯例的情况下，可以是同等作用的电子记录或程序。

B2 许可证、授权、安检通关和其他手续

适用时，应由买方自负风险和费用，取得所有的进口许可或其他官方授权，办理货物进口和从他国过境运输所需的一切海关手续。

B3 运输合同与保险合同

a）运输合同
买方对卖方无订立运输合同的义务。

b）保险合同
买方对卖方无订立保险合同的义务。但应卖方要求，买方必须向卖方提供取得保险所需的信息。

B4 收取货物

当货物按照 A4 交付时，买方必须收取，并在指定的目的港自承运人处收取货物。

B5 风险转移

买方承担按照 A4 交货时起货物灭失或损坏的一切风险。

买方如未按照 B7 通知卖方，则买方从约定的交货日期或交货期限届满之日起，承担货物灭失或损坏的一切风险，但以该货物已清楚地确定为合同项下之货物者为限。

A6 费用划分

卖方必须支付：

a）按照 A4 完成交货前与货物相关的一切费用，但按照 B6 应由买方支付的费用除外；

b）按照 A3 a）所发生的将货物装上船的运费和其他一切费用，包括将货物装上船和根据运输合同规定由卖方支付的在约定卸载港的卸货费；及

c）适用时，货物出口所需海关手续的费用，出口应交纳的一切关税、税款和其他费用，以及按照运输合同规定由卖方支付的货物从他国过境运输的费用。

A7 通知买方

卖方必须向买方发出所需通知，以便买方采取收取货物通常所需要的措施。

A8 交货凭证

卖方必须自付费用，不得延迟地向买方提供到约定目的港的通常的运输凭证。

此运输凭证必须载明合同中的货物，且其签发日期应在约定运输期限内，并使买方能在指定目的港向承运人索取货物。同时，除非另有约定，该项凭证应能使买方在货物运输途中以向下家买方转让或通知承运人的方式出售货物。

当此类运输凭证以可转让形式签发并有数份正本时，则必须将整套正本凭证提交给买方。

A9 查对—包装—标记

卖方必须支付按照A4交货所需要的查对费用（如查对质量、丈量、过磅、点数的费用），以及出口国有关机构强制进行的装运前检验所发生的费用。

B6 费用划分

在不与 A3 a）冲突的情况下，买方必须支付：
a）自按照 A4 交货时起与货物相关的一切费用，适用时按照 A6 c）出口所需海关手续费用，及出口应交纳的一切关税、税款和其他费用除外；

b）货物在运输途中直至到达约定目的港为止的一切费用，按照运输合同该费用应由卖方支付者除外；

c）包括驳运费和码头费在内的卸货费，除非根据运输合同该费用应由卖方支付者外；

d）买方如未按照 B7 发出通知，则自约定运输之日或约定运输期限届满之日起，所发生的一切额外费用，但以该货物已清楚地确定为合同项下之货物者为限；及

e）适用时，货物进口应交纳的一切关税、税款和其他费用，及办理进口海关手续的费用和从他国过境运输费用，除非该费用已包括在运输合同中。

B7 通知卖方

当有权决定货物运输时间和/或指定目的港内收取货物点时，买方必须向卖方发出充分的通知。

B8 交货证据

凭证与合同如果相符的话，买方必须接受按照 A8 提交的运输凭证。

B9 货物检验

买方必须支付任何强制性装船前的检验费用，但出口国有关机构强制进行的检验除外。

除非在特定贸易中某类货物的销售通常不需包装，卖方必须自付费用包装货物。
除非买方在签订合同前已通知卖方特殊包装要求，卖方可以根据该货物运输的方式对货物进行包装。包装应作适当标记。

A10 协助提供信息及相关费用

适用时，应买方要求并由其承担风险和费用，卖方必须及时向买方提供或协助其取得相关货物进口和/或将货物运输到最终目的地所需要的任何文件和信息，包括安全相关信息。

卖方必须偿付买方按照 B10 提供或协助取得文件和信息时所发生的所有花销和费用。

B10　协助提供信息及相关费用

买方必须及时告知卖方任何安全信息要求，以便卖方遵守 A10 的规定。

买方必须偿付卖方按照 A10 向买方提供或协助其取得文件和信息时发生的所有花销和费用。

适用时，应卖方要求并由其承担风险和费用，买方必须及时向卖方提供或协助其取得货物运输和出口及从他国过境运输所需要的任何文件和信息，包括安全相关信息。

CIF

Cost Insurance and Freight 成本、保险费加运费

CIF（插入指定目的港）《国际贸易术语解释通则®2010》或 Incoterms®2010

使用说明

该术语仅用于海运或内河水运。

“成本、保险费加运费”是指卖方在船上交货或以取得已经这样交付的货物方式交货。货物灭失或损坏的风险在货物交到船上时转移。卖方必须签订合同，并支付必要的成本和运费，以将货物运至指定的目的港。

卖方还要为买方在运输途中发生货物灭失或损坏风险办理保险。买方应注意到，在 CIF 下卖方仅需投保最低险别。买方如需要更多保险保护，则需与卖方明确达成协议，或者自行做出额外的保险安排。

使用 CPT、CIP、CFR 或者 CIF 时，卖方按照所选择的术语规定的方式将货物交付给承运人时，即完成其交货义务，而不是货物到达目的地之时。

由于风险转移和费用转移的地点不同，该术语有两个关键点。虽然合同通常都会指定目的港，但不一定都会指定装运港，而这里是风险转移至买方的地方。装运港如果对买方具有特殊意义，特别建议双方在合同中尽可能准确地指定装运港。

由于卖方需承担将货物运至目的地具体地点的费用，特别建议双方应尽可能确切地在指定目的港内明确该点。建议卖方取得完全符合该选择的运输合同。卖方如果按照运输合同在目的港发生了卸货费用，除非双方事先另有约定，卖方无权向买方要求补偿该项费用。

卖方需要在船上交货，或以取得已经这样交付、运往目的港的货物方式交货。此外，卖方还需签订一份运输合同，或者取得一份这样的合同。此处使用的“取得”一词适用于商品贸易中常见的交易链中的多层销售（链式销售）。

CIF 可能不适合于货物在上船前已经交给承运人的情况，例如用集装箱运输的货物通常是在集装箱码头交货。在此类情况下，应当使用 CIP 术语。

适用时，CIF 要求卖方办理出口清关。但卖方无义务办理进口清关，支付任何进口税或办理任何进口海关手续。

A 卖方义务

A1 卖方一般义务

卖方必须提供符合买卖合同约定的货物和商业发票，以及合同可能要求的其他与合同相符的证据。

A1—A10 中所指的任何单证在双方约定或符合惯例的情况下，可以是同等作用的电子记录或程序。

A2 许可证、授权、安检通关和其他手续

适用时，卖方必须自付风险和费用，取得所有的出口许可或其他官方授权，办理货物出口所需的一切海关手续。

A3 运输合同与保险合同

a）运输合同
卖方必须签订或取得运输合同，将货物自交货地内的约定交货点（如有）运送至指定目的港或该目的港的交付点（如有约定）。必须按照通常条件订立合同，由卖方支付费用，经由通常航线，由通常用来运输该类商品的船舶运输。

b）保险合同
卖方必须自付费用取得货物保险。该保险需至少符合《协会货物保险条款》（Institute Cargo Clauses，LMA/IUA）"条款（C）"（Clauses C）或类似条款的最低险别。保险合同应与信誉良好的承保人或保险公司订立。应使买方或其他对货物有可保利益者有权直接向保险人索赔。

当买方要求且能够提供卖方所需的信息时，卖方应办理任何附加险别，由买方承担费用。如果能够办理，办理诸如《协会货

物保险条款》(Institute Cargo Clauses，LMA/IUA)“条款（A）或（B)”（Clauses A or B）或类似条款的险别，也可同时或单独办理《协会战争险条款》(Institute War Clauses)和/或《协会罢工险条款》（Institute Strikes Clauses，LMA / IUA）或其他类似条款的险别。

保险最低金额是合同规定价格另加 10%（即 110%），并采用合同货币。

B 买方义务

B1 买方一般义务

买方必须按照买卖合同约定支付价款。

B1—B10 中所指的任何单证在双方约定或符合惯例的情况下，可以是同等作用的电子记录和程序。

B2 许可证授权、安检通关和其他手续

适用时，应由买方自负风险和费用，取得所有的进口许可或其他官方授权，办理货物进口和从他国过境运输所需的一切海关手续。

B3 运输合同与保险合同

a）运输合同
买方对卖方无订立运输合同的义务。

b）保险合同
买方对卖方无订立保险合同的义务。买方必须向卖方提供后者应买方按照 A3 b）要求其购买附加险所需的信息。

保险期间应从货物自 A4 和 A5 规定的交货点起，至少到指定目的港止。

卖方应向买方提供保单或其他保险证据。

此外，应买方要求并由买方承担风险和费用（如有），卖方必须向买方提供后者取得附加险所需的信息。

A4 交货

卖方必须以将货物装上船，或以取得已经这样交付的货物的方式交货。在其中任何情况下，卖方都必须在约定日期或期限内按照该港的习惯方式交货。

A5 风险转移

除按照 B5 的灭失或损坏情况外，卖方承担按照 A4 完成交货前货物灭失或损坏的一切风险。

A6 费用划分

卖方必须支付：

a）按照 A4 完成交货前与货物相关的一切费用，但按照 B6 应由买方支付的费用除外；

b）按照 A3 a）所发生的运费和其他一切费用，包括将货物装上船和根据运输合同规定由卖方支付的和在约定卸载港的卸货费；

c）按照 A3 b）规定所发生的保险费用；及

d）适用时，货物出口所需海关手续费用，出口应交纳的一切关税、税款和其他费用，以及按照运输合同规定由卖方支付的货物从他国过境运输的费用。

B4 收取货物

当货物按照 A4 交付时，买方必须收取，并在指定的目的港自承运人处收取货物。

B5 风险转移

买方承担按照 A4 交货时起货物灭失或损坏的一切风险。

买方如未按照 B7 通知卖方，则买方必须从约定交货日期或交货期限届满之日起，承担货物灭失或损坏的一切风险，但以该货物已清楚地确定为合同项下之货物者为限。

B6 费用划分

在不与 A3 a）冲突的情况下，买方必须支付：
a）自按照 A4 交货时起，与货物相关的一切费用，适用时，按照 A6 d）出口所需的海关手续费用，及出口应交纳的一切关税、税款和其他费用除外；

b）货物在运输途中直至到达目的港为止的一切费用，按照运输合同该费用应由卖方支付的除外；

c）包括驳运费和码头费在内的卸货费，除非根据运输合同该费用应由卖方支付者除外；

d）买方如未按照 B7 发出通知，则自约定运输之日或约定运输期限届满之日起，所发生的一切额外费用，但以该货物已清楚地确定为合同项下之货物者为限；及

e）适用时，货物进口应交纳的一切关税、税款和其他费用，及办理进口海关手续的费用和从他国过境运输的费用，除非

该费用已包括在运输合同中；及

f）按照 A3 b）和 B3 b），应卖方要求办理附加险所产生的费用。

A7 通知买方

卖方必须向买方发出所需通知，以便买方采取收取货物通常所需要的措施。

A8 交货凭证

卖方必须自付费用，不得延迟地向买方提供到约定目的港的通常的运输凭证。

此运输凭证必须载明合同该项货物，且其签发日期应在约定运输期限内，并使买方能在指定目的港向承运人索取货物。同时，除非另有约定，该项凭证应能使买方在货物运输途中向下家买方转让或通知承运人的方式出售货物。

当此类运输凭证以可转让形式签发并有数份正本时，则必须提交整套正本凭证。

A9 查对—包装—标记

卖方必须支付按照 A4 交货所需要的查对费用（如查对质量、丈量、过磅、点数的费用），以及出口国有关机构强制进行的装运前检验所发生的费用。

除非在特定的贸易中某类货物的销售通常不需包装，卖方必须自付费用包装货物。除非买方在签订合同前已通知卖方特殊包装要求，卖方可以适合该货物运输的方式对货物进行包装。包装应作适当标记。

A10 协助提供信息及相关费用

适用时，应买方要求由其承担风险和费用，卖方必须及时向买方提供或协助其取得相关货物进口和/或将货物运输到最终目的地所需要的任何文件和信息，包括安全相关信息。

卖方必须偿付买方按照 B10 提供或协助取得文件和信息时所发生的所有花销和费用。

B7 通知卖方

当有权决定货物运输时间和/或指定目的港内收取货物点时，买方必须向卖方发出充分的通知。

B8 交货证据

凭证如果与合同相符的话，买方必须接受按照 A8 提交的运输凭证。

B9 货物检验

买方必须支付任何强制性装船前检验费用，但出口国有关机构强制进行的检验除外。

B10 协助提供信息及相关费用

买方必须及时告知卖方任何安全信息要求，以便卖方遵守 A10 的规定。

买方必须偿付卖方按照 A10 向买方提供或协助其取得文件和信息时发生的所有花销和费用。

适用时，应卖方要求并由其承担风险和费用，买方必须及时向卖方提供或协助其取得货物运输和出口及从他国过境运输所需要的任何文件和信息，包括安全相关信息。

ICC GUIDE ON TRANSPORT AND THE INCOTERMS® 2010 RULES

INTERNATIONAL CHAMBER OF COMMERCE

The world business organization

ICC GUIDE ON TRANSPORT AND THE INCOTERMS® 2010 RULES

ICC Services
Publications Department
33-43 avenue du Président Wilson
75116 Paris
France

ICC Publication No. 775E
ISBN: 978-92-842-0382-6

Editor's note

The United Nations International Maritime Organization has amended the Safety of Life at Sea Convention (SOLAS) for containerized shipments. Beginning July 1, 2016, shippers will be required to provide the Verified Gross Mass (VGM) for all packed containers as a condition for vessel loading. There are two methods allowed for determining VGM; either weighing the packed container or weighing the contents including dunnage, packing and securing materials, and adding this total to the tare weight shown on the container.

Implementation will take place as this book is being published so no standard procedures are yet available. As enforcement will be done on a country-specific basis, readers should contact their national authorities for compliance guidance.

Contents

Foreword

The Incoterms® 2010 rules are a key foundational element of contemporary trade, used in contracts for the sale of goods to help streamline certain seller and buyer obligations regarding delivery, transport and customs formalities. This guide is intended to provide clarity and practical assistance to those in the transport sector working on transactions involving the Incoterms® rules.

The guide is the product of an international ICC working group of experts drawn from the membership of the ICC Commission on Commercial Law and Practice and the ICC Commission on Customs and Trade Facilitation, and benefited particularly from the leadership and insight of Koen Vanheusden (Belgium), as well as the active participation of the following members: Gabriel Chami (Lebanon); Tej Contractor (India); Xiang Gao (China); Robert Keen (United Kingdom); Rohan Masakorala (Sri Lanka); Oliver Peltzer (Germany); Burghard Piltz (Germany); Lauri Railas (Finland); Sawitree Ratanachand (Thailand); Frank Reynolds (United States); Bob Ronai (Australia); Oscar Tiberg (Sweden); Kimmo Turunen (Finland); and Jean-Pierre Viret (France). Frank Reynolds deserves special additional acknowledgement for his strong editing of the final text.

ICC Secretariat lead and oversight was provided by Emily O'Connor (France) and Secretariat support by Rachel Dignam (France).

Introduction

The Incoterms® 2010 rules were written to provide standard solutions for the division of costs, tasks and risks between the seller and the buyer in relation to any sale of goods where the contract presupposes that the goods are to be transported from the seller to the buyer.

Whenever the seller and buyer in a transaction are located apart from each other, the contract will also involve carriage of the goods. In practice, the goods are almost always carried by an independent carrier. As a consequence, the parties need to address the relationship between the contract of carriage and the Incoterms® 2010 rules whenever these rules have been incorporated into the contract of sale.

This guide is written to help to illustrate some of the issues that arise in the interface between the Incoterms® 2010 rules and the contract of carriage. In reading this guide, some basic reservations should be kept in mind. First, this guide is not an authoritative text in any respect with regard to the parties' obligations under any contract of carriage or contract of sale. The guide's purpose is only to introduce certain issues that must be considered when contracting for carriage in connection with a contract of sale. Secondly, it is very important to keep in mind at all times that the contract of sale and the contract of carriage are separate contracts involving different parties as well as entirely different sets of obligations. Thirdly, the guidance provided is based on the assumption that the chosen Incoterms® 2010 rule in the contract of sale is used as set out in the Incoterms® 2010 text, without any variants.

Moreover, regardless of whether it is the seller or the buyer that contracts for carriage, it is crucial to understand the full scope of the carrier's obligations when entering into the contract. This guide is not a comprehensive guide to procuring transportation. The inexperienced transportation buyer should always seek professional advice before concluding any such contract.

One important difference between sale of goods law and transportation law relates to the rules themselves. In sale of goods, freedom of contract largely prevails. Only the application of competition laws, trade restrictions such as sanctions, currency controls or equivalent public measures restrict this freedom. The basic principle of freedom of contract is enshrined in the Vienna Convention on the Contracts for the International Sale of Goods (the CISG), which has been ratified by states representing a volume of at least 80 per cent of world trade. The CISG gives the parties the right to modify its provisions or exclude its application completely. One way this is often done by parties to a contract of sale is by choosing one of the Incoterms® 2010 rules, whereby the apportionment of the costs, tasks and risks relating to the delivery of the goods are divided in more specific ways than stipulated by the CISG.

The situation is different for the carriage of goods. There are a large number of international conventions that regulate carrier obligations in respect of the care of the goods during carriage as well as carrier liability in the event something should happen to the goods during transport. For many of these rules, freedom of contract has been set aside, restricting the parties' liberty to agree terms. In particular, it is very common that the carrier's liability for damage to or loss of goods is limited to an amount lower than the actual value of the goods carried. Because of this, anyone procuring transportation of goods should seriously consider obtaining its own separate insurance for the goods during transportation. The reader will find a separate note concerning insurance towards the end of this guide.

This is further emphasised by the complexities involved in the actual logistics chain. The contracting carrier is very often a freight forwarder, who also takes care of other tasks related to the transactions, most notably the customs clearance. The contract of carriage may then be performed by a number of subcarriers, often using different modes of transport. This is called 'multimodal transport'.

The following guidance covers each of the various Incoterms® rules. Overall, these can be divided into two groups: sales where the buyer contracts for carriage and those where the seller does so.

There are three Incoterms® 2010 rules that presuppose the buyer taking care of contracting for carriage:

- Free Carrier (FCA) (named place)
- Free Alongside Ship (FAS) (named port of shipment) and
- Free on Board (FOB) (named port of shipment)

We can illustrate the transaction and the two contracts as follows:

The FCA, FAS and FOB rules also allow for the possibility that the seller contracts for carriage at the risk and expense of the buyer. The 'risk' in this context is commercial rather than physical (as compared to Articles A5/B5 of each Incoterm rule). The buyer bears the risk of the availability of transport capacity or, most often, the freight rate charged by the carrier when contracted by the seller.

Under seven Incoterms® rules, it is an obligation of the seller to contract for carriage. These are

- Carriage Paid to (CPT) (named place of destination)
- Carriage and Insurance Paid to (CIP) (named place of destination)
- Cost and Freight (CFR) (named port of destination)
- Cost, Insurance and Freight (CIF) (named port of destination)
- Delivered at Terminal (DAT) (named terminal at port or place of destination)
- Delivered at Place (DAP) (named place of destination)
- Delivered Duty Paid (DDP) (named place of destination)

Again, the relevant transactions can be illustrated as follows:

Under the Incoterms® rule Ex Works (EXW), neither seller nor buyer has an obligation to arrange for carriage.

It is hoped that this guide will help clarify for the transport industry the interaction between the contracts of sale and transport and allow for greater alignment between the two contracts.

Guidance on Incoterms® 2010 Rules for Any Mode or Modes of Transport

EX WORKS

EXW (insert named place of delivery) Incoterms® 2010

Preliminary remark: The graphic representation of the EXW rule suggests that the seller is to make the goods available at the seller's premises for transportation to the buyer by the buyer's carrier. Note however that:

1. the Guidance Notes to the EXW Incoterms® 2010 rule stipulate that "*'Ex Works' means that the seller delivers when it places the goods at the disposal of the buyer at the seller's premises* ***or at another named place***.' The named place of delivery therefore does not have to be the seller's address but may be another place, and may even be situated outside the seller's country.
2. in accordance to Article A3a)/B3a) of the EXW Incoterms® 2010 rule, neither the seller nor the buyer has an obligation to make a contract for carriage.

The EXW Incoterms® 2010 rule thus may cater for transactions in which the goods:

1. are already transported to a place of collection prior to the contract of sale (e.g. consignment sales and call-off stocks), representing the 'mirror image' of the DAT-rule that applies to goods being transported to that place of collection after conclusion of the contract of sale;
2. will not be transported under the contract of sale; e.g. string sales in a (bonded) warehouse with the last customer in the chain collecting the goods at the

warehouse and clearing the goods out of the warehouse;

3. are collected by the buyer with its own means of transportation.

As such, the EXW Incoterms® 2010 rule will often be unsuitable for situations in which a carrier nominated by the buyer comes to collect goods at the seller's premises for international transportation. For such situations FCA is usually more appropriate. When referred to in international contracts, the EXW Incoterms® 2010 rule, representing the 'selling price of goods alone', is indeed a reference value for the seller to calculate its sales prices,[1] but will often not be appropriate as a contractual delivery term.

Question **1**

How are goods handed over to the carrier?

'Ex Works' means that the seller delivers the goods when it places them at the disposal of the buyer at the named place (seller's premises or another place). The seller does not need to load the goods on any collecting vehicle.[2]

The EXW buyer and the carrier contracted by the buyer should agree on the place of delivery of the goods. If this place of delivery allows for different pickup points, and the seller and buyer have not agreed on a specific point, the seller may select the pickup point that best suits its purposes. The buyer then needs to enquire from the seller where the goods will be placed at its disposal. The buyer must notify the seller of the name of the carrier, the selected time within the period agreed for delivery when the carrier or person nominated will take the goods, and the mode of transport. This must be done within sufficient time as to enable the seller to make the goods available.

The EXW buyer should instruct its carrier to pick up the goods on its behalf and accomplish any action (lifting, placing on board, stowing, trimming, lashing, securing,...) required to load and secure the goods on board the collecting vehicle. The buyer must advise the carrier in advance of any special requirements regarding any equipment needed for the loading, securing the cargo,

1 See also Art. 16.1 of the ICC Model Agency Contract (ICC Publication n°766E..) *'Commission shall be calculated on the EXW Incoterms® rule reference value, irrespective of the Incoterms® rule chosen in the contract of sale.'*

2 The question whether a container should be qualified as 'collecting vehicle' (means of transportation) or 'packaging' is dealt with in Question 9 (Who is responsible for stowage and securing?)

etc. The seller has the obligation to give the buyer any notice in this respect.

Under EXW, it is common practice for sellers to load goods as the seller will usually be in a better position to do so. If the seller loads the goods, it does so at the buyer's risk and expense. However, sellers should note that when loading, they may assume a mandatory liability under transport law, health and safety law and other laws that cannot be avoided in the contract. Such law may indeed override any aspect of the sale contract, including the chosen Incoterms® rule.

If the seller is to load the goods onto a collecting vehicle provided by the buyer, FCA should be preferred.

Question 2

When and how are goods made available to the consignee?

The Incoterms® rules do not deal with the receipt of the goods by the EXW buyer (or any other consignee) from a carrier that it nominated.

Question 3

Who shall pay the price for transport?

The carrier (if any) acts on the basis of a contract of carriage entered into with the EXW buyer. Therefore, it is for the buyer (usually also the consignee) to pay the price for transport.

Question 4

What additional costs can be added to the price for transport?

The EXW buyer has to pay all costs from the moment that the goods are placed at its disposal at the agreed place of delivery (price for transport + additional costs).

Question 5

Is there a variable part to the price for transport (i.e. 'adjustment factors')?

Not applicable to EXW.

Question 6

When is the price for transport payable?

The contract of carriage between the EXW buyer and the carrier will normally specify when the freight is payable. The buyer and the carrier may agree that freight is payable upon departure, usually indicated by the words 'freight prepaid' or 'freight in advance', or upon arrival — 'freight collect' or 'freight payable at destination'. This will typically be agreed on booking, be included in the transport contract, and subsequently be restated in the transport document. It should be noted that the transport contract often contains further provisions with respect to the payment of freight.

Question 7

How are the goods to be packaged?

Unless agreed otherwise, as the goods travel at the risk of the buyer, the goods must be packaged in a manner '*appropriate for their transport*'. '*Appropriate for their transport*' is not equal to 'reasonable' or 'usual' but refers to a fitness for the purpose of transportation. This comprises qualities such as 'apt', 'becoming', 'befitting', 'belonging', 'right', 'suitable', and to this purpose verifiable by the carrier.

So-called 'any mode' Incoterms® rules may be used for any type of transportation. In an EXW sale, as the seller is not party to the contract of carriage, it may not know the final destination of the goods or the means of transportation the buyer will use. The EXW buyer should therefore inform the seller in advance of the destination, the transport modes used, the route and/or the regulatory packaging requirements if any.

In the absence of such instructions or knowledge from previous dealings, the seller is not at liberty to choose 'any' type of transport packaging but may choose a packaging 'appropriate' for the means of transportation used to collect the goods at its premises (most commonly road transportation).

Unless the goods are handed over to the carrier in a container or otherwise not verifiable by the carrier, the party best placed to verify whether a packaging is *appropriate for transport of the goods* is the carrier. Whether the carrier is obliged to verify the packaging of the goods depends on the contractual obligations of the carrier under the contract of carriage and the applicable law.

The indication on the transport document 'unpacked' does not automatically mean that the goods have not been 'appropriately' packed for their transport. It may be '*usual for the particular trade to transport the type of goods sold unpackaged*' (some agricultural goods, mineral products, breakbulk...).

Question 8

Is the seller or the buyer responsible for customs clearance?

The EXW Incoterms® rule provides that when selling goods leaving for a destination outside of the customs territory in which the goods have been made available to be collected, it is up to the buyer to carry out all customs formalities at its own risk and expense. This includes formalities necessary for the export of the goods from the named place of delivery (including any export license, security clearance or other official authorization that may be required). A buyer purchasing goods for export on an EXW basis needs to be aware that the seller has an obligation to provide only such assistance as the buyer may require to effect that export, but that the seller is not bound to organize the export clearance. Buyers are therefore well advised not to use EXW if they cannot directly or indirectly obtain export clearance.

On the other hand, the buyer has limited obligations to provide to the seller any information or documentation regarding the export of the goods. However, the seller may need this information for, e.g., taxation (VAT/GST exemption) or reporting purposes.

In most countries, only companies and persons that are registered for tax purposes within the territory are allowed to have customs formalities accomplished in their name. After collection of the goods at the seller's premises, the buyer's carrier (or freight forwarder) therefore often fulfills the export formalities in the name of the EXW seller, although acting under the instructions and at the expense of the EXW buyer as documented in the contract of carriage. However, sellers should note that when export formalities are fulfilled in their name, they may assume a mandatory liability under customs law that cannot be avoided in the contract. Such mandatory law may override any aspect of the sale contract, including the chosen Incoterms® rule. In such circumstances, the FCA rule should be preferred.

To avoid inconsistency, the instructions to the carrier, customs broker or freight forwarder and their actions should be in line with the assignment of obligations of seller and buyer regarding customs clearance under the EXW Incoterms® rule .

Question 9 Who is responsible for stowage and cargo securing?

The Incoterms® 2010 rules do not deal with the parties' obligations for stowage and cargo securing and therefore, whenever relevant, the parties are advised to deal with this in the sale contract.

The seller is responsible to provide the goods available so that the buyer can arrange their collection. This usually means that the goods are packaged suitable for transport according to what is known by the seller, unless the goods are usually sold unpackaged or the seller and buyer agree on some other specific packaging. When the seller packages the goods by aggregating smaller items, whether packaged or not, into a larger package more suitable for efficient transport (such as by palletising or crating), the seller is responsible for ensuring that those goods are safely and securely stowed within that larger package.

Question 10 What sort of transport document should be issued by the carrier?

In EXW sales the seller has no obligation to provide the buyer proof that the goods have been delivered (A8). Instead, it is the buyer that must provide the seller with appropriate evidence of having taken delivery after the goods are placed at its disposal at the named place of delivery, not loaded on any collecting vehicle (B8).

The EXW buyer, when contracting for carriage, should stipulate that the carrier must provide an acknowledgment of receipt to the seller. If no obligation as to issuing an acknowledgment of receipt has been agreed between the buyer and its carrier, the carrier might refuse to issue such an acknowledgment. In such situation, the EXW seller might refuse to hand over the goods provided no other document is available to prove delivery. In this event, the carrier must require instructions from the buyer. If the buyer issues no instructions, the carrier may not request the goods from the seller and the seller may request reimbursement of expenses or demurrage - as the case may be - from the buyer. As in practice, EXW sellers often load the goods on behalf of the buyer, the documents referred to in Question 10 of the FCA rule will be issued. Parties should be aware that such practices are inconsistent with rights and obligations laid down in the EXW Incoterms® 2010 rule.

FREE CARRIER

FCA (insert named place of delivery) Incoterms® 2010

Preliminary remark: The graphic representation of the FCA rule suggests that the seller is to hand over the goods at the seller's premises to a carrier nominated by the buyer. Note however that the Guidance Notes to the FCA Incoterms® 2010 rule clearly stipulate that 'Free Carrier' means that the seller may also deliver the goods to the carrier or another person nominated by the buyer at another named place. The 'ship from' place may even be situated outside the seller's country.

Question 1

How are goods handed over to the carrier?

'Free Carrier' means that the seller delivers the goods to the carrier or another person nominated by the buyer at the seller's premises or another named place.

1. If the named place is the seller's premises, which may be any place under the seller's control,[1] delivery happens when the goods have been loaded on the means of transport provided by the buyer. Depending on the mode of transportation, the transport contract, the nature of the goods, the infrastructure available etc., 'loading' may require different actions (placing on board, stowing, trimming, lashing, securing, ...). Essential is that the seller has passed the goods into the custody of the carrier's liability as evidenced by a transport document executed by the buyer's carrier.

2. If the seller is to bring the goods to the carrier or another person nominated by the buyer (such as a terminal or warehouse operator), delivery is completed when the goods are placed at the disposal of the latter on the seller's means of transport ready for unloading. The carrier or terminal nominated by the buyer must then take delivery of the goods , either by unloading the means of transportation (often a truck), or by taking over the means of transportation (container). This ends the

1 A terminal or warehouse contracted by the seller where the buyer's carrier is to collect the goods may thus also qualify as 'seller's premises' (2010 Question 17 (Seller's premises in FCA) in INCOTERMS® 2010 Q&A (Questions and expert ICC guidance on the Incoterms® 2010 rules), ICC Publication 744E, p. 78)

transport operation from the seller's premises to that named place of departure. This may be evidenced by the carrier or terminal signing a receipt for the goods at the named place.

The FCA buyer and the carrier should agree on the place of delivery. The buyer must notify the seller thereof (name of the carrier, selected time within the period agreed for delivery when the carrier or party nominated will take the goods, mode of transport and point of taking delivery within the named place) within sufficient time as to enable the seller to deliver the goods. If no specific point has been notified by the buyer within the named place of delivery, and if there are several points available, the seller may select the point that best suits its purpose.

Unless the manner in which the goods were delivered to it precludes this, the carrier will verify, when taking delivery, whether the apparent condition of the goods and/or their packaging allows for a safe journey. It may verify the apparent nature, quantity, dimensions and weight of the goods.

Special case when seller arranges carriage

In the special case where the FCA seller arranges carriage on behalf of the buyer, handing over the goods to the carrier will usually require the seller loading the goods (see above). This is regardless whether the named place is seller's premises, where loading is done at the seller's risk and expense, or another place, where unloading is done at the buyer's risk and expense.

Question 2 When and how are goods made available to the consignee?

The Incoterms® rules do not deal with the receipt of the goods by the FCA buyer (or any other consignee) from a carrier that it nominated.

Special case when seller arranges carriage

In the special case where the FCA seller arranges carriage on behalf of the buyer, the buyer must receive the goods from the carrier at the place of destination of the contract of carriage made by the seller on usual terms at the buyer's risk and expense.

Question 3 Who shall pay the price for transport?

The carrier acts on the basis of a contract entered into with the FCA buyer. Therefore, it is for the buyer (usually also the consignee) to pay the price for transport from the named place.

Note: in order to deliver the goods to the facility of the carrier contracted by the buyer, the seller may have to contract another carrier to transport the goods to the named place of delivery ('pre-carriage'). It may also have to appoint a carrier to collect a container from the stack, load that container at its premises and transport it back to the named place of delivery, such as a container yard (CY), container freight station (CFS) or terminal. The costs and risks thereof are for the seller. The seller's carrier would in these circumstances need to liaise with the buyer's carrier to determine with which shipping line the booking has been made, from which depot the empty container is to be collected against what booking reference, and to which container yard the stuffed container is to be delivered.

Special case when seller arranges carriage

In the special case where the FCA seller arranges carriage on behalf of the buyer, the seller may try to instruct the carrier to collect the price for transport from the buyer ('freight collect'). If the carrier does not consent, and the seller ends up paying the price for transport to the carrier, the seller may claim reimbursement from the buyer.

Question 4 What additional costs can be added to the price for transport?

The buyer has to pay all costs from the moment of delivery (price for transport + additional costs).

Special case when seller arranges carriage

In the special case where the FCA seller has arranged carriage on behalf of the buyer, the carrier may turn to the seller should the buyer/consignee refuse to pay supplementary transport costs. The FCA seller who gives instructions to transport goods is bound by the transport agreement in spite of the fact that the seller sold using the Incoterms® rule FCA. The seller may claim reimbursement from the buyer.

When a party is named as the shipper on the transport document, it will often be presumed to be the contracting party to the contract of carriage and thus the debtor of the price for transport and all its adjustments and supplements. A party that is named as (material/documentary) shipper solely for the fact of having handed over the goods to the carrier without having contracted for carriage might find it useful to decline any characterization as contracting party to the contract of carriage upon receipt of the transport document.

Question **5**

Is there a variable part to the price for transport (i.e. 'adjustment factors')?

The buyer has to pay all costs from the moment of delivery in accordance with A4 (price for transport + additional costs).

Special case when seller arranges carriage

In the special case where the FCA seller arranges carriage on behalf of the buyer, the seller may try to instruct the carrier to collect the price for transport and any adjustments thereof from the buyer. If the carrier does not consent, the seller may claim reimbursement of any payment made from the buyer.

Question **6**

When is the price for transport payable?

The contract of carriage between the FCA buyer and the carrier will normally specify when the freight is payable. The buyer and the carrier may agree that freight is payable upon departure, usually indicated by the words 'freight prepaid' or 'freight in advance', or upon arrival - 'freight collect' or 'freight payable at destination'. This will typically be agreed on booking, be included in the transport contract and subsequently be restated in the transport document. It should be noted that the transport contract often contains further provisions with respect to the payment of freight.

Special case when seller arranges carriage

In the special case where the FCA seller arranges carriage on behalf of the buyer, the seller may try to instruct the carrier to collect the price for transport and any adjustments thereof from the buyer. If the carrier does not consent, the seller may have to pay for carriage at departure and claim reimbursement from the buyer.

Question **7**

How are the goods to be packaged?

Unless agreed otherwise, the goods must be packaged in a manner 'appropriate for their transport'. 'Appropriate for their transport' is not equal to 'reasonable' or 'usual' but refers to a fitness for the purpose of transportation. This comprises qualities such as 'apt', 'becoming', 'befitting', 'belonging', 'right', 'suitable', and to this purpose verifiable by the carrier.

So-called 'any mode' Incoterms® rules may be used for any type of transportation. In an FCA sale, the seller may not know the final destination of the goods and the means of transportation the buyer will use. The FCA buyer should therefore inform the seller in advance of the destination, the transport modes used, the route and/or the regulatory packaging requirements if any.

In the absence of such instructions or knowledge from previous dealings, the seller is not at liberty to choose 'any' type of transport packaging but may choose a packaging 'appropriate' for the means of transportation used to collect the goods at its premises (most commonly road transportation).

Unless the goods are handed over to the carrier in a container or otherwise not verifiable by the carrier, the party best placed to examine whether packaging is appropriate for transport of the goods is the carrier. Whether the carrier is obliged to verify the packaging of the goods depends on the contractual obligations of the carrier under the contract of carriage and the applicable law.

The indication on the transport document 'unpacked' does not automatically mean that the goods have not been 'appropriately' packed for their transport. It may be 'usual for the particular trade to transport the type of goods sold unpackaged' (some agricultural goods, mineral products, breakbulk, ...).

Question 8 Is the seller or the buyer responsible for customs clearance?

When selling goods leaving for a destination outside of the customs territory of departure, it is up to the seller to carry out all customs formalities necessary for the export of the goods from the named place of delivery at its own risk and expense. This includes any export license or other official authorization that may be required. Formalities beyond the customs territory of departure (transit, import) are to be carried out by the buyer at its own risk and expense.

As the named place (seller's premises, terminal) in an FCA sale will often be situated within the country of export, the goods pass into the care of a carrier or other person acting on instruction of the buyer prior to passing the customs border. At that moment, all the information regarding the export of the goods the seller may need for, e.g., taxation or reporting purposes may not yet be available and all the customs formalities may not yet have been completed.

The buyer and the carrier – if contractually so agreed under the contract of carriage - must provide the FCA seller, at the seller's request, risk and expense, assistance in obtaining any additional information[2] and/or completing the export formalities.[3] The buyer may have to instruct its carrier accordingly.

To avoid inconsistency, the instructions to the carrier, customs broker or freight forwarder should be in line with the assignment of obligations of the seller and the buyer regarding customs clearance under the FCA Incoterms® rule .

Question 9 Who is responsible for stowage and cargo securing?

The Incoterms® 2010 rules do not deal with the parties' obligations for stowage and cargo securing and therefore, whenever relevant, the parties are advised to deal with this in the sale contract.

Whether the obligation of the FCA seller to hand over the goods to the carrier nominated by the buyer requires the goods to be loaded, and whether this 'loading' includes stowage and cargo securing, will depend on the named place (seller's premises or another place), the mode of transportation, the transport contract and the nature of the goods.

When the goods are to be delivered FCA (seller's premises), the seller will usually have to stow the goods (in a container, on a truck) for the loading process to be accomplished.

When the goods are to be delivered FCA at 'another place', such as not yet stuffed in a container (LCL), the buyer is to instruct the party receiving the goods on its behalf to stow and secure the goods appropriately (in a container, on a ship, on an airplane...).

Question 10 What sort of transport document should be issued by the carrier?

In FCA sales the seller must provide the buyer, at the seller's expense, with the usual proof that the goods have been delivered

- either loaded on the means of transport provided by the buyer when the named place is seller's premises
- or placed at the disposal on the seller's means of transport ready for unloading when the named place is another place.

---

2 The seller may have to apply for the export licence, but the buyer must give the seller e.g. an end user certificate (dual use goods, waste, CITES, ..).

3 E.g. return the proof of export for VAT exemption purposes.

The seller must furthermore provide assistance to the buyer, at the buyer's request, risk and expense, in obtaining a transport document.

Acknowledgment of receipt

The FCA buyer, when contracting for carriage, should stipulate that the carrier or terminal must provide an acknowledgment of receipt to the seller. This may be an issue when selling FCA at a place other than the seller's premises.

If no obligation as to issuing an acknowledgment of receipt has been agreed between the buyer and its 'terminal', the terminal might refuse to issue such an acknowledgment. In such situation, the seller might refuse to hand over the goods provided no other document is available to prove delivery (e.g. transport document to the terminal, signed for receipt). In this event, the terminal must require instructions from the buyer. If the buyer issues no instructions the terminal may not request the goods from the seller, and the seller may request reimbursement of expenses or demurrage – as the case may be – from the buyer.

Transport documents

The FCA rule may be used irrespective of the mode of transport selected and may also be used where more than one mode of transport is employed. As such the rule does not refer to any particular type of transport mode/document, and the buyer and the carrier may agree on whatever transport document is convenient for them.

Most international transport conventions require the carrier to deliver a specific transport document or cargo receipt such as an Air Waybill (AWB), Bill of Lading (B/L), Road Consignment Note (CMR) in respect of cargo received for carriage. If the carrier issues such a document at the request of the FCA seller, it shall generally be deemed to have done so on behalf of the buyer for purposes of the contract of sale, subject to proof to the contrary.

The transport document serves as proof that goods have been taken into the custody of the carrier (see above, Acknowledgment of Receipt) and as the place to note any reservations about the goods. In other situations, the transport document might be used in a way that only the holder of the transport document is entitled to claim the goods (such as with a negotiable Bill of Lading).

If the buyer so requests, the seller has an obligation to assist the buyer in obtaining a transport document. The FCA seller is in principle not party to the contract of carriage. Therefore, the buyer should instruct the carrier to issue a transport document of the customary kind the seller/consignor as proof of receipt of the goods by the carrier. Where the FCA seller arranges carriage on the buyer's behalf in accordance with the special provision in A3 of the FCA Incoterms® 2010 rule, the FCA seller and the carrier may agree who issues the transport document.

Specifically, the document should record whether the goods have been loaded and secured by the seller or the carrier. Moreover, the document should identify by name the party that handed over the goods to the carrier (the FCA seller) OR the party that contracted for carriage (the FCA buyer) and the consignee (often the buyer or its representative). The transport document should record the apparent condition of the goods at the point where they are received by the carrier. If the goods are received in one or more sealed transport units (such as containers), it is sufficient that the carrier confirms the visible condition of the transport unit or units.

The document should be visibly and unequivocally dated and signed.

Unless obviously unnecessary, the document should include a clear undertaking to deliver the goods to the consignee, subject to presentation of one original in the case of a negotiable transport document.

Other documents:

If the buyer asks the carrier to arrange for customs documents (invoices, packing lists, certificates of origin,...) the carrier is not obliged to do so. Whenever the carrier accepts this request, particular attention should be paid to these documents which are very much formalized, in particular to the mode of transport, the goods, the applicable law and regulations and the status of the transport buyer and the carrier.

CARRIAGE PAID TO

CPT (insert named place of destination) Incoterms® 2010

Preliminary remark: The graphic representation of the CPT rule suggests that the seller is to hand over the goods to its carrier at the seller's premises for transportation to the buyer. Note however that the Guidance Notes to the CPT Incoterms® 2010 rule clearly stipulate that 'Carriage Paid To' means that the seller may also deliver the goods at another named place to the carrier or another person nominated by the seller. This 'ship from' place may even be situated outside the seller's country.

The CPT rule has two critical points, because risk and the costs of freight are transferred at different places. The parties are well advised to identify as precisely as possible in the contract both the place of delivery, where the risk passes to the buyer ('ship from'), and the named place of destination to which the seller must contract for the carriage ('ship to'). That named place of destination is not referred to in the graphic presentation above and may be the buyer's premises or any other place, even outside the buyer's country.

Question 1

How are goods handed over to the carrier?

'Carriage Paid To' means that the seller must hand over the goods to the carrier at the agreed place of delivery (if any such place has been agreed upon by the parties) and contract for carriage to the named place of destination. The CPT seller and the carrier contracted by the seller should agree on the place of delivery of the goods.

Delivery happens when the goods have been passed into the custody of the carrier as evidenced by a transport document to the named place of destination, executed by the seller's carrier. Depending on the mode of transportation, the transport contract, the nature of the goods, the infrastructure available etc., the handing over to the carrier may require loading the means of transportation and/or different specific actions to secure the cargo.

Unless the manner in which the goods were delivered to the carrier precludes this, when taking delivery, the carrier will verify whether the apparent condition of the goods and/or their packaging allows for a safe journey. It may verify the apparent nature, quantity, dimensions and weight of the goods.

Unless the seller and buyer have agreed on a specific point of departure ('ship from') where the goods are to be delivered, the seller may choose the point of delivery (pickup) of the goods at any convenient point that best suits its purpose.

The carriage contracted for should cover the entire transport under a single contract, from the selected point of pickup all the way until the goods are made available to the buyer at the named place of destination. However, the carrier (which may be a freight forwarder) contracted by the seller may subcontract parts of its obligation to other (actual) carriers (road - air - sea - rail). If the parties did not agree on a specific point of delivery, the default position is that risk passes to the buyer when the goods have been delivered to the first carrier under that 'principal' contract of carriage to the named place. This point would be entirely of the seller's choosing and over which the buyer has no control.[1] Should the parties wish the risk to pass at a later stage (e.g., at an ocean port or airport), they need to specify this in their contract of sale.

Question **2**

When and how are goods made available to the consignee?

Under the CPT Incoterms® 2010 rule the seller must contract for carriage to the named place of destination. That place may be the buyer's address or any other place (port, terminal, ...). The parties are well advised to identify as precisely as possible in the sales contract the point within that agreed place of destination where the carrier is to present the goods to the buyer. Whenever the buyer is entitled to determine the time for dispatching the goods and/or the named place of destination, or the point of receiving the goods within that place, it must give the seller sufficient notice thereof. If a specific point at the place of destination is not agreed or is not determined by practice, the seller may select the point at the named place of destination that best suit its purpose and instruct its carrier accordingly.

1 Cf. art. 31 a) CISG: '*If the seller is not bound to deliver the goods at any other particular place, its obligation to deliver consists: (a) if the contract of sale involves carriage of the goods — in handing the goods over to* ***the first carrier for transmission to the buyer;***'

The seller must notify the buyer that the goods have been delivered to the carrier (name of the carrier, date of departure, mode of transport,) and must give the buyer any notice needed in order to allow the buyer to take measures that are normally necessary receive the goods.

At the named place of destination, the buyer must receive the goods from the carrier. Depending on the mode of transportation, the transport contract, the nature of the goods, the infrastructure available etc., this reception from the carrier may require the buyer to discharge the means of transportation. The CPT Incoterms® rule allocates to the seller only such costs of discharging that are part of the contract of carriage and thus included in the price of transport.[2] The buyer must pay all other unloading costs. Regardless of whether discharging is part of the contract of carriage or not, the risk of unloading will be for the buyer.

Generally speaking, it is reasonable to expect that containerized goods should be discharged from the ocean vessel at the port of discharge and be delivered to the container yard depending on the contract of carriage. However, bulk goods may well be delivered 'free out', i.e. presented for discharge while still in the cargo holds, with discharging to be paid for and handled by the buyer. Breakbulk goods may be presented 'Hook',[3] with unstrapping to be paid for and handled by the buyer. If the named place is the buyer's address, the means of transportation will most often have to be unloaded by the buyer. For full container load shipments, the parties are well advised to agree in advance who has to clean and return the container to the carrier.

Upon receipt of the goods from the carrier at destination, the buyer (consignee) will verify the nature, quantity and weight of the goods as well as their condition and packaging, and make any appropriate reservations when signing the transport document for receipt of the goods. Such verification does not equal a full conformity assessment. In case of redirection or redispatch, such assessment may be deferred until after the goods have arrived at the final destination.[4]

2 'for the seller's account under the contract of carriage'

3 The contract of carriage includes the cost of loading from the moment the goods have been attached to the 'hook' in the port of departure until they are presented in the port of destination 'under the ships hook'. The ship's crew will not attach the cargo to the hook upon departure and the shipper/receiver must assume 'slinging costs'/'heavy lift expenses'. The cost of 'unhooking' at destination is for the consignee/buyer. Specific conditions may vary under different port practices.

4 Art. 38, 3 CISG

If the buyer (consignee) refuses to take the goods from the carrier, it would be in breach of Articles B4 and B8 of the CPT Incoterms® 2010 rule and the carrier should contact the seller (shipper) for further instructions. Such refusal may result in consequences such as the risk and costs passing to the buyer under the contract of sale and:

1. the carrier claiming for the charges of maintaining the goods and for the compensation of the damages caused by the delay;
2. a reduction of the carrier's responsibility of the care of the goods;
3. a change or even preclusion of the carrier's obligation of performance;
4. the conferral of remedies for the carrier such as deposing of goods and other remedies.

Question 3 Who shall pay the price for transport?

The carrier acts on the basis of a contract of carriage entered into with the CPT seller. Therefore, it is for the seller (usually also the consignor or shipper) to pay the price for transport to the named place of destination.

Together with the claim against the CPT seller being the contractual shipper, the carrier may, subject to its precise legal quality and the law applicable to the contract of carriage, have a lien and right of retention for the price of transport and additional charges due against the consignee (CPT buyer).

Question 4 What additional costs can be added to the price for transport?

Upon agreeing on a price of transportation, the CPT seller and the carrier are well advised to stipulate clearly in the contract of carriage which transport costs (loading, stuffing, trimming, strapping, dunnaging, discharging, security warnings, port duties, documents,...) are included in that transport price and which are not.

Costs that are caused by circumstances beyond the reasonable control of the carrier and contractual penalties (e.g. demurrage, detention, waiting hours, ...) will not be included in that (pre)agreed price of transport.

The main rule under CPT is that the seller must contract on 'usual terms' at its own expense for the carriage of the goods to the named place of destination. What 'usual terms' are may vary but it is currently well established that only such additional costs ('surcharges') that are unforeseen, such as those arising from stranding, collision, strikes, governmental commands, or bad weather conditions are not included. These are at the expense of the CPT buyer.[5] Outside of such clear cases, it is sometimes difficult to verify which costs are in accordance with usual transport terms.

It can be generally stated that the price of transport (freight prepaid by the seller) should include all ordinary transport costs up to the destination. This includes the costs of handling, storage, and transshipment, as well any charges made by port authorities during the transportation. The seller is obliged to contract for carriage by a usual route in a means of transportation of the type normally used for the type of goods sold. As much as it is evident that this means of transportation must be fit to carry the goods to the destination safely, the seller must contract with a carrier who is capable of anticipating ordinary cost items during the transportation and including them in the prepaid freight. Currency and bunkering adjustments valid at the moment of departure[6] are to be included in the freight and are at the expense of the CPT seller.

Parties are well advised to specify in the contract of sale what specific additional costs will be borne by the seller and what costs by the buyer. The CPT seller should negotiate with its carrier accordingly to avoid dispute.

Buyers should be wary of using the C family of rules. They are complex and should be used only where the buyer has a full understanding of them.

Question 5 Is there a variable part to the price for transport (i.e. 'adjustment factors')?

Upon agreeing on a price of transportation, the CPT seller and the carrier are well advised to stipulate whether any price adjustment is permitted.

The contract of carriage may sometimes provide for a retroactive adjustment to the ordinary freight payable. These adjustments come in many different forms, such as the Bunker Adjustment Factor (BAF),[7] the Currency Adjustment Factor (CAF),[8] as well as other charges such

5 Buyers are advised to include these additional costs when calculating the customs value (when applicable).

6 VATOS – 'Valid at time of shipment'

7 An additional charge levied by the carrier to compensate for fluctuations in the price of the ship's fuel. Also called bunker surcharge.

8 An additional charge levied by the carrier to compensate for fluctuations in the price of the applicable currency.

as International Ship and Port Security (ISPS),[9] war/pirate-risk, congestion, etc. Such adjustments will not be included in the price originally agreed for the transportation but will typically be calculated at the time the goods are handed to the carrier. All such transport price adjustments are to be paid by the CPT seller.

Question 6

When is the price for transport payable?

The CPT seller and the carrier must agree on the payment of freight in a manner so that the buyer can immediately receive the goods on arrival without having to pay any costs that were included in the contract of carriage.

Regardless of what the transport contract provides with respect to the timing of the payment of freight, the CPT seller always has an obligation to the buyer to pay the transport price and any of the adjustments added at the time the goods are handed to the carrier, as discussed in question 5.

If the price for the transportation agreed between the seller and the carrier includes unloading or further handling after unloading, those costs must also be paid by the seller. The contract of carriage may provide for these or other additional costs to become payable upon or after arrival of the goods as agreed with the carrier.

Question 7

How are the goods to be packaged?

Unless the seller and buyer agree otherwise,the goods must be packaged in a manner '*appropriate for their transport*'. '*Appropriate for their transport*' is not equal to 'reasonable' or 'usual' but refers to a fitness for the purpose of transportation. This comprises qualities such as 'apt', 'becoming', 'befitting', 'belonging', 'right', 'suitable', and to this purpose, verifiable by the carrier.

As the CPT seller knows the destination of the goods and selects the transportation mode, it is supposed to choose a packaging not only 'appropriate' for the means of transportation used to collect the goods at its premises (most commonly road transportation), but for the entire transport route.

Unless the goods are handed over to the carrier in a container or otherwise not verifiable by the carrier, the party best placed to examine whether packaging is appropriate for transport of the goods is the carrier. Whether the carrier is obliged to verify the packaging of the goods depends on the contractual obligations of the

9 An additional charge for port security.

carrier under the contract of carriage and the applicable law.

The indication on the transport document 'unpacked' does not automatically mean that the goods have not been 'appropriately' packed for their transport. It may be '*usual for the particular trade to transport the type of goods sold unpackaged*' (some agricultural goods, mineral products, breakbulk, ...).

Question 8 Is the seller or the buyer responsible for customs clearance?

When selling goods leaving for a destination outside of the customs territory, it is up to the seller to carry out all customs formalities necessary for the export of the goods from the place of delivery ('*ship from place*')[10] at its own risk and expense. This includes any export license or other official authorization that may be required.

Transit clearances after departure from the place of shipment that are not included in the contract of carriage are to be executed at the buyer's risk and expense. The buyer will also have to carry out customs clearance for the import of the goods at the named destination.

The parties must provide assistance to each other in obtaining any documents and information, including security-related information, needed for the export, transport and import of the goods.

As the place of receipt by the carrier (seller's premises, terminal) in a CPT sale may well be situated within the country of export, the seller should agree with the carrier on obligations under the contract of carriage to provide it with all the information regarding the export of the goods it may need for, e.g., taxation or reporting purposes.

For customs valuation purposes, the seller is advised to instruct the carrier to split up the price of transportation into 'inland' and 'international' transport costs.

To avoid inconsistency, the seller should agree on terms and conditions in the contract of carriage with the carrier in line with the assignment of obligations of the seller and the buyer regarding customs clearance under the CPT Incoterms® rule.

10 As well as any transit formality to the place of departure/delivery.

Question 9 Who is responsible for stowage and cargo securing?

The Incoterms® 2010 rules do not deal with the parties' obligations for stowage and cargo securing and therefore, whenever relevant, the parties are advised to deal with this in the sale contract.

Whether the obligation of the CPT seller to hand over the goods to its carrier requires the goods to be loaded, and whether this 'loading' includes stowage and cargo securing, will depend on the transport contract.

When the goods are to be delivered to the carrier at the seller's premises, the seller will usually have to stow the goods (in a container, on a truck) for the loading process to be accomplished.

Question 10 What sort of transport document should be issued by the carrier?

The CPT Incoterms® 2010 rule stipulates that the seller must provide the buyer, at its own expense, with the usual transport document[s] for transport contracted to the named place of destination. This transport document must cover the contract goods and be dated within the period agreed for shipment. If agreed or customary, the document must also enable the buyer to claim the goods from the carrier at the named place of destination and enable the buyer to sell the goods in transit by the transfer of the document to a subsequent buyer or by notification to the carrier. When such a transport document is issued in negotiable form and in several originals, a full set of originals must be presented to the buyer.

The carriage contracted by the CPT seller should cover the entire transport under a single contract, from the selected point of pickup all the way until the goods are presented to the buyer at the agreed place of destination. However, the carrier (which may be a freight forwarder) contracted by the seller may subcontract parts of its obligation to other (actual) carriers (road – air – sea – rail). If this is the case, several transport documents may be issued during the carriage: one from the place of delivery to the named place of destination by a freight forwarder[11] and several subsequent by each actual carrier contracted by the freight forwarder. These documents are not given by the forwarder to either the

11 The freight forwarder may assume liability as a carrier (when issuing its transport document in its own name) or act as an agent (when simply organizing the consecutive chains of transportation on as an agent behalf of the CPT seller).

seller or the buyer as they evidence the forwarder's arrangements only.

Most international transport conventions require the contracted carrier to deliver a specific transport document or cargo receipt, such as an Air Waybill (AWB), Bill of Lading (B/L), Road Consignment Note (CMR) to the consignor/shipper in respect of cargo received for carriage. That transport document serves both as proof that goods have been taken into the custody of the carrier at the place of delivery for carriage to the named place of destination, and as the place to note any reservations about the goods.[12] This transport document might be used in a way that only the holder of the transport document is entitled to claim the goods (such as with a negotiable Bill of Lading).

It is common that upon departure the (first) carrier issues a transport document of the customary kind. Specifically, the document should record whether the goods have been loaded and secured by the seller or the carrier. Moreover, the document should identify by name the party that handed over the goods to the carrier and contracted for carriage (the CPT seller) and the consignee (which may be the next actual carrier in the chain or the CPT buyer). The transport document should record the apparent condition of the goods at the point where they are received by the (first) carrier. If the goods are received in one or more sealed transport units such as containers, it is sufficient that the carrier confirms the visible condition of the transport unit or units. The document should be visibly and unequivocally dated and signed.

Unless obviously unnecessary, the document should include a clear undertaking to make the goods available to the consignee, subject to presentation of one original in the case of a negotiable transport document.

Other documents:

If the seller asks the carrier to arrange for customs documents (invoices, packing lists, certificates of origin,...) the carrier is not obliged to do so, unless the carrier is a freight forwarder having undertaken to carry out such tasks. Whenever the carrier accepts this request, particular attention should be paid to these documents which are very much formalized, in particular to the mode of transport, the goods, the applicable law and regulations and the status of the transport buyer and the carrier.

12 By the carrier at departure, by the consignee at arrival.

Note: In a CPT sale the seller makes the contract of carriage to the named destination but the goods are already delivered to the buyer when they are handed to the carrier at departure. Any damage to the goods during transit will be at the buyer's risk. For this reason, the buyer has a strong and legitimate interest in ensuring that carriage is arranged in a manner that gives the buyer a direct line of communication to a single carrier upon which it can claim and receive compensation for any loss or damage that occurs during transit.

CARRIAGE AND INSURANCE PAID TO

CIP (insert named place of destination) Incoterms® 2010

The CIP Incoterms® rule is identical to the CPT Incoterms® rule except for the obligation of insurance.

Although the seller has little insurable interest after delivery of the goods to its carrier, it may indeed be practical for it to contract for insurance via its freight forwarder to the benefit of the buyer. Putting both transport and cargo insurance in the hands of one person may be a proper way to synchronise the contract of carriage (route, dates) and the insurance policy at a reasonable cost. Note however that while the use of a policy procured by a freight forwarder or a carrier may offer advantages in some cases (especially when the shipper has just a few shipments), this solution cannot be both universally recommended and the best one. It may even be totally unsuitable for shippers with numerous shipments in a same year.

Note that some countries limit the possibility of contracting with a foreign transport insurance company when importing goods and thus prohibit the use of the CIP Incoterms® rule. Note too that in some countries the matter of insuring, or even giving insurance advice, may be restricted by law to suitably qualified and registered companies and individuals.

The Incoterms® rules do not regulate the insurance contract itself, but merely the relations between seller and buyer as regards insurance. The party responsible for the payment of the insurance cover, i.e. the seller, will have to enter into a specific insurance contract.

The CIP Incoterms® rule requires the seller to obtain at its own expense cargo insurance complying at least with the minimum cover as provided by Clauses (C) of the Institute Cargo Clauses (LMA/IUA), contracted with underwriters or an insurance company of good repute. Depending on the country of shipment, the nationality of the carrier, and the means of transportation, other standard insurance conditions might be applicable.[1] However, if the buyer requests, the seller must procure,

1 Such as the *American Institute Cargo Clauses FPA, the French Marine Cargo Insurance Policy (FPA cover), the Cargo Insurance Policy of Antwerp, the Norwegian Marine Insurance Plan* (NMIP) and the *DTV Cargo Insurance Conditions*.

subject to preconditions, insurance as provided by Clauses A or B of the Institute Cargo Clauses (LMA/IUA) or any similar clauses. The same goes for war and strike insurances.

The insurance should entitle the buyer, or any other person having an insurable interest in the goods, to claim directly from the insurer. Moreover, the insurance shall cover, at a minimum, the price provided in the contract plus ten per cent (110%). Any other insurance concluded by the seller, which does not have these minimum qualifications, would not fulfil the seller's insurance obligation under CIP Article A3(b).

If the seller concludes a global transport insurance policy, such policy may not fulfil the requirements of the CIP rules[2] since it may:

1. not automatically allow the buyer to claim directly from the insurer as the seller is the beneficiary, it may need to enter into special arrangements with the insurer;
2. not provide cover, at a minimum, of the contractual price plus 10%. Some policies provide for a policy excess and a limit.

2 2010 Question 12 (Global insurance policy) in INCOTERMS® 2010 Q&A (Questions and expert ICC guidance on the Incoterms® 2010 rules), ICC Publication 744E, p. 56.

DELIVERED AT TERMINAL

DAT (insert named terminal at port or place of destination) Incoterms® 2010

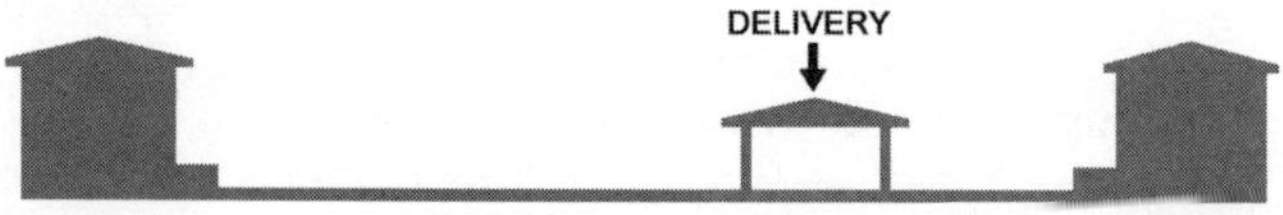

Preliminary remark: The graphic representation of the DAT rule illustrates that seller is to place the goods at the disposal of the buyer, unloaded from the arriving means of transport, at a named terminal at the named port or place of destination. The 'terminal' may be any place, whether covered or not, such as a quay, warehouse, container yard or road, rail or air cargo terminal. A terminal cannot be simply an open field as there must be some organization of the space for receiving goods.[1]

Question 1

How are goods handed over to the carrier?

'Delivered at Terminal' means that the seller must contract for carriage (or use its own means of transportation)[2] and that it must deliver the goods to the buyer at the named terminal of destination. How and at what point the goods are handed over to the carrier departing for that terminal is of minor importance for the relationship between seller and buyer.

The seller can thus arrange for the goods to be picked up at any convenient place and in the manner that best suits its purpose, as the buyer has no risk or cost until delivery of the goods at the named destination terminal.

Unless the manner in which the goods were delivered to the carrier precludes this, when taking the goods from the seller the carrier will verify whether their apparent condition and/or their packaging allows for a safe journey. The carrier may also verify the apparent nature, quantity, dimensions and weight of the goods.

Question 2

When and how are goods made available to the consignee?

DAT in Article A4 requires that the goods be delivered unloaded from the arriving means of transport and subsequently placed at the disposal of the buyer 'at the

1 Question 21 ('Terminal' in DAT) in INCOTERMS® 2010 Q&A (Questions and expert ICC guidance on the Incoterms® 2010 rules), ICC Publication 744E, p. 79.

2 Question 22 (Seller using own means of transportation under DAT, DAP and DDP) in INCOTERMS® 2010 Q&A (Questions and expert ICC guidance on the Incoterms® 2010 rules), ICC Publication 744E, p. 78.

named terminal'. Therefore, the contract of carriage has to include unloading at the named terminal.

Whether the goods must be brought inside the terminal will depend on the particular physical circumstances of the terminal and on the customs of the trade. Perhaps most importantly, it will depend upon where exactly the buyer can take delivery of the goods against the delivery document provided by the seller, as required under Article A83. When a sale is concluded on a DAT basis, the parties are therefore well advised to specify as clearly as possible the terminal and, if possible, a specific point within the terminal at the agreed place of destination.

Whenever the buyer is entitled to determine the time within an agreed period and/or the point of taking delivery at the named terminal, it must give the seller sufficient notice thereof. The seller is advised to enter into a contract of carriage that matches this choice precisely. If a specific terminal is not agreed or is not determined by practice, the seller may select the terminal at the agreed port or place of destination that best suits its purpose.

In practice, the DAT Incoterms® rule specifically caters for the following situations:

1. air carriage since the air terminal is the first place where the buyer can claim delivery, and this necessarily happens after unloading from the aircraft.
2. the seller has several customers in a geographic area, ships the goods on FCL terms to a terminal close to that market, splits up the shipment at that terminal, and invites its customers to collect the goods at the terminal;
3. the seller has not been paid, and ships the goods to a terminal in the country of the buyer with the instruction to release the goods to the buyer only as agreed;
4. it may also be practicable to agree that the goods be delivered uncleared for import to a terminal close to the buyer in the country of import.

In the second and third situations, it may generally be expected that the terminal where the goods will be placed at the disposal of the buyer will be nominated by the seller organizing transportation. This allows the seller to retrieve the goods or find another destination should the buyer refuse to pay and/or collect the goods.

3 Question 22 (Where to unload in DAT) in INCOTERMS® 2010 Q&A (Questions and expert ICC guidance on the Incoterms® 2010 rules), ICC Publication 744E, p. 79.

Moreover, as any applicable import formalities will have to be carried out by the buyer after delivery at the terminal, the terminal may well be a (bonded) warehouse of the seller's carrier at the agreed port or place of destination. It will therefore be common for the seller to inform its buyer the point in the terminal, and how to collect the goods after their arrival there in accordance with the contract concluded with its carrier or freight forwarder.

Depending on the mode of transportation, the terminal facilities, the nature of the goods, the infrastructure available, the customs of the port etc., collection at the terminal may require the buyer to load the goods (whether still containerized or not) on its collecting vehicle. The DAT Incoterms® rule allocates to the seller only such costs and risks of delivery to the buyer at the terminal that are part of the contract of carriage and thus included in the price of transport. The buyer must pay all other collection costs. The risk of loading the goods at the terminal is for the buyer, as it comes 'after they are placed at the buyer's disposal.'

Upon collection of the goods at the terminal, the buyer (consignee) will verify the nature, quantity and weight of the goods as well as their condition and packaging, and make any appropriate reservations when signing for receipt of the goods. Such verification does not equal a full conformity assessment. In case of redirection or redispatch, such assessment may be deferred until after the goods have arrived at the final destination.[4]

If the buyer (consignee) refuses to take the goods from the carrier, it would be in breach of Articles B4 and B8 of the DAT Incoterms® 2010 rule and the carrier should contact the seller (shipper) for further instructions. Such refusal may result in consequences such as the risk and costs passing to the buyer under the contract of sale and:

1. the carrier claiming for the charges of maintaining the goods and for the compensation of the damages caused by the delay;
2. a reduction of the carrier's responsibility of the care of the goods;
3. a change or even preclusion of the carrier's obligation of performance;
4. the conferral of remedies for the carrier such as deposing of goods and other remedies.

4 Art. 38, 3 CISG

Question 3 Who shall pay the price for transport?

The carrier acts on the basis of a contract of carriage entered into with the DAT seller. Therefore, it is for the seller (usually also the consignor or shipper) to pay the price for transport to the named terminal of destination up to the moment the goods are placed at the disposal of the buyer.

Together with the claim against the DAT seller being the contractual shipper, the carrier may, subject to its precise legal quality and the law applicable to the contract of carriage, have a lien and right of retention for the price of transport and additional charges due against the consignee (DAT buyer).

Question 4 What additional costs can be added to the price for transport?

Upon agreeing on a price of transportation, the DAT seller and the carrier are well advised to stipulate clearly which transport and destination terminal costs (storage, THC, quay duties, cartage, container deposit charge, ...) are included in that transport price and which are not.

Costs that are caused by circumstances beyond the reasonable control of the carrier and contractual penalties (e.g. demurrage, detention, waiting hours,...) will for obvious reasons not be included in that (pre) agreed price of transport.

The main rule under DAT is that the seller has to pay in addition to costs resulting from the contract of carriage, all costs up to the moment the goods are placed at the disposal of the buyer at the named terminal.

Additional costs (storage, handling, detention,...) incurred by the seller because the buyer fails to carry out import formalities, or notify the terminal where the goods are to be delivered in accordance with Article B7; have to be reimbursed by the buyer. For practical purposes, the seller may be advised to seek assistance from its carrier/ terminal to collect these additional costs directly from the buyer (applying its right of lien and retention).

Question 5 Is there a variable part to the price of transport (i.e. 'adjustment factors')?

Upon agreeing on a price of transportation, the DAT seller and the carrier are well advised to stipulate whether any price adjustment is permitted.

The contract of carriage may sometimes provide for a retroactive adjustment to the ordinary freight payable. These adjustments come in many different forms, such as the Bunker Adjustment Factor (BAF),[5] the Currency Adjustment Factor (CAF),[6] as well as other charges such as International Ship and Port Security (ISPS),[7] war/pirate-risk, congestion etc. Such adjustments will not be included in the price originally agreed for the transportation but will typically be calculated at the time the goods are handed to the carrier. All such transport price adjustments are to be paid by the DAT seller.

Question 6 When is the price for transport payable?

The DAT seller and the carrier must agree on the payment of freight in a manner so that the buyer can immediately receive the goods on arrival without having to pay any costs that were included in the contract of carriage. If the transportation document records the payment of freight it should be marked accordingly.

Regardless of what the transport contract provides with respect to the timing of the payment of freight, the DAT seller always has an obligation to the buyer pay the transport price (and any of the adjustments added at the time the goods are handed to the carrier, as discussed in question 5).

If the price for the transportation agreed between the seller and the carrier includes further handling after unloading, those costs must also be paid by the seller. The contract of carriage may provide for these or other additional costs to become payable upon or after arrival of the goods as agreed with the carrier. However, note that the seller is always obliged to arrange for payment of the transport in a way that does not obstruct the buyer's ability to take delivery of the goods at the destination terminal.

Question 7 How are the goods to be packaged?

'Delivered at Terminal' means that the seller must contract for carriage (or use its own means of transportation)[8] and that it must deliver the goods to the buyer at the named terminal of destination. How the goods are packed for transportation when handing over the goods at departure to the carrier departing for that terminal is of minor importance for the relationship between seller and buyer.

5 An additional charge levied by the carrier to compensate for fluctuations in the price of the ship's fuel. Also called bunker surcharge.

6 An additional charge levied by the carrier to compensate for fluctuations in the price of the applicable currency.

7 An additional charge for port security.

8 Question 22 (Seller using own means of transportation under DAT, DAP and DDP) in INCOTERMS® 2010 Q&A (Questions and expert ICC guidance on the Incoterms® 2010 rules), ICC Publication 744E, p. 78.

Question 8 Is the seller or the buyer responsible for customs clearance?

When selling goods leaving for a destination outside of the customs territory, it is up to the DAT seller to carry out all customs formalities necessary for the export of the goods and transit to the named terminal at its own risk and expense (including any export and transit license or other official authorization that may be required).

Import formalities upon collection at the named terminal are to be executed by the buyer at its risk and expense. As the buyer is responsible for import customs clearance, it may need at the least a copy of the transport document to present to its import authorities.

The parties must provide each other assistance in obtaining any documents and information, including security-related information, needed for the export, transport and import of the goods.

As the named terminal in a DAT sale will usually be situated within the country of import, it may be advisable to instruct the carrier to split up the price of transportation into 'inland' and 'international' transport costs for customs valuation purposes.

To avoid inconsistency, the seller should agree on terms and conditions in the contract of carriage with the carrier in line with the assignment of obligations of the seller and the buyer regarding customs clearance under the DAT Incoterms® rule .

Question 9 Who is responsible for stowage and cargo securing?

'Delivered at Terminal' means that the seller must contract for carriage (or use its own means of transportation), that it must deliver the goods to the buyer at the named terminal of destination and that it assumes all the costs and risks up to that moment. When applicable and not performed by the carrier, the DAT seller will therefore have to stow the goods upon departure.

Question 10 What sort of transport document should be issued by the carrier?

'Delivered at Terminal' means that the seller must contract for carriage (or use its own means of transportation) and that it must deliver the goods to the buyer at the named terminal of destination. The transport document is therefore mainly a concern between the seller and the carrier.

The document must however make it clear that the carrier is obliged to deliver the goods to the buyer or whomever the buyer nominates to receive the goods on its behalf.

DELIVERED AT PLACE

DAP (insert named place of destination)
Incoterms® 2010

Preliminary remark: 'Delivered at Place' means that the seller delivers when the goods are placed at the disposal of the buyer on the arriving means of transport ready for unloading at the named place of destination. This place of destination may be the buyer's address but it may also be another place of destination, even a place outside the buyer's country. The arriving 'vehicle' under DAP may well be a ship and the named place of destination may well be a port. Consequently, DAP can safely be used in cases where the Incoterms® 2000 rule DES once was.

Question 1

How are goods handed over to the carrier?

'Delivered at Place' means that the seller must contract for carriage (or use its own means of transportation),[1] and that it must deliver the goods by placing them at the disposal of the buyer on the arriving means of transport ready for unloading at the named place of destination. How and at what point the goods are handed over to the carrier departing for that place of destination is of minor importance for the relationship between seller and buyer.

The seller can thus arrange for the goods to be picked up at any convenient place and in the manner that best suits its purpose, as the buyer has no risk or cost until delivery of the goods at the named destination place.

Unless the manner in which the goods were delivered to the carrier precludes this, when taking the goods from the seller, the carrier will verify whether their apparent condition and/or their packaging allows for a safe journey. The carrier may also verify the apparent nature, quantity, dimensions and weight of the goods.

1 Question 22 (Seller using own means of transportation under DAT, DAP and DDP) in INCOTERMS® 2010 Q&A (Questions and expert ICC guidance on the Incoterms® 2010 rules), ICC Publication 744E, p. 78.

Question 2 When and how are goods made available to the consignee?

The seller must deliver the goods by placing them at the disposal of the buyer on the arriving means of transport ready for unloading at the agreed point, if any, at the named place of destination on the agreed date or within the agreed period.

Whenever the buyer is entitled to determine the time within an agreed period and/or the point of taking delivery at the named place (or port) of destination, it must give the seller sufficient notice thereof. The seller is advised to procure a contract of carriage that matches this choice precisely. If a specific point at the named place (or port) of destination is not agreed or is not determined by practice, the seller may select the point of delivery at the agreed place (or port) of destination that best suits its purpose.

At that point of destination, the contract of carriage does not have to provide for unloading from the means of transport (vessel, vehicle, etc.). When the contract refers to containerized goods being delivered at a named port, this may lead to impractical results. If it is the intention to deliver the goods at the container terminal of the named port, parties are advised to use the DAT Incoterms® rule. DAT obliges the seller to have the goods unloaded from the vessel and deliver them so that the goods/container are placed at the disposal of the buyer at the terminal.

DAP may also provide for delivery inland, in which case the contract of carriage does not have to include any discharging at destination. However, if the contract of carriage includes unloading at destination; the seller is not entitled to recover the unloading costs incurred under its contract of carriage from the buyer unless otherwise agreed between the parties.

The Incoterms® rules do not stipulate exactly how the goods should be delivered beyond the distinction between 'discharged'/'not discharged'. In practical terms, where the goods are delivered while still on the arriving means of transport, they must be presented ready for immediate discharging. The buyer (or whomever the buyer has appointed to carry out the task) must thus be able to commence discharging without delay and without having to take additional action in order to enable the discharge (such as opening hatches or doors, moving other containers stacked above, etc.). The buyer must therefore have received notice that the unloading may commence and the relevant document enabling it to claim delivery.

Upon receipt of the goods from the carrier at destination, the buyer (consignee) will verify the nature, quantity and weight of the goods as well as their condition and packaging and make any appropriate reservations when signing the transport document for receipt of the goods.[2] This verification does not equal a full conformity assessment. In case of redirection or redispatch, such assessment may be deferred until after the goods have arrived at the final destination.[3]

Transport law provides for very short notice periods for claims against the carrier for damages. With the DAP-seller assuming the risk, the buyer should have an incentive to verify the goods as soon as possible and notify the carrier for the benefit of the seller in case of transport damages. The DAP seller is well advised to oblige the buyer to give notice to the carrier within the applicable time limits, and to do this in conjunction with the notice to the seller under the contract of sale. Due to the short notice periods, the place of delivery should not be too far away from the place where the goods are unpacked in order to allow for a swift verification of the goods.

If the buyer (consignee) refuses to take the goods from the carrier, it would be in breach of Articles B4 and B8 of the DAP Incoterms® 2010 rule and the carrier should contact the seller (shipper) for further instructions. Such refusal may result in consequences such as the risk and costs passing to the buyer under the contract of sale and:

1. the carrier claiming for the charges of maintaining the goods and for the compensation of the damages caused by the delay;
2. a reduction of the carrier's responsibility of the care of the goods;
3. a change or even preclusion of the carrier's obligation of performance;
4. the conferral of remedies for the carrier such as deposing of goods and other remedies.

---

2 Delays to notify damages and/or loss of goods are much more formalized in international conventions applicable to contracts of carriage than in the Convention on the International Sale of Goods (CISG).

3 Art. 38, 3 CISG

Question 3

Who shall pay the price for transport?

The carrier acts on the basis of a contract of carriage entered into with the DAP seller. Therefore, it is for the seller (usually also the consignor or shipper) to pay the price for transport to the named place of destination.

Together with the claim against the DAP seller being the contractual shipper, the carrier may, subject to its precise legal quality and the law applicable to the contract of carriage, have a lien and right of retention for the price of transport and additional charges due against the consignee (DAP buyer).

Question 4

What additional costs can be added to the price for transport?

Upon agreeing on a price of transportation, the DAP seller and the carrier are well advised to stipulate clearly which transport and destination costs (unloading, container deposit charge, container cleaning charges,...) are included in that transport price and which are not.

Costs that are caused by circumstances beyond the reasonable control of the carrier and contractual penalties (e.g. demurrage, detention, waiting hours, ...) will not be included in that (pre)agreed price of transport.

The main rule under DAP is that the seller has to pay in addition to costs resulting from the contract of carriage, all costs up to the moment when the goods are placed at the disposal of the buyer on the arriving means of transport ready for unloading at the named destination place.Additional costs of carriage (storage, handling, detention, ...) charged by the carrier to the DAP buyer upon arrival under its right of lien and retention; have to be reimbursed by the seller.

However, additional costs (storage, handling, detention,...) incurred by the seller because the buyer fails to carry out import formalities, or notify the point at the place where the goods are to be delivered in accordance with Article B7; have to be reimbursed by the buyer. For practical purposes, the seller may be advised to seek assistance from its carrier to collect these additional costs directly from the buyer (applying its right of lien or retention).

Question 5

Is there a variable part to the price of transport (i.e. 'adjustment factors')?

Upon agreeing on a price of transportation, the DAP seller and the carrier are well advised to stipulate whether any price adjustment is permitted.

The contract of carriage may sometimes provide for a retroactive adjustment to the ordinary freight payable. These adjustments come in many different forms, such as the Bunker Adjustment Factor (BAF),[4] the Currency Adjustment Factor (CAF),[5] as well as other charges such as International Ship and Port Security (ISPS),[6] war/pirate-risk, congestion etc. Such adjustments will not be included in the price originally agreed for the transportation but will typically be calculated at the time the goods are handed to the carrier. All such transport price adjustments are to be paid by the DAP seller.

Question 6 When is the price for transport payable?

The DAP seller and the carrier must agree on the payment of freight in a manner so that the buyer can immediately receive the goods on arrival without having to pay any costs that were included in the contract of carriage. If the transportation document records the payment of freight it should be marked accordingly.

Regardless of what the transport contract provides with respect to the timing of the payment of freight, the DAP seller always has an obligation to the buyer pay the transport price (and any of the adjustments added at the time the goods are handed to the carrier, as discussed in question 5).

If the price for the transportation agreed between the seller and the carrier includes unloading or further handling after unloading, those costs must also be paid by the seller. The contract of carriage may provide for these or other additional costs to become payable upon or after arrival of the goods as agreed with the carrier

Question 7 How are the goods to be packaged?

'Delivered at Place' means that the seller must contract for carriage (or use its own means of transportation) and that it must deliver the goods by placing them at the disposal of the buyer on the arriving means of transport ready for unloading at the named place of destination. How the goods are packed for transportation when handing over the goods at departure to the carrier departing for that destination place is of minor importance for the relationship between seller and buyer.

4 An additional charge levied by the carrier to compensate for fluctuations in the price of the ship's fuel. Also called bunker surcharge.

5 An additional charge levied by the carrier to compensate for fluctuations in the price of the applicable currency.

6 An additional charge for port security.

Question 8 Is the seller or the buyer responsible for customs clearance?

When selling goods leaving for a destination outside of the customs territory, it is up to the DAP seller to carry out all customs formalities necessary for the export of the goods from the 'ship from place' and transit to the named place of destination at its own risk and expense (including any export and transit license or other official authorization that may be required).

Import formalities in the country of destination are to be executed by the buyer at its risk and expense. As the buyer is responsible for import customs clearance it may need at the least a copy of the transport document to present to its import authorities.

The parties must provide each other assistance in obtaining any documents and information, including security-related information, needed for the export, transport and import of the goods.

If the named place in a DAP sale is situated within the country of import, it may be advisable to instruct the carrier to split up the price of transportation into 'inland' and 'international' transport costs for customs valuation purposes.

When a DAP seller organizes the logistics chain up to an inland named point of destination, the most logical solution would be for that seller not only to instruct carriage, but all the other aspects of logistics (insurance, customs clearance, warehousing, ...) up to the moment that the goods are handed over to the buyer (or its agent) at the named place of destination. As the freight forwarder, working under instruction of the seller, is indeed the 'architect of logistics' it may be best placed to not only manage transportation of the goods but also all the accessory activities such as warehousing, customs clearance, insurance, ... up to the point where its mandate ends. Although customs clearance upon import is to be carried out by the DAP buyer, it may be practical to ask the seller's freight forwarder to organize all the customs formalities (customs clearance, loading of the goods) prior to arrival at the named inland place of destination in the name of the buyer. This would keep all logistics in one hand and avoid the risk of delays and errors. However, buyers should note that when import formalities are fulfilled in their name by a customs agent, nominated and instructed by the seller, they may assume a mandatory liability under customs law that cannot be avoided in the contract. Such mandatory law may override any aspect of the sale contract, including the chosen Incoterms® rule.

It is the buyer who is responsible for the customs clearance. Practically, under DAP parties often organize customs clearance as follows: the seller asks the customs agent working for the forwarding company to fill in the customs forms in the name of the buyer and will pay the customs agent (customs clearance charges) but the customs agent will charge the buyer with the taxes upon import paid in its name.

To avoid inconsistency, the seller should agree on terms and conditions in the contract of carriage with the carrier in line with the assignment of obligations of the seller and the buyer regarding customs clearance under the DAP Incoterms® rule .

Question 9 Who is responsible for stowage and cargo securing?

'Delivered at Place' means that the seller must contract for carriage (or use its own means of transportation), that it must deliver the goods to the buyer at the named place of destination and that it assumes all the costs and risks up to that moment. When applicable and not performed by the carrier, the DAP seller will therefore have to stow the goods upon departure.

Question 10 What sort of transport document should be issued by the carrier?

'Delivered at Place' means that the seller must contract for carriage (or use its own means of transportation), that it must deliver the goods to the buyer at the named place of destination and that it provide the buyer, at the seller's expense, with a document enabling the buyer to take delivery of the goods. The DAP buyer must accept this delivery document.

DELIVERED DUTY PAID

DDP (insert named place of destination)
Incoterms® 2010

Preliminary remark: 'Delivered Duty Paid' represents the maximum obligation for the seller. It means that the seller delivers the goods when the goods are placed at the disposal of the buyer, cleared for import on the arriving means of transport ready for unloading at the named place of destination. This place of destination will usually be the buyer's address but it may also be another place of destination. It is difficult to imagine a delivery 'cleared for import' in an international port or airport of destination, not unloaded from the arriving vessel or airplane.

Question 1

How are goods handed over to the carrier?

'Delivered Duty Paid' means that the seller must contract for carriage (or use its own means of transportation),[1] and that it must deliver the goods by placing them at the disposal of the buyer on the arriving means of transport ready for unloading at the named place of destination. How and at what point the goods are handed over to the carrier departing for that place of destination is of minor importance for the relationship between seller and buyer.

The seller can thus arrange for the goods to be picked up at any convenient place and in the manner that best suits its purpose as the buyer has no risk or cost until delivery of the goods at the named destination place.

Unless the manner in which the goods were delivered to the carrier precludes this, when taking the goods from the seller, the carrier will verify whether the apparent condition of the goods and/or their packaging allows for a safe journey. The carrier may also verify the apparent nature, quantity, dimensions and weight of the goods.

1 Question 22 (Seller using own means of transportation under DAT, DAP and DDP) in INCOTERMS® 2010 Q&A (Questions and expert ICC guidance on the Incoterms® 2010 rules), ICC Publication 744E, p. 78.

Question 2 When and how are goods made available to the consignee?

The seller must deliver the goods by placing them at the disposal of the buyer on the arriving means of transport ready for unloading at the agreed point, if any, at the named place of destination on the agreed date or within the agreed period.

Whenever the buyer is entitled to determine the time within an agreed period and/or the point of taking delivery at the named place (or port) of destination, it must give the seller sufficient notice thereof. The seller is advised to enter into a contract of carriage that matches this choice precisely. If a specific point at the named place of destination is not agreed or is not determined by practice, the seller may select the point of delivery at the agreed place of destination that best suits its purpose.

At that point of destination, the contract of carriage does not have to provide for unloading from the means of transport. However, if the contract of carriage includes unloading at destination; the seller is not entitled to recover the unloading costs incurred under its contract of carriage from the buyer unless otherwise agreed between the parties.

The Incoterms® rules do not stipulate exactly how the goods should be delivered beyond the distinction between 'discharged'/'not discharged'. In practical terms, where the goods are delivered while still on the arriving means of transport, they must be presented ready for immediate discharging. The buyer (or whomever the buyer has appointed to carry out the task) must be able to commence discharging without delay and without having to take other action in order to enable the discharge (such as opening hatches or doors, moving other containers stacked above the contract one etc.). The buyer must therefore have received notice that the unloading may commence. The buyer must also have received the relevant document (such as a delivery order) to enable it to claim delivery.

Upon receipt of the goods from the carrier at destination, the buyer (consignee) will verify the nature, quantity and weight of the goods as well as their condition and packaging and make any appropriate reservations when signing the transport document for receipt of the goods.[2] This verification does not equal a full conformity assessment. In case of redirection or dispatch, such assessment may be deferred until after the goods have arrived at the final destination.[3]

Transport law provides for very short notice periods for claims against the carrier for damages. With the DDP-seller assuming the risk, the buyer should have an incentive to verify the goods as soon as possible and notify the carrier for the benefit of the seller in case of transport damages. The DDP seller is well advised to oblige the buyer to give notice to the carrier within the applicable time limits, and to do this in conjunction with the notice to the seller under the contract of sale. Due to the short notice periods, the place of delivery should not be too far away from the place where the goods are unpacked in order to allow for a swift verification of the goods.

If the buyer (consignee) refuses to take the goods from the carrier, it would be in breach of Articles B4 and B8 of the DDP Incoterms® 2010 rule and the carrier should contact the seller (shipper) for further instructions. Such refusal may result in consequences such as the risk and costs passing to the buyer under the contract of sale and:

1. the carrier claiming for the charges of holding the goods and for the compensation of the damages caused by the delay;
2. a reduction of the carrier's responsibility of the care of the goods;
3. a change or even preclusion of the carrier's obligation of performance;
4. the conferral of remedies for the carrier such as deposing of goods and other remedies.

Question 3 Who shall pay the price for transport?

The carrier acts on the basis of a contract of carriage entered into with the DDP seller. Therefore, it is for the seller (usually also the consignor or shipper) to pay the price for transport to the named place of destination.

Together with the claim against the DDP seller being the contractual shipper, the carrier may, subject to its precise legal quality and the law applicable to the

2 Delays to notify damages and/or loss of goods are much more formalized in international conventions applicable to contracts of carriage than in the Convention on the International Sale of Goods (CISG).

3 Art. 38, 3 CISG

contract of carriage, have a lien and right of retention for the price of transport and additional charges due against the consignee (DDP buyer).

Question 4 What additional costs can be added to the price for transport?

Upon agreeing on a price of transportation, the DDP seller and the carrier are well advised to stipulate clearly which transport and destination costs (unloading, container deposit charge, container cleaning charges,...) are included in that transport price and which are not.

Costs that are caused by circumstances beyond the reasonable control of the carrier and contractual penalties (e.g. demurrage, detention, waiting hours,...) will not be included in that (pre)agreed price of transport.

The main rule under DDP is that the seller has to pay in addition to costs resulting from the contract of carriage, all costs up to the moment when the goods are placed at the disposal of the buyer on the arriving means of transport ready for unloading at the named destination place. Additional costs of carriage (storage, handling, detention, ...) charged by the carrier to the DDP buyer upon arrival under its right of lien or retention; have to be reimbursed by the seller.

Question 5 Is there a variable part to the price of transport (i.e. 'adjustment factors')?

Upon agreeing on a price of transportation, the DDP seller and the carrier are well advised to stipulate whether any price adjustment is permitted.

The contract of carriage may sometimes provide for a retroactive adjustment to the ordinary freight payable. These adjustments come in many different forms, such as the Bunker Adjustment Factor (BAF),[4] the Currency Adjustment Factor (CAF),[5] as well as other charges such as International Ship and Port Security (ISPS),[6] war/pirate-risk, congestion etc. Such adjustments will not be included in the price originally agreed for the transportation but will typically be calculated at the time the goods are handed to the carrier. All such transport price adjustments are to be paid by the DDP seller.

4 An additional charge levied by the carrier to compensate for fluctuations in the price of the ship's fuel. Also called bunker surcharge.

5 An additional charge levied by the carrier to compensate for fluctuations in the price of the applicable currency.

6 An additional charge for port security.

Question 6

When is the price for transport payable?

The DDP seller and the carrier must agree on the payment of freight in a manner so that the buyer can immediately receive the goods on arrival without having to pay any costs that were included in the contract of carriage. If the transportation document records the payment of freight it should be marked accordingly.

Regardless of what the transport contract provides with respect to the timing of the payment of freight, the DDP seller always has an obligation to the buyer pay the transport price (and any of the adjustments added at the time the goods are handed to the carrier, as discussed in question 5).

If the price for the transportation agreed between the seller and the carrier includes unloading or further handling after unloading, those costs must also be paid by the seller. The contract of carriage may provide for these or other additional costs to become payable upon or after arrival of the goods as agreed with the carrier.

Question 7

How are the goods to be packaged?

'Delivered Duty Paid' means that the seller must contract for carriage (or use its own means of transportation) and that it must deliver the goods by placing them at the disposal of the buyer on the arriving means of transport ready for unloading at the named place of destination. How the goods are packed for transportation when handing over the goods at departure to the carrier departing for that destination place is of minor importance for the relationship between seller and buyer.

Question 8

Is the seller or the buyer responsible for customs clearance?

When selling goods leaving for a destination outside of the customs territory, it is up to the DDP seller to carry out all customs formalities necessary not only for the export of the goods from the 'ship from place' and the transit to the named place of destination, but also for the import in the country of destination at its own risk and expense. This includes any export and transit licenses and import license or other official authorization that may be required. The buyer need only provide assistance to the seller in obtaining any documents and information, including security-related information, needed for the import of the goods.

These customs formalities refer to all the requirements to be met in order to comply with any applicable customs regulations and may include documentary, security, information or physical inspection obligations.[7] As an 'importer of record' the DDP seller may thus also be liable for import VAT,[8] excise duties, product liability, consumer safety,...

To avoid inconsistency, the seller should agree on terms and conditions in the contract of carriage with the carrier in line with the assignment of obligations of the seller and the buyer regarding customs clearance under the DDP Incoterms® rule. However, in most countries, only companies and persons that are registered within the territory are allowed to have customs formalities accomplished and import VAT paid in their name. Upon entry in the customs territory, the seller's carrier (which may be a freight forwarder) will therefore often, while acting under the instructions and at the expense of the DDP seller, be tempted to fulfill the import formalities using the name (and registrations) of the DDP buyer, mentioning the buyer as the importer on the import clearance form. Buyers should note that when import formalities are fulfilled in their name by a customs agent, nominated and instructed by the seller,[9] they may assume a mandatory liability under customs law that cannot be avoided in the contract. Such mandatory law may override any aspect of the sale contract, including the chosen Incoterms® rule.

As the named place in a DDP sale is usually situated within the country of import, it may be advisable to instruct the carrier to split up the price of transportation into 'inland' and 'international' transport costs for customs valuation purposes.

Question 9 Who is responsible for stowage and cargo securing?

'Delivered Duty Paid' means that the seller must contract for carriage (or use its own means of transportation), that it must deliver the goods to the buyer at the named place of destination and that it assumes all the costs and risks up to that moment. When applicable and not performed by the carrier, the DDP seller will therefore have to stow and secure the goods upon departure.

Question 10 What sort of transport document should be issued by the carrier?

7 'Explanation of terms used in the Incoterms® 2010 rules', Incoterms® 2010 rules, ICC Publication 715 E, p. 10.

8 Any VAT or other taxes payable upon import are for the seller's account unless expressly agreed otherwise in the sales contract. (Guidance note to DDP, Incoterms® 2010 rules, ICC Publication 715 E, p. 69.

9 Also when buying 'DDP (VAT Unpaid)'.

'Delivered Duty Paid' means that the seller must contract for carriage (or use its own means of transportation), that it must deliver the goods to the buyer at the named place of destination and that it provide the buyer, at the seller's expense, with a document enabling the buyer to take delivery of the goods. The DDP buyer must accept this delivery document.

Guidance on Incoterms® 2010 Rules for Sea and Inland Waterway Transport

FREE ALONGSIDE SHIP

FAS (insert named port of shipment) Incoterms® 2010

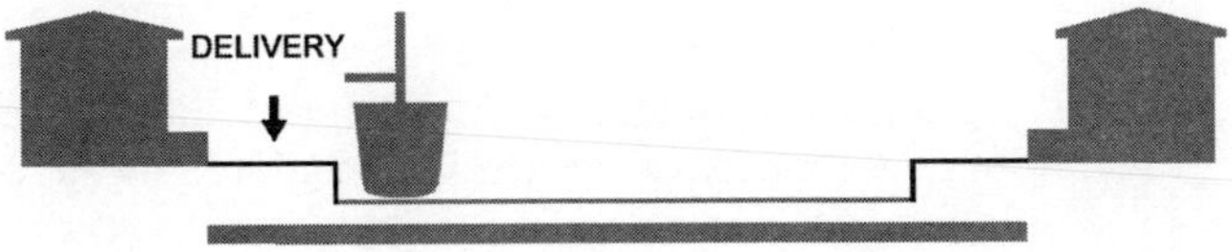

Preliminary remark: The graphic presentation of the FAS rule illustrates that the seller is to place the goods alongside the vessel (e.g., on a quay or a barge) nominated by the buyer at the named port of shipment. That named port of shipment may or may not be situated in the seller's country.

When the goods are in containers, it is typical for the seller to hand the goods over to the ocean carrier at a port terminal awaiting arrival of the vessel and not alongside the ship for immediate loading. In such situations, the FAS rule would be inappropriate, and the FCA rule should be used.

'Free Alongside Ship' thus typically caters for goods that don't 'fit into a container' such as breakbulk goods requiring special ('heavy lift') equipment to be unloaded from the means of transportation (train, special road transport, barge) arriving in the port, and to be loaded on the vessel. In such situations, it may be practical to have the goods directly unloaded from the arriving vehicle on to the vessel by the vessel (if geared) or a stevedoring company nominated by the shipping line.

Although 'Free Alongside Ship' may for certain types of trade be an appropriate delivery condition, it is rarely used.

Question 1

How are goods handed over to the carrier?

'Free Alongside Ship' means that the seller has to deliver the goods at the named port of shipment by placing them, in the manner customary at that port, alongside the vessel (e.g., on a quay or a barge) nominated by the buyer at the loading point, if any, indicated by the buyer (or by procuring the goods so delivered).

Exactly how this delivery is executed is to be interpreted in accordance with the customs of the named port of departure, if any. In absence of such port customs, delivery is completed when the goods are placed alongside the vessel, nominated by the buyer, ready for loading. If the ship is not there, delivery cannot be performed. It can take place only when the ship is berthed, moored and cleared by the relevant authorities ready to load.[1] This rule should be interpreted so that it only applies when the buyer has facilitated the placing of the goods alongside the vessel by providing proper notices. Whether or not delivery requires the goods to be unloaded from the arriving means of transportation (if any), will depend on the nature of the goods, the arriving means of transportation, the infrastructure available, etc.

If the parties have agreed that delivery should take place within a time period, the buyer has the option to choose the date of delivery within that period. The FAS buyer and the carrier should agree on the date and on the point of taking over the goods (the 'loading point') in the port of shipment. The buyer must notify the seller the name of the vessel, selected time within the period agreed for delivery when the vessel will take the goods, quay of taking delivery (loading point) within sufficient time as to enable the seller to deliver the goods along-side the arrived ship. Failing receipt of precise notice on the loading point and the selected delivery time ('preadvice'), the seller may use its discretion to select a point in the named port of shipment that best suits its purpose, and the delivery time within the agreed period.

Where the buyer has indicated the loading point but later wants to change these instructions, the seller is not obliged to cover the expenses of transferring the goods to a new loading point, provided the seller has acted in line with the buyer's first instructions and the buyer's

1 'Incoterms® 1990 QUESTION N° 17– FAS – Delivery period' in INCOTERMS® 2010 Q&A (Questions and expert ICC guidance on the Incoterms® 2010 rules), ICC Publication 744E, p. 107.

new notice has arrived too late for seller to comply without extra cost.[2]

For the purposes of the contract of sale, the carrier nominated by the buyer must take delivery of the goods on behalf of the buyer. When applicable, this may include unloading or taking over the arriving means of transportation (container).

The seller must, at the buyer's risk and expense, give the buyer sufficient notice either that the goods have been delivered in accordance with A4 or that the vessel has failed to take the goods within the time agreed.

If the buyer fails to notify the name of the vessel and the loading point, or if the vessel nominated by the buyer fails to arrive on time, or fails to take the goods, or closes for cargo earlier than the time notified, the buyer must reimburse the additional costs incurred by the seller. The buyer also bears all risks of loss of or damage to the goods from the agreed date or the expiry date of the agreed period for delivery, provided that the goods have been clearly identified as the contract goods.

Unless the manner in which the goods were delivered to it precludes this, the carrier will verify whether the apparent condition of the goods and/or their packaging allows for a safe journey. The carrier may also verify the apparent nature, quantity, dimensions and weight of the goods.

Special case when seller arranges carriage

In order to synchronize arrival of the goods and the vessel in the port, it may be practical for the FAS seller to nominate a vessel on behalf of the buyer. In this situation, when carriage has been contracted on terms that do not include loading (such as hook/hook or Free In terms), handing over the goods to the carrier may also require the seller strapping the goods to the hook or loading the goods on the vessel at the buyer's risk and expense.

Question 2 When and how are goods made available to the consignee?

The Incoterms® rules do not deal with the receipt of the goods by the buyer from a carrier that it nominated.

2 'Incoterms® 2010 QUESTION N°35 – Ship and goods on different quays under FAS' in INCOTERMS® 2010 Q&A (Questions and expert ICC guidance on the Incoterms® 2010 rules), ICC Publication 744E, p. 98.

Special case when seller arranges carriage

In the special case where the FAS seller arranges carriage on behalf of the buyer, the buyer must receive the goods from the carrier at the place of destination of the contract of carriage made on usual terms by the seller at the buyer's risk and expense.

Question 3 Who shall pay the price for transport?

The carrier acts on the basis of a contract of carriage entered into with the FAS buyer. Therefore, it is for the buyer (usually also the consignee) to pay the price for transport from the named port of shipment.

Note: in order to deliver the goods to the carrier contracted by the buyer, the seller may have to contract another carrier to transport the goods to the named port of shipment ('pre-carriage'). The costs and risks thereof up to arrival alongside the ship are for the seller.

Special case when seller arranges carriage

In the special case where the FAS seller arranges carriage on behalf of the buyer, the seller may try to instruct the carrier to collect the price for transport from the buyer. If the carrier does not consent, and the seller ends up paying the price for transport to the carrier, the seller may claim reimbursement from the buyer.

Question 4 What additional costs can be added to the price for transport?

The buyer has to pay all costs from the moment of delivery (price for transport + additional costs).

As delivery is executed alongside the ship prior to loading the vessel, the buyer is advised to instruct its carrier to organize loading the ship in the port of departure at its risk and expense and contract for a carriage including the cost of loading (Liner In).

Additional costs caused by the seller delivering the goods at a point other than the one named by the FAS buyer and/or another moment or within another period as agreed, have to be paid (or reimbursed) by the FAS seller.

Special case when seller arranges carriage

In the special case where the FAS seller has arranged carriage on behalf of the buyer, the carrier may turn to the seller should the buyer/consignee refuse to pay supplementary transport costs. The FAS seller who gives instructions to transport goods is bound by the transport agreement in spite of the fact that seller sold using the Incoterms® rule FAS. The seller may claim reimbursement from the buyer.

Question 5 Is there a variable part to the price for transport (i.e. 'adjustment factors')?

The buyer has to pay all costs from the moment of delivery alongside the ship in accordance with A4 (price for transport + additional costs).

Special case when seller arranges carriage

In the special case where the FAS seller arranges carriage on behalf of the buyer, the seller may try to instruct the carrier to collect the price for transport and any adjustments thereof from the buyer. If the carrier does not consent, the seller may claim reimbursement of any payment made from the buyer.

Question 6 When is the price for transport payable?

The contract of carriage between the FAS buyer and the carrier will normally specify when the freight is payable. The buyer and the carrier may agree that freight is payable upon departure, usually indicated by the words such as 'freight prepaid' or 'freight in advance', or upon arrival – 'freight collect' or 'freight payable at destination'. This will typically be agreed on booking, be included in the transport contract, and subsequently be restated in the transport document. It should be noted that the transport contract often contains further provisions with respect to the payment of freight.

Special case when seller arranges carriage

In the special case where the FAS seller arranges carriage on behalf of the buyer, the seller may try to instruct the carrier to collect the price for transport and any adjustments thereof from the buyer. If the carrier does not consent, the seller may have to pay for carriage at departure and claim reimbursement from the buyer.

Question 7 How are the goods to be packaged?

Unless agreed otherwise, the goods must be packaged in a manner 'appropriate for their transport'. 'Appropriate for their transport' is not equal to 'reasonable' or 'usual' but refers to a fitness for the purpose of transportation. This comprises qualities such as 'apt', 'becoming', 'befitting', 'belonging', 'right,' 'suitable', and to this purpose verifiable by the carrier.

As the FAS Incoterms® rule refers to marine transportation, the seller will need to choose a packaging 'appropriate' for transportation by sea.

Note that, when correctly used, the marine Incoterms® rules are often used for 'the type of goods sold unpackaged'. The indication on the transport document 'unpacked' does therefore not automatically mean that the goods have not been 'appropriately' packed for their transport. It may be 'usual for the particular trade to transport the type of goods sold unpackaged' (some agricultural goods, mineral products, breakbulk, ...).

Question 8 Is the seller or the buyer responsible for customs clearance?

When selling goods leaving for a destination outside of the customs territory, it is up to the FAS seller to carry out all customs formalities necessary for the export of the goods from the named port of delivery/departure at its own risk and expense. This includesany export license or other official authorization that may be required. departure from the named port of delivery (transit, import) are to be carried out by the buyer at its own risk and expense.

The named place of delivery (alongside the ship on the quay, possibly still on a truck, on a barge,...) may in an FAS sale still be situated within the country of export. The goods may, from an administrative point of view, be delivered to the buyer prior to materially passing the customs border. At that moment, all the information regarding the export of the goods the seller may need for, e.g., taxation or reporting purposes, may not yet be available and all the customs formalities may not yet have been completed.

The buyer must provide the FAS seller, at the seller's request, risk and expense, assistance in obtaining any additional information required to carry out the export formalities[3] and/or in completing the export procedure[4] and may have to instruct its carrier accordingly.

To avoid inconsistency, the instructions to the carrier, customs broker or freight forwarder should be in line with the assignment of obligations of the seller and the buyer regarding customs clearance under the FAS Incoterms® rule.

Question 9 Who is responsible for stowage and cargo securing?

The obligation of the FAS seller to hand over the goods to the carrier, nominated by the buyer, is executed upon

3 The seller may have to apply for the export licence, but the buyer must give the seller e.g. an end user certificate (dual use goods, waste,...).

4 E.g. return the proof of export for VAT exemption purposes.

arrival alongside the ship in the port of departure, not loaded. The buyer should therefore, when contracting for carriage, instruct the carrier to include stowage, cargo securing and any other aspect of loading the goods on the ship (transshipment from the arriving vehicle onto the ship, dunnaging, trimming, ...) in the transport contract.

Question 10 What sort of transport document should be issued by the carrier?

In FAS sales the seller must provide the buyer, at the seller's expense, with the usual proof that the goods have been placed alongside the ship nominated by the buyer at the loading point, if any, indicated by the buyer at the named port of shipment (or by procuring the goods so delivered).

This may be an issue when goods are to be delivered 'alongside' the ship, possibly not yet unloaded from the arriving barge, truck or train. The seller is advised to instruct the FAS buyer[5] to stipulate, when contracting for carriage, the party that must provide an acknowledgment of receipt to the seller. This may however be complicated as the goods are delivered prior to loading the ship nominated by the buyer and are often not yet unloaded from the arriving means of transportation of the seller. This difficulty may explain the limited use of the FAS Incoterms® rule in transactions between unrelated parties and in operations financed by letters of credit.

Transport document

Most international conventions for transport by sea and inland waterways require the carrier to deliver a specific transport document in respect of cargo received for carriage. This transport document serves as proof that goods have been taken into the custody of the carrier and as the place to note any reservations about the goods. In other situations, the transport document might be used in a way that only the holder of the transport document is entitled to claim the goods (such as with a negotiable Bill of Lading).

As the FAS seller is not a party to the contract of carriage and does not load the ship, the carrier is, in principle, under no obligation to deliver a transport document to the FAS seller. Practice may vary in this respect. Nevertheless, the seller has an obligation to

5 Under Article B8 of the FAS Incoterms® rule the buyer must accept the proof of delivery but has no active obligation to provide the seller with a proof of receipt of the goods by its carrier.

assist the buyer in obtaining a transport document if the buyer so requests.

If the buyer asks the carrier to arrange for customs documents (invoices, packing lists, certificates of origin,...) the carrier is not obliged to do so. Whenever the carrier accepts this request, particular attention should be paid to these documents which are very much formalized, in particular to the mode of transport, the goods, the applicable law and regulations and the status of the transport buyer and the carrier.

FREE ON BOARD

FOB (insert named port of shipment) Incoterms® 2010

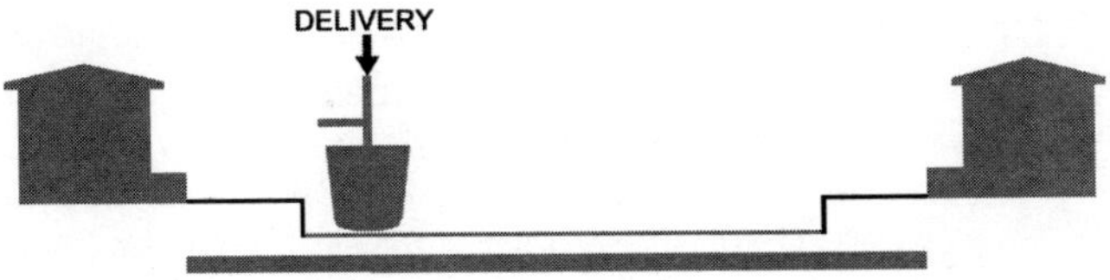

Preliminary remark: 'Free on Board' means that the seller is to deliver the goods on board the vessel nominated by the buyer at the named port of shipment (or to procure goods already so delivered). The named port of shipment may or may not be situated in the seller's country.

The use of 'Free On Board' may be appropriate for goods that don't 'fit into a container' such as bulk goods that are loaded/pumped/... directly on the ship from the seller's means of transport or facilities in the port of departure. However, when the goods are in containers, it is common for the seller to hand the goods over at a port terminal, where the goods are stored awaiting arrival and loading of the vessel, rather than actually placing them on board a ship. That terminal will often be nominated by the buyer's ocean carrier. In such situations, the FOB rule would be inappropriate, and the FCA rule should be used.

'Free On Board' may not be an appropriate delivery condition, as it often contradicts logistical reality. Further, a seller should act cautiously when agreeing to load a ship with which it has no contractual relationship. Despite this, FOB remains a popular Incoterms® rule because when placing goods 'on board' the ship:

1. the seller brings the goods physically outside the customs territory as the ship's rail is often qualified to be the 'imaginary customs border'. This may facilitate some administrative formalities (customs valuation, VAT exemption, ...);

   delivery may be executed against a (negotiable) B/L as opposed to the receipt document that is issued upon arrival in terminal.[1]

1 See Question 12. What sort of transport document should be issued by the carrier for the execution of a transport?

An on board B/L will often be the required document of delivery when payment is executed under a documentary credit[2] or documentary collection.

Question 1

How are goods handed over to the carrier?

'Free On Board' means that the seller has to deliver the goods at the named port of shipment by placing them on board the vessel nominated by the buyer at the loading point, if any, indicated by the buyer (or by procuring the goods so delivered).

Exactly how this delivery is executed is to be interpreted in accordance with the customs of the named port of departure, if any. Such port customs may vary widely. For example, in some ports, goods are considered 'on board' for delivery purposes when they are under ship's tackle. Further, the nature of the cargo (liquids, gaseous products, bulk, conventional shipments, ...) and the type of vessel frequently dictate how loading is accomplished.

In the absence of customs of the port or other relevant consideration such as practice between the parties, the default position is that goods may be considered to be delivered on board the vessel when first at rest on deck. All operations thereafter (stowing, trimming, securing, ...) are at the risk and expense of the buyer.[3] If goods are dropped during loading and land on deck causing damage, this would be considered to be still at the risk of the seller, since placing goods on board does not contemplate a process that results in damage. However, if the goods were considered to be already 'on board' when under ship's tackle, the risk would be with the buyer.[4]

If the parties have agreed that delivery should take place within a time period, the buyer has the option to choose

2 Art. A18a) ISBP 745, ICC Publication n° 745E, 2013 edition, p. 21: 'Documents commonly used in relation to the transportation of goods, such as but not limited to, Delivery Note, Delivery Order, Cargo Receipt, Forwarder's Certificate of Receipt, Forwarder's Certificate of Shipment, Forwarder's Certificate of Transport, Forwarder's Cargo Receipt and Mate's Receipt are not transport documents as defined in UCP 600 articles 19-25. These documents are to be examined only to the extent expressly stated in the credit, otherwise according to UCP 600 sub-article 14 (f).

3 *Stowing and trimming are operations that must be performed upon bulk commodities after they are loaded into a ship's holds. The FOB seller is generally not responsible for stowing or trimming, and it is for this reason that buyers in some cases seek to explicitly bind the seller by adding the following formulation to the Incoterms® rule: 'FOB stowed and trimmed'* (INCOTERMS® 2010 Q&A (Questions and expert ICC guidance on the Incoterms® 2010 rules), ICC Publication 744E, p. 40)

4 'Incoterms® 2010 QUESTION N°37 – What does 'on board' mean in FOB, CFR and CIF? and N°42 – Loading a ship under FOB, CFR and CIF in INCOTERMS® 2010 Q&A (Questions and expert ICC guidance on the Incoterms® 2010 rules), ICC Publication 744E, p. 100.

the date of delivery within that period. The FOB buyer and the carrier should agree on the date and on the point of taking over the goods (the 'loading point') in the port of shipment and note that in the transport document. The buyer must notify the seller the name of the vessel, selected time within the period agreed for delivery when the vessel will take the goods, quay of taking delivery (loading point) within sufficient time as to enable the seller to deliver the goods on board the ship. Failing receipt of precise notice on the loading point and the selected delivery time ('preadvice'), the seller may use its discretion to select a point in the named port of shipment that best suits its purpose, and the delivery time within the agreed period.

Where the buyer has indicated the loading point but later wants to change these instructions, the seller is not obliged to cover the expenses of transferring the goods to a new loading point, provided the seller has acted in line with the buyer's first instructions and the buyer's new notice has arrived too late for seller to comply without extra cost.

The carrier nominated by the buyer must then take delivery of the goods on behalf of the buyer.

The seller must, at the buyer's risk and expense, give the buyer sufficient notice either that the goods have been delivered in accordance with A4 or that the vessel has failed to take the goods within the time agreed.

If the buyer fails to notify the name of the vessel and the loading point, or if the vessel nominated by the buyer fails to arrive on time, or fails to take the goods, or closes for cargo earlier than the time notified, the buyer must reimburse the additional costs incurred by the seller. The buyer also bears all risks of loss of or damage to the goods from the agreed date or the expiry date of the agreed period for delivery, provided that the goods have been clearly identified as the contract goods.[5]

Unless the manner in which the goods were delivered to it precludes this, the carrier will verify whether the apparent condition of the goods and/or their packaging allows for a safe journey. The carrier may also verify the apparent nature, quantity, dimensions and weight of the goods. When the seller delivers goods already stuffed into a container, the carrier will not be in a position to do so, and the transport document will contain such

5 Incoterms® 2010 QUESTION N°44– Risk and port charges under FOB in INCOTERMS® 2010 Q&A (Questions and expert ICC guidance on the Incoterms® 2010 rules), ICC Publication 744E, p. 105.

reservations as 'shipper's stow load and count', 'said to contain' and/or 'sealed by shipper'.

Special case when seller arranges carriage

In order to synchronize arrival of the goods and the vessel in the port and/or warrant timely arrival of the ship for L/C purposes, it may be practical for the FOB seller to nominate a vessel on behalf of the buyer. In this situation, when carriage has been contracted on terms that do not include stowing and trimming within the ship (such as FIO LSD[6] terms), handing over the goods to the carrier may also require the seller to stow and trim at the buyer's risk and expense.

Question 2 When and how are goods made available to the consignee?

The Incoterms® rules do not deal with the receipt of the goods by the buyer from a carrier that it nominated.

Special case when seller arranges carriage

In the special case where the FOB seller arranges carriage on behalf of the buyer, the buyer must receive the goods from the carrier at the place of destination of the contract of carriage made on usual terms by the seller at the buyer's risk and expense.

Question 3 Who shall pay the price for transport?

The carrier acts on the basis of a contract of carriage entered into with the FOB buyer. Therefore, it is for the buyer (usually also the consignee) to pay the price for transport from the named port of shipment.

Note: in order to deliver the goods on board the ship contracted by the buyer, the seller may have to contract another carrier to transport the goods to the named port of shipment ('pre-carriage'). The costs and risks thereof are for the seller. Sellers are advised that such transport to the port will often not include unloading from the arriving means of transportation, port handling and loading of the ship. Unless port customs provide differently, all the cost and risks thereof are for the FOB seller.

Special case when seller arranges carriage

In the special case where the FOB seller arranges carriage on behalf of the buyer, the seller may try to instruct the carrier to collect the price for transport from the buyer. If the carrier does not consent and the seller ends up paying the price for transport to the carrier, the seller may claim reimbursement from the buyer.

6 Free In and Out, Lashing, Securing and Dunnaging.

When a party is named as the shipper on the bill of lading, it will often be presumed to be the contracting party to the contract of carriage and thus the debtor of the price for transport and all its adjustments and supplements. A party that is named as (material/documentary) shipper solely for the fact of having handed over the goods to the carrier without having contracted for carriage might find it useful to decline any characterization as contracting party to the contract of carriage upon receipt of the bill of lading.

Question 4 What additional costs can be added to the price for transport?

The buyer has to pay all costs from the moment of delivery (price for transport + additional costs).

FOB-buyers are advised that marine carriers, when offering a price for transport, often also use the abbreviation 'f.o.b.', which is a shipping term being part of the contract of carriage. Their offer will however not automatically correspond to the cost and risk splitting operated under the Incoterms® rules but will be subject to the conditions applied by the marine carrier[7] that may include in its f.o.b.-price for transport

- transit from the port terminal to the ship (in full liner terms)
- loading (in liner in)
- loading after attachment to the ship's tackle (in 'hook')
- handling after arrival on board (in 'free in')
- only sailing (in 'free in LSD')

As delivery is, subject to port customs, executed upon placing the goods on board the ship, it would be sufficient for the buyer to contract for carriage on 'free In' terms. However, the contract of carriage should always include an obligation for the carrier to ensure proper stowage and securing of the goods after loading. The buyer should typically be liable for demurrage costs incurred at the port of loading, either directly to the carrier or through the contract of sale.

Additional costs caused by the seller delivering the goods at a point other than the one named by the FOB buyer and/or another moment or within another period as agreed, have to be paid (or reimbursed) by the FOB seller.

7 'What is the difference between FOB in a sales contract and FOB in a bill of lading?' in INCOTERMS® 2010 Q&A (Questions and expert ICC guidance on the Incoterms® 2010 rules), ICC Publication 744E, p. 41. It should be recalled that shipping terms have not been internationally harmonized.

Special case when seller arranges carriage

In the special case where the FOB seller has arranged carriage on behalf of the buyer, the carrier may turn to the seller should the buyer/consignee refuse to pay supplementary transport costs. The FOB seller who gives instructions to transport goods is bound by the transport agreement in spite of the fact that seller sold using the Incoterms® rule FOB. The seller may claim reimbursement from the buyer.

Question 5 Is there a variable part to the price for transport ('adjustment factors')?

The buyer has to pay all costs from the moment of delivery on board the ship in accordance with A4 (price for transport + additional costs).

Special case when seller arranges carriage

In the special case where the FOB seller arranges carriage on behalf of the buyer, the seller may try to instruct the carrier to collect the price for transport and any adjustments thereof from the buyer. If the carrier does not consent, the seller may claim reimbursement of any payment made from the buyer.

Question 6 When is the price for transport payable?

The contract of carriage between the FOB buyer and the carrier will normally specify when the freight is payable. The buyer and the carrier may agree that freight is payable upon departure, usually indicated by the words 'freight prepaid' or 'freight in advance', or upon arrival – 'freight collect' or 'freight payable at destination'. This will typically be agreed on booking, be included in the transport contract and subsequently be restated in the transport document. It should be noted that the transport contract often contains further provisions with respect to the payment of freight.

Special case when seller arranges carriage

In the special case where the FOB seller arranges carriage on behalf of the buyer, the seller may try to instruct the carrier to collect the price for transport and any adjustments thereof from the buyer. If the carrier does not consent, the seller may have to pay for carriage at departure and claim reimbursement from the buyer.

Question 7 How are the goods to be packaged?

Unless agreed otherwise, the goods must be packaged in a manner '*appropriate for their transport*'. '*Appropriate for their transport*' is not equal to 'reasonable' or 'usual' but refers to a fitness for the purpose of transportation. This comprises qualities such as 'apt', 'becoming', 'befitting', 'belonging', 'right', 'suitable', and to this purpose verifiable by the carrier.

As the FOB Incoterms® rule refers to marine transportation, the seller will need to choose a packaging 'appropriate' for transportation by sea.

Note that, when correctly used, the marine Incoterms® rules are often used for '*the type of goods sold unpackaged*'. The indication on the transport document 'unpacked' does therefore not automatically mean that the goods have not been 'appropriately' packed for their transport. It may be '*usual for the particular trade to transport the type of goods sold unpackaged*' (some agricultural goods, mineral products, breakbulk, ...).

Question 8 Is the seller or the buyer responsible for customs clearance?

When selling goods leaving for a destination outside of the customs territory, it is up to the FOB seller to carry out all customs formalities necessary for the transport (transit) to and the export of the goods from the named port of delivery/departure at its own risk and expense. This includes any export license or other official authorization that may be required. Customs formalities after departure from the named port of delivery (transit, import) are to be carried out by the buyer at its own risk and expense.

A delivery 'on board' the ship from an administrative point of view often equals a delivery beyond the customs territory. At that moment, all the information regarding the export of the goods the seller may need for, e.g., taxation or reporting purposes, should be available and all the customs formalities should have been completed.

The buyer must provide the FOB seller, at the seller's request, risk and expense, assistance in obtaining any additional information[8] the seller might need to accomplish export formalities and may have to instruct its carrier accordingly.

To avoid inconsistency, the instructions to the carrier, customs broker or freight forwarder should be in line with the assignment of obligations of the seller and the buyer regarding customs clearance under the FOB Incoterms® rule.

8 The seller may have to apply for the export licence, but the buyer must give the seller e.g. an end user certificate (dual use goods, waste, CITES, ..).

Question 9 Who is responsible for stowage and cargo securing?

In the absence of customs of the port or other relevant consideration such as practice between the parties, the default position is that goods may be considered to be delivered on board the vessel when at the first point of rest on the vessel. All operations thereafter (stowing, trimming, securing, ...) are at the risk and expense of the buyer. The buyer should therefore, when contracting for carriage, instruct the carrier to include stowage, cargo securing and any other aspect of loading the goods on the ship in the transport contract.

If parties agree on a variant in their contract of sale by adding 'stowed, secured, trimmed', then the costs for the buyer would most likely be understood to begin only when the goods were safely stowed/secured/trimmed as set out in the contract. Passage of risk would likewise be delayed. Under any variant of an Incoterms® rule, parties are strongly encouraged to make their intent clear in their contract of sale[9] in order to be sure about allocation of costs and risks.

The unwritten rationale of Article A9 of each of the Incoterms® 2010 rules — that the buyer can impose reasonable requirements on the safe packaging of the goods — could lead to the conclusion that such a requirement can validly be made under the applicable sales law.[10]

Question 10 What sort of transport document should be issued by the carrier?

In FOB sales the seller must provide the buyer, at the seller's expense, with the usual proof that the goods have been placed on board of the ship nominated by the buyer at the named port of shipment (or have been procured so delivered) in the manner customary at that port. The buyer is to accept this proof of delivery. This proof may or may not be the actual transport document. This is because under FOB, the normal situation is that the buyer contracts for carriage, and the transport document is issued to the buyer.[11] In such situation, the

9 Incoterms® 2010 QUESTION N°38 – Risk transfer in 'free in stowed and secured' under FOB, CFR and CIF in INCOTERMS® 2010 Q&A (Questions and expert ICC guidance on the Incoterms® 2010 rules), ICC Publication 744E, p. 100.

10 Incoterms® 2010 QUESTION N°40 – Packaging, containers and break bulk under FOB in INCOTERMS® 2010 Q&A (Questions and expert ICC guidance on the Incoterms® 2010 rules), ICC Publication 744E, p. 101.

11 Incoterms® 2010 QUESTION N°15 – 'Usual proof of delivery' v. 'usual transport document' in FCA, FAS and FOB in INCOTERMS® 2010 Q&A (Questions and expert ICC guidance on the Incoterms® 2010 rules), ICC Publication 744E, p. 58.

seller is obligated only to assist the buyer in obtaining a transport document, if the buyer so requests.

The seller is advised to instruct the FOB buyer[12] to stipulate, when contracting for carriage, that the carrier must provide an acknowledgment of receipt (e.g. a mate's receipt) to the seller.

Transport document

Most international conventions for transport by sea and inland waterways require the carrier to deliver a specific transport document in respect of cargo received for carriage. This transport document serves as proof that goods have been taken into the custody of the carrier and as the place to note any reservations about to the goods. In other situations, the transport document might be used in a way that only the holder of the transport document is entitled to claim the goods (such as with a negotiable Bill of Lading).

As a general principle, it is accepted that the person who is the holder of the mate's receipt or who is named as the (material/documentary) shipper on the bill of lading is usually entitled to obtain the bill of lading from the carrier. Where the bill of lading however names the FOB buyer as the shipper, or the seller has no interest to obtain the bill of lading, it might not be entitled to obtain the bill of lading without the consent of the FOB buyer.

Where the FOB seller arranges carriage on the buyer's behalf in accordance with the special provision in A3a) of the FOB Incoterms® rule, the FOB seller is a contracting party to the contract of carriage and would be entitled to obtain the bill of lading from the carrier.[13]

If the buyer asks the carrier to arrange for customs documents (invoices, packing lists, certificates of origin,...) the carrier is not obliged to do so. Whenever the carrier accepts this request, particular attention should be paid to these documents which are very much formalized, in particular to the mode of transport, the goods, the applicable law and regulations and the status of the transport buyer and the carrier.

12 Under Article B8 of the FOB Incoterms® rule the buyer must accept the proof of delivery but has no active obligation to provide the seller with a proof of receipt of the goods by its carrier.

13 Incoterms® 2010 QUESTION N°41 – Proof of delivery, bill of lading, under FOB, in INCOTERMS® 2010 Q&A (Questions and expert ICC guidance on the Incoterms® 2010 rules), ICC Publication 744E, p. 102.

COST AND FREIGHT

CFR (insert named port of destination) Incoterms® 2010

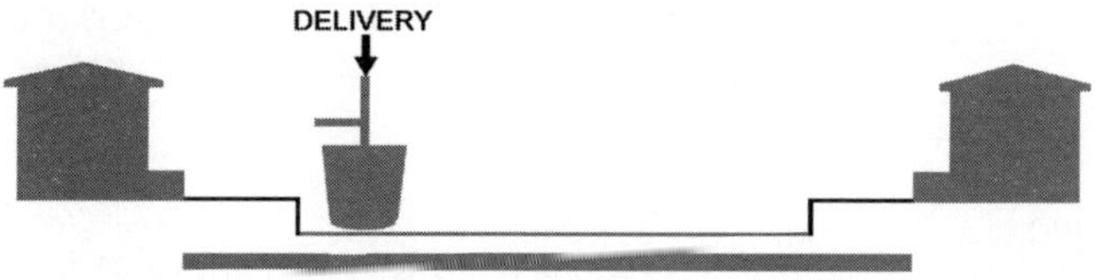

Preliminary remark: 'Cost and Freight' means that the seller is to deliver the goods on board a vessel it has nominated for shipment to the named port of destination/discharge (or to procure goods already so delivered). The port of delivery is not the named port but may be any agreed port of departure to the named port of destination. It may or may not be situated in the seller's country.

CFR has two critical points, because risk passes and costs are transferred at different places. While the contract will always specify a destination port ('ship to'), it might not specify the port of shipment ('ship from'), which is where risk passes to the buyer. If the shipment port is of particular interest to the buyer, the buyer is well advised to identify it as precisely as possible in the contract.

The use of 'Cost and Freight' may be appropriate for goods that don't 'fit into a container' such as bulk and breakbulk goods that are loaded directly on the ship from the seller's means of transport or facilities in the port of departure and that are directly received by the buyer from the ship in the port of destination. However, when the goods are in containers, it is common for the seller to hand the goods over at a port terminal, where the goods are stored awaiting arrival and loading of the vessel, rather than actually placing them on board a ship; and for the buyer to collect the goods at a terminal in the port of destination. That terminal will often be nominated by the seller's ocean carrier. In such situations, the CFR rule would be inappropriate, and the CPT rule should be used.

'Cost and Freight' may not be an appropriate delivery condition as it often contradicts logistical reality, thus creating uncertainty in case of dispute. Despite this, CFR remains a popular Incoterms® rule because:

1. the seller brings the goods physically outside the customs territory and outside the jurisdiction of the country of export, as the ship's rail is often qualified to be the 'imaginary customs border'. This may limit

the buyer's risk to a certain degree if no precise place of delivery/departure have been agreed upon;

2. delivery is to be executed against a port-to-port transport document that may well qualify as a (negotiable) B/L as opposed to an multimodal transport document that is issued at an inland place of delivery for carriage to an inland place of destination. A (negotiable) transport document will often be a preferable document of delivery when payment is executed under a documentary credit or documentary collection; or

3. the buyer receives the goods upon arrival at its customs territory, liberating the seller from any involvement with the goods after arrival in the jurisdiction of the country of import.The transaction price will (more or less) match the value of the goods upon arrival at the customs border of the country of destination (customs value) for many countries.

Question 1

How are goods handed over to the carrier?

'Cost and Freight' means that the seller must contract for carriage from the agreed port of shipment (if any such port is agreed between the parties) to the named port of destination. It must deliver the goods to its carrier in that port of shipment by placing them on board the vessel (or by procuring goods so delivered). Unless the seller and buyer have agreed on a specific port of departure ('ship from') where the goods are to be delivered, the seller may choose the port of delivery/shipment that best suits its purpose.

Exactly how delivery is executed is to interpreted in accordance with the customs of the port of departure, if any. Such port customs may vary widely. For example, in some ports, goods are considered 'on board' for delivery purposes when they are under ship's tackle. Further, the nature of the cargo (liquids, gaseous products, bulk, conventional shipments, ...) and the type of vessel frequently dictate how loading is accomplished.

In the absence of customs of the port or other relevant consideration such as practice between the parties, the default position is that goods may be considered to be delivered 'on board' the vessel when they have passed into the carrier's custody for transportation, as evidenced by a transport document to the named port of destination, executed by the seller's carrier. For the purposes of passage of risk, the goods are considered delivered at the first point of rest on the vessel. Depending on the transport contract, the nature of the goods, the infrastructure available etc., delivery 'on board' may however require different specific actions (placing on board, stowing, trimming, lashing, securing, ...).

If the parties have agreed that shipment (departure) should take place within an agreed time period, the CFR buyer has the option to choose the date of delivery within that period. The buyer must notify the seller thereof in a timely manner. Whenever the buyer is entitled to determine the point of receiving the goods (quay, ...) at the named port of destination, it must also give the seller sufficient notice thereof. If the buyer fails to give such notice, it bears all risks of loss of or damage to the goods from the agreed date or the expiry date of the agreed period for shipment, provided that the goods have been clearly identified as the contract goods.

The CFR seller and its carrier should agree on the date, on the point of taking over the goods (the 'loading point') in the port of shipment and on the point of arrival in the named port of destination, and note these in the transport document.

Unless the manner in which the goods were delivered to it precludes this, the carrier will verify whether the apparent condition of the goods and/or their packaging allows for a safe journey. The carrier may also verify the apparent nature, quantity, dimensions and weight of the goods. When the seller delivers goods to the carrier already stuffed into a container, the carrier will not be in a position to do so and the transport document will contain such reservations as 'shipper's stow load and count', 'said to contain' and/or 'sealed by shipper'.

Question 2 When and how are goods made available to the consignee?

Under the CFR Incoterms® 2010 rule, the named port is the destination of the contract of carriage the seller has to make and the place where the buyer must receive the goods from the carrier.

The parties are well advised to identify as precisely as possible the point within that agreed port of destination where the carrier is to present the goods to the buyer. Whenever the buyer is entitled to determine the point of receiving the goods within the named port of destination, it must give the seller sufficient notice thereof. If a specific point at the named port of destination is not agreed or is not determined by practice, the seller may select the point at the named port of destination that best suits its purpose and instruct its carrier accordingly.

The seller must notify the buyer that the goods have been delivered to the carrier in the port of departure (name of the vessel, time of departure, estimated time of arrival, ...). The seller must also give the buyer any notice needed in order to allow the buyer to take measures that are normally necessary to enable the buyer to take the goods.

The buyer must receive the goods from the carrier at the named port of destination. Depending on the transport contract, the nature of the goods, the infrastructure available etc., this reception from to the carrier may require the buyer to discharge the vessel.

The CFR Incoterms® rule allocates to the seller only such costs of discharging that are part of the contract of carriage and thus included in the price of transport. The buyer must pay all other unloading costs. The risk of unloading will be for the buyer,[1] regardless whether discharging is part of the contract of carriage or not.

Bulk goods may be delivered 'free out', i.e. to be presented for unloading still in the cargo holds, with unloading to be paid for and handled by the buyer. Breakbulk goods will often be presented 'Hook', with unstrapping to be paid for and handled by the buyer. Generally speaking, it is reasonable to expect that containerized goods should be unloaded from the ocean vessel at the port of unloading and be delivered to the container yard at the seller's expense,

Upon receipt of the goods from the carrier at the port of destination, the buyer (consignee) will verify the nature, quantity and weight of the goods as well as their apparent condition and packaging and make the appropriate reservations when signing the transport document for receipt of the goods. Such verification does not equal a full conformity assessment. In case of redirection or redispatch, such assessment may be deferred until after the goods have arrived at the final destination.[2]

Question 3 Who shall pay the price for transport?

The carrier acts on the basis of a contract of carriage entered into with the CFR seller. Therefore, it is for the seller (usually also the consignor or shipper) to pay the price for transport to the named port of destination.

Together with the claim against the CFR seller being the contractual shipper, the carrier may, subject to its

1 When discharging is part of the contract of carriage, the carrier's liability (and its limitations) will normally also apply as regards the risk of damage to and loss of the goods during discharge.

2 Art. 38, 3 CISG

precise legal quality and the law applicable to the contract of carriage, have a lien or a right of retention for the price of transport and additional charges due against the consignee (CFR buyer).

Question 4 What additional costs can be added to the price for transport?

Upon agreeing on a price of transportation, the CFR seller and the carrier are well advised to stipulate clearly which transport costs (loading, stuffing, trimming, strapping, dunnaging, discharging, security warnings, port duties, documents, ...) are included in that transport price and which are not.

CFR-sellers are advised that marine carriers, when offering a price for transport, often also use the abbreviation 'c.f.r.' as a shipping term being part of the contract of carriage. Their offer will however not automatically correspond to the cost and risk splitting operated under the Incoterms® rules but will be subject to the conditions applied by the shipping line that may include in its c.f.r.-price for transport:

- transit in the port of unloading from the ship to the port terminal (in *full liner terms*)
- unloading (in *liner out*)
- unloading until under ship's tackle, still attached to the 'hook' (in '*hook*')
- exclusive of unloading (in '*free out*')

As the CFR Incoterms® rule allocates to the seller only such costs of discharging that are part of the contract of carriage and thus included in the price of transport,[3] it would be sufficient for the seller to contract for carriage on 'free out' terms. The buyer must pay all other unloading costs.

The main rule under CFR is that the seller must contract on 'usual terms' at its own expense for the carriage of the goods to the named port of destination. What 'usual terms' are may vary, but it is currently well established that only such additional costs ('surcharges') that are unforeseen, such as those arising from stranding, collision, strikes, governmental commands, or bad weather conditions are not included. Theseare at the expense of the CFR buyer.[4]

3 'for the seller's account under the contract of carriage'
4 Buyers are advised to include these additional costs when calculating the customs value (when applicable).

Outside such clear cases, it is sometimes difficult to verify which costs are in accordance with usual transport terms. For instance, is the carrier entitled to charge the consignee for notification of arrival, for issuing paper documents instead of digital messages, ...? When only unforeseen costs fall on the buyer, the question moreover arises by whom such costs are unforeseen: the seller, the carrier or the buyer?

It can be generally stated that the price of transport (freight prepaid by the seller) should include all ordinary transport costs until the port of destination. This includesthe costs of handling, storage, and transshipment, as well any charges made by port authorities during the transportation. The seller is obliged to contract for carriage by a usual route in a means of transportation of the type normally used for the type of goods sold. As much as it is evident that this means of transportation must be fit to carry the goods to the destination safely, the seller must contract with a carrier who is capable of anticipating ordinary cost items during the transportation and including them in the prepaid freight. Currency and bunkering adjustments valid at the moment of departure[5] are to be included in the freight at the expense of the CFR seller.

Parties are well advised to specify in the contract of sale what specific additional costs will be borne by the seller and what costs by the buyer. The CFR seller should instruct its carrier accordingly to avoid dispute.

Buyers should take particular care when using the C family of rules - see the opening section of this CFR entry.

Question 5 Is there a variable part to the price for transport (i.e. 'adjustment factors')?

Upon agreeing on a price of transportation, the CFR seller and the carrier are well advised to stipulate whether any price adjustment is permitted.

The contract of carriage may sometimes provide for a retroactive adjustment to the ordinary freight payable. These adjustments come in many different forms, such as the Bunker Adjustment Factor (BAF),[6] the Currency Adjustment Factor (CAF)[7] as well as other charges such

5 VATOS - 'Valid at time of shipment'

6 An additional charge levied by the carrier to compensate for fluctuations in the price of the ship's fuel. Also called bunker surcharge.

7 An additional charge levied by the carrier to compensate for fluctuations in the price of the applicable currency.

as International Ship and Port Security (ISPS),[8] war/pirate-risk, congestion, etc. Such adjustments will not be included in the price originally agreed for the transportation but will typically be calculated at the time the goods are handed to the carrier. All such transport price adjustments are to be paid by the CFR seller.

Question 6 When is the price for transport payable?

The CFR seller and the carrier must agree on the payment of freight in a manner so that the buyer can immediately receive the goods on arrival without having to pay any costs that were included in the contract of carriage. If the transportation document records the payment of freight it should be marked accordingly.

Regardless of what the transport contract provides with respect to the timing of the payment of freight, the CFR seller always has an obligation to the buyer pay the transport price (and any of the adjustments added at the time the goods are handed to the carrier, as discussed in question 5).

If the price for the transportation agreed between the seller and the carrier includes unloading or further handling after unloading, those costs must also be paid by the seller. The contract of carriage may provide for these or other additional costs to become payable upon or after arrival of the goods as agreed with the carrier

Question 7 How are the goods to be packaged?

Unless agreed otherwise, as the goods travel at the risk of the buyer. The goods must be packaged in a manner '*appropriate for their transport*'. '*Appropriate for their transport*' is not equal to 'reasonable' or 'usual' but refers to a fitness for the purpose of transportation, in case of CFR by sea or inland waterways. This comprises qualities such as 'apt', 'becoming', 'befitting', 'belonging', 'right', 'suitable', and to this purpose, verifiable by the carrier.

The indication on the transport document 'unpacked' does not automatically mean that the goods have not been 'appropriately' packed for their transport. It may be '*usual for the particular trade to transport the type of goods sold unpackaged*' (some agricultural goods, mineral products, breakbulk, ...).

8 An additional charge for port security.

Question 8 Is the seller or the buyer responsible for customs clearance?

When selling goods leaving for a destination outside of the customs territory, it is up to the seller to carry out all customs formalities necessary for the export of the goods from the port of delivery ('ship from port)[9] at its own risk and expense. This includes any export license or other official authorization that may be required.

Transit formalities after departure from the port of shipment that are not included in the contract of carriage are to be executed at the buyer's risk and expense. The buyer will also have to carry out all customs clearance for the import of the goods at the named port of destination.

The parties must provide each other assistance in obtaining any documents and information, including security-related information, needed for the export, transport and import of the goods.

A delivery 'on board' the ship from an administrative point of view often equals a delivery outside the customs territory. As the seller includes the cost of transportation up to the port of arrival in the country of destination/import in its selling price, the transaction price should also more or less equal the (customs) value of the goods upon arrival in the customs territory of the country of destination for many countries.

To avoid inconsistency, the seller should agree on terms and conditions in the contract of carriage with the carrier in line with the assignment of obligations of the seller and the buyer regarding customs clearance under the CFR Incoterms® rule.

Question 9 Who is responsible for stowage and cargo securing?

The Incoterms® 2010 rules do not deal with the parties' obligations for stowage and cargo securing and therefore, whenever relevant, the parties are advised to deal with this in the sale contract.

Whether the obligation of the CFR seller to hand over the goods to its carrier includes a liability regarding actually loading the goods and whether this 'loading' includes stowage and cargo securing, will depend on the customs of the port of shipment, the transport contract and the nature of the goods (see Question 1. How are goods handed over to the carrier?).

9 As well as transit formalities to the port of departure/delivery if any.

Question 10 What sort of transport document should be issued by the carrier?

The CFR Incoterms® 2010 rule stipulates that the seller must provide the buyer, at its own expense, with the usual transport document[s] for transport contracted to the named port of destination. This transport document must cover the contract goods and be dated within the period agreed for shipment. The document must also enable the buyer to claim the goods from the carrier at the named port of destination and, unless otherwise agreed, enable the buyer to sell the goods in transit by the transfer of the document to a subsequent buyer or by notification to the carrier. When such a transport document is issued in negotiable form and in several originals, a full set of originals must be presented to the buyer.

The carriage contracted by the CFR seller should cover the entire transport under a single contract, from the selected port of shipment all the way until the goods are presented to the buyer at the named port of destination.

Most international conventions for transport by sea and inland waterways require the carrier to deliver a specific transport document in respect of cargo received for carriage. This transport document serves as proof that goods have been taken into the custody of the carrier and as the place to note any reservations about the goods. In other cases, the transport document might be used in a way that only the holder of the transport document is entitled to claim the goods (such as with a negotiable Bill of Lading).

As a general principle, it is accepted that the CFR seller, being the contractual shipper on the bill of lading, is entitled to obtain the bill of lading from the carrier.

The transport document should record the apparent condition of the goods at the port where they are received by the carrier. The Incoterms® rules do not require the transport document to be 'clean',[10] although this may be required for payment purposes.[11] The document should be visibly and unequivocally dated and signed.

Unless obviously unnecessary, the document should include a clear undertaking to make the goods available to the consignee, subject to the presentation of one original in the case of a negotiable transport document.

10 Bearing no notation of damage or shortage.
11 Art. 27, UCP 600.

Other documents:

If the seller asks the carrier to arrange for customs documents (invoices, packing lists, certificates of origin,...) the carrier is not obliged to do so. Whenever the carrier accepts this request, particular attention should be paid to these documents which are very much formalized, in particular to /the mode of transport, the goods, the applicable law and regulations and the status of the transport buyer and the carrier.

Note: In a CFR sale the seller makes the contract of carriage to the named port of destination but the goods are already delivered to the buyer when they are loaded on board in the port of departure. Any damage to the goods during transit will be for the buyer's account. For this reason, the buyer has a strong and legitimate interest in ensuring that carriage is arranged in a manner that gives the buyer a direct line of communication to a carrier upon which it can claim and receive compensation for any loss or damage that occurs during transit.[12]

12 Should no transport insurance have been contracted – in this situation the insurance company will normally claim with the carrier.

COST INSURANCE AND FREIGHT

CIF (insert named port of destination) Incoterms® 2010

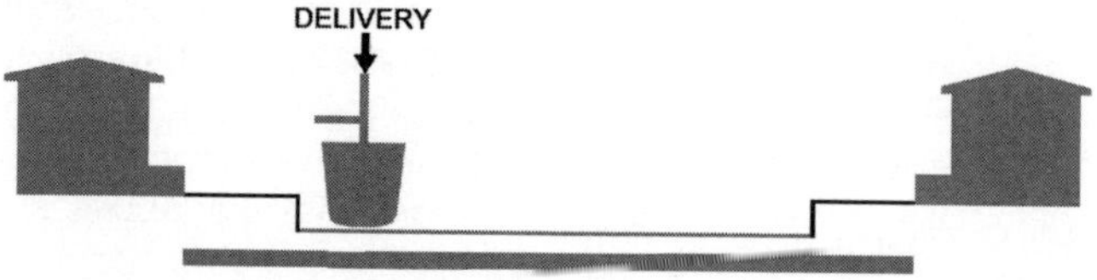

The CIF Incoterms® rule is identical to the CFR Incoterms® rule except for the obligation of insurance.

Although the seller has little insurable interest after delivery of the goods to its carrier, it may indeed be practical for it to contract for insurance via its freight forwarder to the benefit of the buyer. Putting both transport and transport insurance in the hands of one person may be a proper way to synchronise the contract of carriage (route, dates) and the insurance policy at a reasonable cost. Note however that while the use of a policy procured by a freight forwarder or a carrier may offer advantages in some cases (especially when the shipper has just a few shipments), this solution cannot be both universally recommended and the best one. It may even be totally unsuitable for shippers with numerous shipments in a same year.

Note that some countries limit the possibility of contracting with a foreign marine transport insurance company when importing goods and thus prohibit the use of the CIF Incoterms® rule. Note too that in some countries the matter of insuring, or even giving insurance advice, may be restricted by law to suitably qualified and registered companies and individuals.

The Incoterms® rules do not regulate the insurance contract itself, but merely the relations between seller and buyer as regards insurance. The party responsible for the payment of the insurance cover, i.e. the seller, will have to enter into a specific insurance contract.

The CIF Incoterms® rule requires the seller to obtain at its own expense cargo insurance complying at least with the minimum cover as provided by Clauses (C) of the Institute Cargo Clauses (LMA/IUA), contracted with underwriters or an insurance company of good repute. Depending on the port of shipment and the nationality of the shipping line, other standard insurance conditions might be applicable.[1] However, if the buyer requests, these seller must procure, subject to preconditions, insurance as provided by Clauses A or B of the Institute Cargo Clauses (LMA/IAU) or any similar clauses. The same goes for war and strike insurances.

The insurance should entitle the buyer, or any other person having an insurable interest in the goods, to claim directly from the insurer. Moreover, the insurance shall cover, at a minimum, the price provided in the contract plus ten per cent (110%). Any other insurance concluded by the seller, which does not have these minimum qualifications, shall not fulfil the seller's insurance obligation under CIF Article A3(b).

If the seller concludes a global transport insurance policy, such policy may not fulfil the requirements of the CIF rules[2] since it may:

1. not automatically allow the buyer to claim directly from the insurer - as the seller is the beneficiary, it may have to enter into special arrangements with the insurer;
2. not provide cover, at a minimum, of the contractual price plus 10%. Some policies provide for a policy excess and a limit.

1 Such as the *American Institute Cargo Clauses FPA, the French Marine Cargo Insurance Policy (FPA cover), the Cargo Insurance Policy of Antwerp, the Norwegian Marine Insurance Plan (NMIP) and the DTV Cargo Insurance Conditions.*

2 2010 Question 12 (Global insurance policy) in INCOTERMS® 2010 Q&A (Questions and expert ICC guidance on the Incoterms® 2010 rules), ICC Publication 744E, p. 56.

Note on Insurance

Except for the CIP and CIF Incoterms® rules, all the Incoterms® rules stipulate in article A3b)/B3b) that the seller and the buyer have no obligation towards each other to conclude a contract of insurance against the risk of loss of or damage to the goods during carriage.

This absence of contractual obligation to provide for insurance cover is not intended to suggest that the parties have no interest in making such a contract of insurance. It merely says that every buyer and seller is free to decide whether or not it makes a contract to insure its own risk during carriage up to (as a seller) or from (as a buyer) the place of delivery as agreed upon under article A4 of any Incoterms® rule.

Applicable Convention	CMR	COTIF/CIM	H
Limitation liability loss & damages	8.33 SDR/kg	17 SDR/kg	6 u k
Limitation liability delay	freight	freight x 3	-
Notification loss-damages ■ visible ■ hidden	■ immediately ■ -7 days	■ immediately ■ -7 days	■ ■
Notification delay	21 days	60 days	-
Prescription	1 year	1 year	1
Exchange rate SDR (Special Drawing Rights) available at http://www.imf.org/external/np/fin/rates/rms_five.cfm			

Carrier's liability, transporter's insurance and cargo insurance

Sellers and buyers are well advised to examine carefully whether or not they contract for insurance cover against the risk of loss of or damage to the goods during the carriage as a carrier is not liable for everything that may go wrong during transportation.

Carriage is often a shared undertaking, with goods being passed from one carrier to another and manipulated by terminal operators, stevedores etc. When upon arrival at destination it is found out that the goods are lost or damaged, it is not always easy to prove who in the supply chain is to blame and to what extent.

Moreover, the carrier may have made reservations on the transport document when receiving the goods from the consignor (e.g. regarding the packaging). Such reservations, making the transport document 'unclean', specific circumstances (e.g. deck load), the nature of the

HAGUE VISBY	HAMBURG (limited application)	ROTTERDAM RULES (not yet in force)	MONTREAL Convention
666.67 SDR/ unit or 2 SDR/ kg	835 SDR/ unit or 2.5 SDR/kg	875 SDR/unit or 3 SDR/kg	19 SDR/kg
-	freight x 2.5	freight x 2,5	19 SDR/kg
▪ immediately ▪ -3 days	▪ 1 day ▪ -15 days	▪ immediately ▪ -7 days	▪ 14 days ▪ -14 days
-	60 days	21 days	21 days
1 year	1 year	2 year	2 year

damage (consequential damages, delay, ...) or the causes of the damage (e.g. nature of the goods, accident caused by a third party ...) may result in the carrier being exempt of liability. In such situations the carrier and its liability insurance, if any, may refuse to cover the loss.

Last but not least, the international transport conventions and the laws defining the duties and obligations of the parties to a contract of carriage have limited the liability of the carrier to a maximum amount. This liability cap varies depending on the applicable convention per mode of transportation. When the value of the goods exceeds this statutory amount, the carrier and its insurer will only cover part of the losses unless the carrier has been reckless or caused the damages by gross negligence or intent. Furthermore, certain damages such as those caused by delay, consecutive damages (customs and excise duties, ...) etc. may not be taken into account.

Shippers may contractually try to extend this limitation of the carrier's liability by having a declaration of value or of interest accepted by the carrier. However, when allowed, such contractual agreement will result in a higher freight cost. Moreover, such agreement will not render the carrier liable for losses and damages for which the carrier is not liable, given the specific circumstances.

IMPORTANT

When a carrier claims that it has insurance, it is often understood that the carrier has contracted an insurance policy covering its mandatory liability under the applicable transport convention or law. This does not necessarily mean that the full value of the goods is insured nor that the insurance provides for coverage if the carrier is not liable for the damages.

It is important to note that a transport document (such as a bill of lading), although evidence of the contract of carriage, is not evidence of the carrier's insurance for its liability to cargo. The carrier's insurance is evidenced only by the contract of insurance agreed by the carrier and its insurer, and is subject to the terms and conditions of that contract.

Sellers and buyers should therefore always consider cargo insurance, covering full damage to the goods while in transit, independent of the liability of the carrier and covering the liability they may incur as 'merchant' (salvage charges, environment, ...). They should also examine the scope and amount of the insurance coverage required. Such risk assessment will take into consideration issues including the nature of the goods, their conditioning and value, the quality of the carrier and its mandatory liability, the transport mode and route...

Subscription policies

Given the overall need of cargo insurance complementing the liability of the carrier and its liability insurance and the - subject to specific circumstances relatively low - insurance premiums payable, companies may decide to conclude a 'subscription' or 'global' policy, covering all their incoming and/or outgoing shipments.

APPENDIX

INCOTERMS® 2010 RULES

CONTENTS

FOREWORD

By Rajat Gupta, ICC Chairman

The global economy has given businesses broader access than ever before to markets all over the world. Goods are sold in more countries, in larger quantities, and in greater variety. But as the volume and complexity of global sales increase, so do possibilities for misunderstandings and costly disputes when sale contracts are not adequately drafted.

The Incoterms® rules, the ICC rules on the use of domestic and international trade terms, facilitate the conduct of global trade. Reference to an Incoterms® 2010 rule in a sale contract clearly defines the parties' respective obligations and reduces the risk of legal complications.

Since the creation of the Incoterms rules by ICC in 1936, this globally accepted contractual standard has been regularly updated to keep pace with the development of international trade. The Incoterms® 2010 rules take account of the continued spread of customs-free zones, the increased use of electronic communications in business transactions, heightened concern about security in the movement of goods and changes in transport practices. *Incoterms® 2010* updates and consolidates the 'delivered' rules, reducing the total number of rules from 13 to 11, and offers a simpler and clearer presentation of all the rules. *Incoterms® 2010* is also the first version of the Incoterms rules to make all references to buyers and sellers gender-neutral.

The broad expertise of ICC's Commission on Commercial Law and Practice, whose membership is drawn from all parts of the world and all trade sectors, ensures that the Incoterms® 2010 rules respond to business needs everywhere.

ICC would like to express its gratitude to the members of the Commission, chaired by Fabio Bortolotti (Italy), to the Drafting Group, which comprised Charles Debattista (Co-Chair, UK), Christoph Martin Radtke (Co-Chair, France), Jens Bredow (Germany), Johnny Herre (Sweden), David Lowe (UK), Lauri Railas (Finland), Frank Reynolds (US), and Miroslav Subert (Czech Republic), and to Asko Raty (Finland) for assistance with the images depicting the 11 rules.

INTRODUCTION

The Incoterms®[1] rules explain a set of three-letter trade terms reflecting business-to-business practice in contracts for the sale of goods. The Incoterms rules describe mainly the tasks, costs and risks involved in the delivery of goods from sellers to buyers.

How to use the Incoterms® 2010 rules

1. Incorporate the Incoterms® 2010 rules into your contract of sale

If you want the Incoterms® 2010 rules to apply to your contract, you should make this clear in the contract, through such words as, "[*the chosen Incoterms rule including the named place, followed by*] Incoterms® 2010".

2. Choose the appropriate Incoterms rule

The chosen Incoterms rule needs to be appropriate to the goods, to the means of their transport, and above all to whether the parties intend to put additional obligations, for example such as the obligation to organize carriage or insurance, on the seller or on the buyer. The Guidance Note to each Incoterms rule contains information that is particularly helpful when making this choice. Whichever Incoterms rule is chosen, the parties should be aware that the interpretation of their contract may well be influenced by customs particular to the port or place being used.

3. Specify your place or port as precisely as possible

The chosen Incoterms rule can work only if the parties name a place or port, and will work best if the parties specify the place or port as precisely as possible.

A good example of such precision would be:

"FCA 38 Cours Albert 1er, Paris, France Incoterms® 2010".

Under the Incoterms rules Ex Works (EXW), Free Carrier (FCA), Delivered at Terminal (DAT), Delivered at Place (DAP), Delivered Duty Paid (DDP), Free Alongside Ship (FAS), and Free on Board (FOB), the named place is the place where delivery takes place and where risk passes from the seller to the buyer. Under the Incoterms rules Carriage Paid to (CPT), Carriage and Insurance Paid to (CIP), Cost and Freight (CFR) and Cost, Insurance and Freight (CIF), the named place differs from the place of delivery. Under these four Incoterms rules, the named

1."Incoterms" is a registered trademark of the International Chamber of Commerce.

place is the place of destination to which carriage is paid. Indications as to place or destination can helpfully be further specified by stating a precise point in that place or destination in order to avoid doubt or argument.

4. Remember that Incoterms rules do not give you a complete contract of sale

Incoterms rules *do* say which party to the sale contract has the obligation to make carriage or insurance arrangements, when the seller delivers the goods to the buyer, and which costs each party is responsible for. Incoterms rules, however, say nothing about the price to be paid or the method of its payment. Neither do they deal with the transfer of ownership of the goods, or the consequences of a breach of contract. These matters are normally dealt with through express terms in the contract of sale or in the law governing that contract. The parties should be aware that mandatory local law may override any aspect of the sale contract, including the chosen Incoterms rule.

Main features of the Incoterms® 2010 rules

1. Two new Incoterms rules – DAT and DAP – have replaced the Incoterms 2000 rules DAF, DES, DEQ and DDU

The number of Incoterms rules has been reduced from 13 to 11. This has been achieved by substituting two new rules that may be used irrespective of the agreed mode of transport – DAT, Delivered at Terminal, and DAP, Delivered at Place – for the Incoterms 2000 rules DAF, DES, DEQ and DDU.

Under both new rules, delivery occurs at a named destination: in DAT, at the buyer's disposal unloaded from the arriving vehicle (as under the former DEQ rule); in DAP, likewise at the buyer's disposal, but ready for unloading (as under the former DAF, DES and DDU rules).

The new rules make the Incoterms 2000 rules DES and DEQ superfluous. The named terminal in DAT may well be in a port, and DAT can therefore safely be used in cases where the Incoterms 2000 rule DEQ once was. Likewise, the arriving "vehicle" under DAP may well be a ship and the named place of destination may well be a port: consequently, DAP can safely be used in cases where the Incoterms 2000 rule DES once was. These new rules, like their predecessors, are "delivered", with the seller bearing all the costs (other than those related to import clearance, where applicable) and risks involved in bringing the goods to the named place of destination.

2. Classification of the 11 Incoterms® 2010 rules

The 11 Incoterms® 2010 rules are presented in two distinct classes:

RULES FOR ANY MODE OR MODES OF TRANSPORT

EXW EX WORKS

FCA FREE CARRIER

CPT CARRIAGE PAID TO
CIP CARRIAGE AND INSURANCE PAID TO

DAT DELIVERED AT TERMINAL
DAP DELIVERED AT PLACE
DDP DELIVERED DUTY PAID

RULES FOR SEA AND INLAND WATERWAY TRANSPORT

FAS FREE ALONGSIDE SHIP
FOB FREE ON BOARD

CFR COST AND FREIGHT
CIF COST INSURANCE AND FREIGHT

The first class includes the seven Incoterms® 2010 rules that can be used irrespective of the mode of transport selected and irrespective of whether one or more than one mode of transport is employed. EXW, FCA, CPT, CIP, DAT, DAP and DDP belong to this class. They can be used even when there is no maritime transport at all. It is important to remember, however, that these rules *can* be used in cases where a ship *is* used for part of the carriage.

In the second class of Incoterms® 2010 rules, the point of delivery and the place to which the goods are carried to the buyer are *both* ports, hence the label "sea and inland waterway" rules. FAS, FOB, CFR and CIF belong to this class. Under the last three Incoterms rules, all mention of the ship's rail as the point of delivery has been omitted in preference for the goods being delivered when they are "on board" the vessel. This more closely reflects modern commercial reality and avoids the rather dated image of the risk swinging to and fro across an imaginary perpendicular line.

3. Rules for domestic and international trade

Incoterms rules have traditionally been used in *international* sale contracts where goods pass across national borders. In various areas of the world, however, trade blocs, like the European Union, have made border formalities between different countries less significant. Consequently, the subtitle of the Incoterms® 2010 rules formally recognizes that they are available for application to both international and domestic sale contracts. As a result, the Incoterms® 2010 rules clearly state in a number of places that the obligation to comply with export/import formalities exists only where applicable.

Two developments have persuaded ICC that a movement in this direction is timely. Firstly, traders commonly use Incoterms rules for purely domestic sale contracts. The second reason is the greater willingness in the United States to use Incoterms rules in domestic trade rather than the former Uniform Commercial Code shipment and delivery terms.

4. Guidance Notes

Before each Incoterms® 2010 rule you will find a Guidance Note. The Guidance Notes explain the fundamentals of each Incoterms rule, such as when it should be used, when risk passes, and how costs are allocated between seller and buyer. The Guidance Notes are not part of the actual Incoterms® 2010 rules, but are intended to help the user accurately and efficiently steer towards the appropriate Incoterms rule for a particular transaction.

5. Electronic communication

Previous versions of Incoterms rules have specified those documents that could be replaced by EDI messages. Articles A1/B1 of the Incoterms® 2010 rules, however, now give electronic means of communication the same effect as paper communication, as long as the parties so agree or where customary. This formulation facilitates the evolution of new electronic procedures throughout the lifetime of the Incoterms® 2010 rules.

6. Insurance cover

The Incoterms® 2010 rules are the first version of the Incoterms rules since the revision of the Institute Cargo Clauses and take account of alterations made to those clauses. The Incoterms® 2010 rules place information duties relating to insurance in articles A3/B3, which deal with contracts of carriage and insurance. These provisions have been moved from the more generic articles found in articles A10/B10 of the

Incoterms 2000 rules. The language in articles A3/B3 relating to insurance has also been altered with a view to clarifying the parties' obligations in this regard.

7. Security-related clearances and information required for such clearances

There is heightened concern nowadays about security in the movement of goods, requiring verification that the goods do not pose a threat to life or property for reasons other than their inherent nature. Therefore, the Incoterms® 2010 rules have allocated obligations between the buyer and seller to obtain or to render assistance in obtaining security-related clearances, such as chain-of-custody information, in articles A2/B2 and A10/B10 of various Incoterms rules.

8. Terminal handling charges

Under Incoterms rules CPT, CIP, CFR, CIF, DAT, DAP, and DDP, the seller must make arrangements for the carriage of the goods to the agreed destination. While the freight is paid by the seller, it is actually paid *for* by the buyer as freight costs are normally included by the seller in the total selling price. The carriage costs will sometimes include the costs of handling and moving the goods within port or container terminal facilities and the carrier or terminal operator may well charge these costs to the buyer who receives the goods. In these circumstances, the buyer will want to avoid paying for the same service twice: once to the seller as part of the total selling price and once independently to the carrier or the terminal operator. The Incoterms® 2010 rules seek to avoid this happening by clearly allocating such costs in articles A6/B6 of the relevant Incoterms rules.

9. String sales

In the sale of commodities, as opposed to the sale of manufactured goods, cargo is frequently sold several times during transit "down a string". When this happens, a seller in the middle of the string does not "ship" the goods because these have already been shipped by the first seller in the string. The seller in the middle of the string therefore performs its obligations towards its buyer not by shipping the goods, but by "procuring" goods that have been shipped. For clarification purposes, Incoterms® 2010 rules include the obligation to "procure goods shipped" as an alternative to the obligation to ship goods in the relevant Incoterms rules.

Variants of Incoterms rules

Sometimes the parties want to alter an Incoterms rule. The Incoterms® 2010 rules do not prohibit such alteration, but there are dangers in so doing. In order to avoid any unwelcome surprises, the parties would need to make the intended effect of such alterations extremely clear in their contract. Thus, for example, if the allocation of costs in the Incoterms® 2010 rules is altered in the contract, the parties should also clearly state whether they intend to vary the point at which the risk passes from seller to buyer.

Status of this introduction

This introduction gives general information on the use and interpretation of the Incoterms® 2010 rules, but does not form part of those rules.

Explanation of terms used in the Incoterms® 2010 rules

As in the Incoterms 2000 rules, the seller's and buyer's obligations are presented in mirror fashion, reflecting under column A the seller's obligations and under column B the buyer's obligations. These obligations can be carried out personally by the seller or the buyer or sometimes, subject to terms in the contract or the applicable law, through intermediaries such as carriers, freight forwarders or other persons nominated by the seller or the buyer for a specific purpose.

The text of the Incoterms® 2010 rules is meant to be self-explanatory. However, in order to assist users the following text sets out guidance as to the sense in which selected terms are used throughout the document.

Carrier: For the purposes of the Incoterms® 2010 rules, the carrier is the party with whom carriage is contracted.

Customs formalities: These are requirements to be met in order to comply with any applicable customs regulations and may include documentary, security, information or physical inspection obligations.

Delivery: This concept has multiple meanings in trade law and practice, but in the Incoterms® 2010 rules, it is used to indicate where the risk of loss of or damage to the goods passes from the seller to the buyer.

Delivery document: This phrase is now used as the heading to article A8. It means a document used to prove that delivery has occurred. For many of the Incoterms® 2010 rules, the delivery document is a transport document or corresponding electronic record. However, with EXW, FCA, FAS and FOB, the delivery document may simply be a receipt. A delivery document may also have other functions, for example as part of the mechanism for payment.

Electronic record or procedure: A set of information constituted of one or more electronic messages and, where applicable, being functionally equivalent with the corresponding paper document.

Packaging: This word is used for different purposes:

1. The packaging of the goods to comply with any requirements under the contract of sale.

2. The packaging of the goods so that they are fit for transportation.

3. The stowage of the packaged goods within a container or other means of transport.

In the Incoterms® 2010 rules, packaging means both the first and second of the above. The Incoterms® 2010 rules do not deal with the parties' obligations for stowage within a container and therefore, where relevant, the parties should deal with this in the sale contract.

RULES FOR ANY MODE OR MODES OF TRANSPORT

EXW

EX WORKS

EXW (insert named place of delivery) Incoterms® 2010

GUIDANCE NOTE

This rule may be used irrespective of the mode of transport selected and may also be used where more than one mode of transport is employed. It is suitable for domestic trade, while FCA is usually more appropriate for international trade.

"Ex Works" means that the seller delivers when it places the goods at the disposal of the buyer at the seller's premises or at another named place (i.e., works, factory, warehouse, etc.). The seller does not need to load the goods on any collecting vehicle, nor does it need to clear the goods for export, where such clearance is applicable.

The parties are well advised to specify as clearly as possible the point within the named place of delivery, as the costs and risks to that point are for the account of the seller. The buyer bears all costs and risks involved in taking the goods from the agreed point, if any, at the named place of delivery.

EXW represents the minimum obligation for the seller. The rule should be used with care as:

a) The seller has no obligation to the buyer to load the goods, even though in practice the seller may be in a better position to do so. If the seller does load the goods, it does so at the buyer's risk and expense. In cases where the seller is in a better position to load the goods, FCA, which obliges the seller to do so at its own risk and expense, is usually more appropriate.

b) A buyer who buys from a seller on an EXW basis for export needs to be aware that the seller has an obligation to provide only such assistance as the buyer may require to effect that export: the seller is not bound to organize the export clearance. Buyers are therefore well advised not to use EXW if they cannot directly or indirectly obtain export clearance.

c) The buyer has limited obligations to provide to the seller any information regarding the export of the goods. However, the seller may need this information for, e.g., taxation or reporting purposes.

A THE SELLER'S OBLIGATIONS

A1 General obligations of the seller

The seller must provide the goods and the commercial invoice in conformity with the contract of sale and any other evidence of conformity that may be required by the contract.

Any document referred to in A1-A10 may be an equivalent electronic record or procedure if agreed between the parties or customary.

A2 Licences, authorizations, security clearances and other formalities

Where applicable, the seller must provide the buyer, at the buyer's request, risk and expense, assistance in obtaining any export licence, or other official authorization necessary for the export of the goods.

Where applicable, the seller must provide, at the buyer's request, risk and expense, any information in the possession of the seller that is required for the security clearance of the goods.

A3 Contracts of carriage and insurance

a) Contract of carriage
The seller has no obligation to the buyer to make a contract of carriage.

b) Contract of insurance
The seller has no obligation to the buyer to make a contract of insurance. However, the seller must provide the buyer, at the buyer's request, risk and expense (if any), with information that the buyer needs for obtaining insurance.

A4 Delivery

The seller must deliver the goods by placing them at the disposal of the buyer at the agreed point, if any, at the named place of delivery, not loaded on any collecting vehicle. If no specific point has been agreed within the named place of delivery, and if there are several points available, the seller may select the point that best suits its purpose. The seller must deliver the goods on the agreed date or within the agreed period.

A5 **Transfer of risks**

The seller bears all risks of loss of or damage to the goods until they have been delivered in accordance with A4 with the exception of loss or damage in the circumstances described in B5.

A6 **Allocation of costs**

The seller must pay all costs relating to the goods until they have been delivered in accordance with A4, other than those payable by the buyer as envisaged in B6.

A7 **Notices to the buyer**

The seller must give the buyer any notice needed to enable the buyer to take delivery of the goods.

A8 **Delivery document**

The seller has no obligation to the buyer.

A9 Checking – packaging – marking

The seller must pay the costs of those checking operations (such as checking quality, measuring, weighing, counting) that are necessary for the purpose of delivering the goods in accordance with A4.

The seller must, at its own expense, package the goods, unless it is usual for the particular trade to transport the type of goods sold unpackaged. The seller may package the goods in the manner appropriate for their transport, unless the buyer has notified the seller of specific packaging requirements before the contract of sale is concluded. Packaging is to be marked appropriately.

A10 Assistance with information and related costs

The seller must, where applicable, in a timely manner, provide to or render assistance in obtaining for the buyer, at the buyer's request, risk and expense, any documents and information, including security-related information, that the buyer needs for the export and/or import of the goods and/or for their transport to the final destination.

B THE BUYER'S OBLIGATIONS

B1 General obligations of the buyer

The buyer must pay the price of the goods as provided in the contract of sale.

Any document referred to in B1-B10 may be an equivalent electronic record or procedure if agreed between the parties or customary.

B2 Licences, authorizations, security clearances and other formalities

Where applicable, it is up to the buyer to obtain, at its own risk and expense, any export and import licence or other official authorization and carry out all customs formalities for the export of the goods.

B3 Contracts of carriage and insurance

a) Contract of carriage

The buyer has no obligation to the seller to make a contract of carriage.

b) Contract of insurance

The buyer has no obligation to the seller to make a contract of insurance.

B4 Taking delivery

The buyer must take delivery of the goods when A4 and A7 have been complied with.

B5 Transfer of risks

The buyer bears all risks of loss of or damage to the goods from the time they have been delivered as envisaged in A4.

If the buyer fails to give notice in accordance with B7, then the buyer bears all risks of loss of or damage to the goods from the agreed date or the expiry date of the agreed period for delivery, provided that the goods have been clearly identified as the contract goods.

B6 Allocation of costs

The buyer must:

a) pay all costs relating to the goods from the time they have been delivered as envisaged in A4;

b) pay any additional costs incurred by failing either to take delivery of the goods when they have been placed at its disposal or to give appropriate notice in accordance with B7, provided that the goods have been clearly identified as the contract goods;

c) pay, where applicable, all duties, taxes and other charges, as well as the costs of carrying out customs formalities payable upon export; and

d) reimburse all costs and charges incurred by the seller in providing assistance as envisaged in A2.

B7 Notices to the seller

The buyer must, whenever it is entitled to determine the time within an agreed period and/or the point of taking delivery within the named place, give the seller sufficient notice thereof.

B8 Proof of delivery

The buyer must provide the seller with appropriate evidence of having taken delivery.

B9 **Inspection of goods**

The buyer must pay the costs of any mandatory pre-shipment inspection, including inspection mandated by the authorities of the country of export.

B10 **Assistance with information and related costs**

The buyer must, in a timely manner, advise the seller of any security information requirements so that the seller may comply with A10.

The buyer must reimburse the seller for all costs and charges incurred by the seller in providing or rendering assistance in obtaining documents and information as envisaged in A10.

FCA

Free Carrier

FCA (insert named place of delivery) Incoterms® 2010

GUIDANCE NOTE

This rule may be used irrespective of the mode of transport selected and may also be used where more than one mode of transport is employed.

"Free Carrier" means that the seller delivers the goods to the carrier or another person nominated by the buyer at the seller's premises or another named place. The parties are well advised to specify as clearly as possible the point within the named place of delivery, as the risk passes to the buyer at that point.

If the parties intend to deliver the goods at the seller's premises, they should identify the address of those premises as the named place of delivery. If, on the other hand, the parties intend the goods to be delivered at another place, they must identify a different specific place of delivery.

FCA requires the seller to clear the goods for export, where applicable. However, the seller has no obligation to clear the goods for import, pay any import duty or carry out any import customs formalities.

A THE SELLER'S OBLIGATIONS

A1 General obligations of the seller

The seller must provide the goods and the commercial invoice in conformity with the contract of sale and any other evidence of conformity that may be required by the contract.

Any document referred to in A1-A10 may be an equivalent electronic record or procedure if agreed between the parties or customary.

A2 Licences, authorizations, security clearances and other formalities

Where applicable, the seller must obtain, at its own risk and expense, any export licence or other official authorization and carry out all customs formalities necessary for the export of the goods.

A3 Contracts of carriage and insurance

a) Contract of carriage
The seller has no obligation to the buyer to make a contract of carriage. However, if requested by the buyer or if it is commercial practice and the buyer does not give an instruction to the contrary in due time, the seller may contract for carriage on usual terms at the buyer's risk and expense. In either case, the seller may decline to make the contract of carriage and, if it does, shall promptly notify the buyer.

b) Contract of insurance
The seller has no obligation to the buyer to make a contract of insurance. However, the seller must provide the buyer, at the buyer's request, risk, and expense (if any), with information that the buyer needs for obtaining insurance.

A4 Delivery

The seller must deliver the goods to the carrier or another person nominated by the buyer at the agreed point, if any, at the named place on the agreed date or within the agreed period.

Delivery is completed:
a) If the named place is the seller's premises, when the goods have been loaded on the means of transport provided by the buyer.

b) In any other case, when the goods are placed at the disposal of the carrier or another person nominated by the buyer on the seller's means of transport ready for unloading.

B THE BUYER'S OBLIGATIONS

B1 General obligations of the buyer

The buyer must pay the price of the goods as provided in the contract of sale.

Any document referred to in B1-B10 may be an equivalent electronic record or procedure if agreed between the parties or customary.

B2 Licences, authorizations, security clearances and other formalities

Where applicable, it is up to the buyer to obtain, at its own risk and expense, any import licence or other official authorization and carry out all customs formalities for the import of the goods and for their transport through any country.

B3 Contracts of carriage and insurance

a) Contract of carriage

The buyer must contract at its own expense for the carriage of the goods from the named place of delivery, except when the contract of carriage is made by the seller as provided for in A3 a).

b) Contract of insurance

The buyer has no obligation to the seller to make a contract of insurance.

B4 Taking delivery

The buyer must take delivery of the goods when they have been delivered as envisaged in A4.

If no specific point has been notified by the buyer under B7 d) within the named place of delivery, and if there are several points available, the seller may select the point that best suits its purpose.

Unless the buyer notifies the seller otherwise, the seller may deliver the goods for carriage in such a manner as the quantity and/or nature of the goods may require.

A5 **Transfer of risks**

The seller bears all risks of loss of or damage to the goods until they have been delivered in accordance with A4, with the exception of loss or damage in the circumstances described in B5.

A6 **Allocation of costs**

The seller must pay

a) all costs relating to the goods until they have been delivered in accordance with A4, other than those payable by the buyer as envisaged in B6; and

b) where applicable, the costs of customs formalities necessary for export, as well as all duties, taxes, and other charges payable upon export.

B5 **Transfer of risks**

The buyer bears all risks of loss of or damage to the goods from the time they have been delivered as envisaged in A4.

If
a) the buyer fails in accordance with B7 to notify the nomination of a carrier or another person as envisaged in A4 or to give notice; or

b) the carrier or person nominated by the buyer as envisaged in A4 fails to take the goods into its charge,

then, the buyer bears all risks of loss of or damage to the goods:

(i) from the agreed date, or in the absence of an agreed date,

(ii) from the date notified by the seller under A7 within the agreed period; or, if no such date has been notified,

(iii) from the expiry date of any agreed period for delivery,

provided that the goods have been clearly identified as the contract goods.

B6 **Allocation of costs**

The buyer must pay
a) all costs relating to the goods from the time they have been delivered as envisaged in A4, except, where applicable, the costs of customs formalities necessary for export, as well as all duties, taxes, and other charges payable upon export as referred to in A6 b);

b) any additional costs incurred, either because:

(i) the buyer fails to nominate a carrier or another person as envisaged in A4, or

(ii) the carrier or person nominated by the buyer as envisaged in A4 fails to take the goods into its charge, or

(iii) the buyer has failed to give appropriate notice in accordance with B7,

provided that the goods have been clearly identified as the contract goods; and

A7 **Notices to the buyer**

The seller must, at the buyer's risk and expense, give the buyer sufficient notice either that the goods have been delivered in accordance with A4 or that the carrier or another person nominated by the buyer has failed to take the goods within the time agreed.

A8 **Delivery document**

The seller must provide the buyer, at the seller's expense, with the usual proof that the goods have been delivered in accordance with A4.

The seller must provide assistance to the buyer, at the buyer's request, risk and expense, in obtaining a transport document.

A9 **Checking – packaging – marking**

The seller must pay the costs of those checking operations (such as checking quality, measuring, weighing, counting) that are necessary for the purpose of delivering the goods in accordance with A4, as well as the costs of any pre-shipment inspection mandated by the authority of the country of export.

The seller must, at its own expense, package the goods, unless it is usual for the particular trade to transport the type of goods sold unpackaged. The seller may package the goods in the manner appropriate for their transport, unless the buyer has notified the seller of specific packaging requirements before the contract of sale is concluded. Packaging is to be marked appropriately.

c) where applicable, all duties, taxes and other charges as well as the costs of carrying out customs formalities payable upon import of the goods and the costs for their transport through any country.

B7 **Notices to the seller**

The buyer must notify the seller of

a) the name of the carrier or another person nominated as envisaged in A4 within sufficient time as to enable the seller to deliver the goods in accordance with that article;

b) where necessary, the selected time within the period agreed for delivery when the carrier or person nominated will take the goods;

c) the mode of transport to be used by the person nominated; and

d) the point of taking delivery within the named place.

B8 **Proof of delivery**

The buyer must accept the proof of delivery provided as envisaged in A8.

B9 **Inspection of goods**

The buyer must pay the costs of any mandatory pre-shipment inspection, except when such inspection is mandated by the authorities of the country of export.

A10 **Assistance with information and related costs**

The seller must, where applicable, in a timely manner, provide to or render assistance in obtaining for the buyer, at the buyer's request, risk and expense, any documents and information, including security-related information, that the buyer needs for the import of the goods and/or for their transport to the final destination.

The seller must reimburse the buyer for all costs and charges incurred by the buyer in providing or rendering assistance in obtaining documents and information as envisaged in B10.

B10 **Assistance with information and related costs**

The buyer must, in a timely manner, advise the seller of any security information requirements so that the seller may comply with A10.

The buyer must reimburse the seller for all costs and charges incurred by the seller in providing or rendering assistance in obtaining documents and information as envisaged in A10.

The buyer must, where applicable, in a timely manner, provide to or render assistance in obtaining for the seller, at the seller's request, risk and expense, any documents and information, including security-related information, that the seller needs for the transport and export of the goods and for their transport through any country.

CPT

CARRIAGE PAID TO

CPT (insert named place of destination) Incoterms® 2010

GUIDANCE NOTE

This rule may be used irrespective of the mode of transport selected and may also be used where more than one mode of transport is employed.

"Carriage Paid to" means that the seller delivers the goods to the carrier or another person nominated by the seller at an agreed place (if any such place is agreed between the parties) and that the seller must contract for and pay the costs of carriage necessary to bring the goods to the named place of destination.

When CPT, CIP, CFR or CIF are used, the seller fulfils its obligation to deliver when it hands the goods over to the carrier and not when the goods reach the place of destination.

This rule has two critical points, because risk passes and costs are transferred at different places. The parties are well advised to identify as precisely as possible in the contract both the place of delivery, where the risk passes to the buyer, and the named place of destination to which the seller must contract for the carriage. If several carriers are used for the carriage to the agreed destination and the parties do not agree on a specific point of delivery, the default position is that risk passes when the goods have been delivered to the first carrier at a point entirely of the seller's choosing and over which the buyer has no control. Should the parties wish the risk to pass at a later stage (e.g., at an ocean port or airport), they need to specify this in their contract of sale.

The parties are also well advised to identify as precisely as possible the point within the agreed place of destination, as the costs to that point are for the account of the seller. The seller is advised to procure contracts of carriage that match this choice precisely. If the seller incurs costs under its contract of carriage related to unloading at the named place of destination, the seller is not entitled to recover such costs from the buyer unless otherwise agreed between the parties.

CPT requires the seller to clear the goods for export, where applicable. However, the seller has no obligation to clear the goods for import, pay any import duty or carry out any import customs formalities.

A THE SELLER'S OBLIGATIONS

A1 General obligations of the seller

The seller must provide the goods and the commercial invoice in conformity with the contract of sale and any other evidence of conformity that may be required by the contract.

Any document referred to in A1-A10 may be an equivalent electronic record or procedure if agreed between the parties or customary.

A2 Licences, authorizations, security clearances and other formalities

Where applicable, the seller must obtain, at its own risk and expense, any export licence or other official authorization and carry out all customs formalities necessary for the export of the goods, and for their transport through any country prior to delivery.

A3 Contracts of carriage and insurance

a) Contract of carriage

The seller must contract or procure a contract for the carriage of the goods from the agreed point of delivery, if any, at the place of delivery to the named place of destination or, if agreed, any point at that place. The contract of carriage must be made on usual terms at the seller's expense and provide for carriage by the usual route and in a customary manner. If a specific point is not agreed or is not determined by practice, the seller may select the point of delivery and the point at the named place of destination that best suit its purpose.

b) Contract of insurance

The seller has no obligation to the buyer to make a contract of insurance. However, the seller must provide the buyer, at the buyer's request, risk, and expense (if any), with information that the buyer needs for obtaining insurance.

A4 Delivery

The seller must deliver the goods by handing them over to the carrier contracted in accordance with A3 on the agreed date or within the agreed period.

B THE BUYER'S OBLIGATIONS

B1 General obligations of the buyer

The buyer must pay the price of the goods as provided in the contract of sale.

Any document referred to in B1-B10 may be an equivalent electronic record or procedure if agreed between the parties or customary.

B2 Licences, authorizations, security clearances and other formalities

Where applicable, it is up to the buyer to obtain, at its own risk and expense, any import licence or other official authorization and carry out all customs formalities for the import of the goods and for their transport through any country.

B3 Contracts of carriage and insurance

a) Contract of carriage

The buyer has no obligation to the seller to make a contract of carriage.

b) Contract of insurance

The buyer has no obligation to the seller to make a contract of insurance. However, the buyer must provide the seller, upon request, with the necessary information for obtaining insurance.

B4 Taking delivery

The buyer must take delivery of the goods when they have been delivered as envisaged in A4 and receive them from the carrier at the named place of destination.

A5 **Transfer of risks**

The seller bears all risks of loss of or damage to the goods until they have been delivered in accordance with A4, with the exception of loss or damage in the circumstances described in B5.

A6 **Allocation of costs**

The seller must pay

a) all costs relating to the goods until they have been delivered in accordance with A4, other than those payable by the buyer as envisaged in B6;

b) the freight and all other costs resulting from A3 a), including the costs of loading the goods and any charges for unloading at the place of destination that were for the seller's account under the contract of carriage; and

c) where applicable, the costs of customs formalities necessary for export, as well as all duties, taxes and other charges payable upon export, and the costs for their transport through any country that were for the seller's account under the contract of carriage.

A7 **Notices to the buyer**

The seller must notify the buyer that the goods have been delivered in accordance with A4.

The seller must give the buyer any notice needed in order to allow the buyer to take measures that are normally necessary to enable the buyer to take the goods.

B5 **Transfer of risks**

The buyer bears all risks of loss of or damage to the goods from the time they have been delivered as envisaged in A4.

If the buyer fails to give notice in accordance with B7, it must bear all risks of loss of or damage to the goods from the agreed date or the expiry date of the agreed period for delivery, provided that the goods have been clearly identified as the contract goods.

B6 **Allocation of costs**

The buyer must, subject to the provisions of A3 a), pay

a) all costs relating to the goods from the time they have been delivered as envisaged in A4, except, where applicable, the costs of customs formalities necessary for export, as well as all duties, taxes, and other charges payable upon export as referred to in A6 c);

b) all costs and charges relating to the goods while in transit until their arrival at the agreed place of destination, unless such costs and charges were for the seller's account under the contract of carriage;

c) unloading costs, unless such costs were for the seller's account under the contract of carriage;

d) any additional costs incurred if the buyer fails to give notice in accordance with B7, from the agreed date or the expiry date of the agreed period for dispatch, provided that the goods have been clearly identified as the contract goods; and

e) where applicable, all duties, taxes and other charges, as well as the costs of carrying out customs formalities payable upon import of the goods and the costs for their transport through any country, unless included within the cost of the contract of carriage.

B7 **Notices to the seller**

The buyer must, whenever it is entitled to determine the time for dispatching the goods and/or the named place of destination or the point of receiving the goods within that place, give the seller sufficient notice thereof.

A8 **Delivery document**

If customary or at the buyer's request, the seller must provide the buyer, at the seller's expense, with the usual transport document[s] for the transport contracted in accordance with A3.

This transport document must cover the contract goods and be dated within the period agreed for shipment. If agreed or customary, the document must also enable the buyer to claim the goods from the carrier at the named place of destination and enable the buyer to sell the goods in transit by the transfer of the document to a subsequent buyer or by notification to the carrier.

When such a transport document is issued in negotiable form and in several originals, a full set of originals must be presented to the buyer.

A9 **Checking – packaging – marking**

The seller must pay the costs of those checking operations (such as checking quality, measuring, weighing, counting) that are necessary for the purpose of delivering the goods in accordance with A4, as well as the costs of any pre-shipment inspection mandated by the authority of the country of export.

The seller must, at its own expense, package the goods, unless it is usual for the particular trade to transport the type of goods sold unpackaged. The seller may package the goods in the manner appropriate for their transport, unless the buyer has notified the seller of specific packaging requirements before the contract of sale is concluded. Packaging is to be marked appropriately.

A10 **Assistance with information and related costs**

The seller must, where applicable, in a timely manner, provide to or render assistance in obtaining for the buyer, at the buyer's request, risk and expense, any documents and information, including security-related information, that the buyer needs for the import of the goods and/or for their transport to the final destination.

The seller must reimburse the buyer for all costs and charges incurred by the buyer in providing or rendering assistance in obtaining documents and information as envisaged in B10.

B8 **Proof of delivery**

The buyer must accept the transport document provided as envisaged in A8 if it is in conformity with the contract.

B9 **Inspection of goods**

The buyer must pay the costs of any mandatory pre-shipment inspection, except when such inspection is mandated by the authorities of the country of export.

B10 **Assistance with information and related costs**

The buyer must, in a timely manner, advise the seller of any security information requirements so that the seller may comply with A10.

The buyer must reimburse the seller for all costs and charges incurred by the seller in providing or rendering assistance in obtaining documents and information as envisaged in A10.

The buyer must, where applicable, in a timely manner, provide to or render assistance in obtaining for the seller, at the seller's request, risk and expense, any documents and information, including security-related information, that the seller needs for the transport and export of the goods and for their transport through any country.

CIP

CARRIAGE AND INSURANCE PAID TO

CIP (insert named place of destination) Incoterms® 2010

GUIDANCE NOTE

This rule may be used irrespective of the mode of transport selected and may also be used where more than one mode of transport is employed.

"Carriage and Insurance Paid to" means that the seller delivers the goods to the carrier or another person nominated by the seller at an agreed place (if any such place is agreed between the parties) and that the seller must contract for and pay the costs of carriage necessary to bring the goods to the named place of destination.

The seller also contracts for insurance cover against the buyer's risk of loss of or damage to the goods during the carriage. The buyer should note that under CIP the seller is required to obtain insurance only on minimum cover. Should the buyer wish to have more insurance protection, it will need either to agree as much expressly with the seller or to make its own extra insurance arrangements.

When CPT, CIP, CFR or CIF are used, the seller fulfils its obligation to deliver when it hands the goods over to the carrier and not when the goods reach the place of destination.

This rule has two critical points, because risk passes and costs are transferred at different places. The parties are well advised to identify as precisely as possible in the contract both the place of delivery, where the risk passes to the buyer, and the named place of destination to which the seller must contract for carriage. If several carriers are used for the carriage to the agreed destination and the parties do not agree on a specific point of delivery, the default position is that risk passes when the goods have been delivered to the first carrier at a point entirely of the seller's choosing and over which the buyer has no control. Should the parties wish the risk to pass at a later stage (e.g., at an ocean port or an airport), they need to specify this in their contract of sale.

The parties are also well advised to identify as precisely as possible the point within the agreed place of destination, as the costs to that point are for the account of the seller. The seller is advised to procure contracts of carriage that match this choice precisely. If the seller incurs costs under its contract of carriage related to unloading at the named place of destination, the seller is not entitled to recover such costs from the buyer unless otherwise agreed between the parties.

CIP requires the seller to clear the goods for export, where applicable. However, the seller has no obligation to clear the goods for import, pay any import duty or carry out any import customs formalities.

A THE SELLER'S OBLIGATIONS

A1 General obligations of the seller

The seller must provide the goods and the commercial invoice in conformity with the contract of sale and any other evidence of conformity that may be required by the contract.

Any document referred to in A1-A10 may be an equivalent electronic record or procedure if agreed between the parties or customary.

A2 Licences, authorizations, security clearances and other formalities

Where applicable, the seller must obtain, at its own risk and expense, any export licence or other official authorization and carry out all customs formalities necessary for the export of the goods and for their transport through any country prior to delivery.

B THE BUYER'S OBLIGATIONS

B1 General obligations of the buyer

The buyer must pay the price of the goods as provided in the contract of sale.

Any document referred to in B1-B10 may be an equivalent electronic record or procedure if agreed between the parties or customary.

B2 Licences, authorizations, security clearances and other formalities

Where applicable, it is up to the buyer to obtain, at its own risk and expense, any import licence or other official authorization and carry out all customs formalities for the import of the goods and for their transport through any country.

A3 **Contracts of carriage and insurance**

a) Contract of carriage

The seller must contract or procure a contract for the carriage of the goods from the agreed point of delivery, if any, at the place of delivery to the named place of destination or, if agreed, any point at that place. The contract of carriage must be made on usual terms at the seller's expense and provide for carriage by the usual route and in a customary manner. If a specific point is not agreed or is not determined by practice, the seller may select the point of delivery and the point at the named place of destination that best suit its purpose.

b) Contract of insurance

The seller must obtain at its own expense cargo insurance complying at least with the minimum cover as provided by Clauses (C) of the Institute Cargo Clauses (LMA/IUA) or any similar clauses. The insurance shall be contracted with underwriters or an insurance company of good repute and entitle the buyer, or any other person having an insurable interest in the goods, to claim directly from the insurer.

When required by the buyer, the seller shall, subject to the buyer providing any necessary information requested by the seller, provide at the buyer's expense any additional cover, if procurable, such as cover as provided by Clauses (A) or (B) of the Institute Cargo Clauses (LMA/IUA) or any similar clauses, and/or cover complying with the Institute War Clauses and/or Institute Strikes Clauses (LMA/IUA) or any similar clauses.

The insurance shall cover, at a minimum, the price provided in the contract plus 10% (i.e., 110%) and shall be in the currency of the contract.

The insurance shall cover the goods from the point of delivery set out in A4 and A5 to at least the named place of destination.

The seller must provide the buyer with the insurance policy or other evidence of insurance cover.

Moreover, the seller must provide the buyer, at the buyer's request, risk, and expense (if any), with information that the buyer needs to procure any additional insurance.

A4 **Delivery**

The seller must deliver the goods by handing them over to the carrier contracted in accordance with A3 on the agreed date or within the agreed period.

B3 **Contracts of carriage and insurance**

a) Contract of carriage

The buyer has no obligation to the seller to make a contract of carriage.

b) Contract of insurance

The buyer has no obligation to the seller to make a contract of insurance. However, the buyer must provide the seller, upon request, with any information necessary for the seller to procure any additional insurance requested by the buyer as envisaged in A3 b).

B4 **Taking delivery**

The buyer must take delivery of the goods when they have been delivered as envisaged in A4 and receive them from the carrier at the named place of destination.

A5 **Transfer of risks**

The seller bears all risks of loss of or damage to the goods until they have been delivered in accordance with A4, with the exception of loss or damage in the circumstances described in B5.

A6 **Allocation of costs**

The seller must pay

a) all costs relating to the goods until they have been delivered in accordance with A4, other than those payable by the buyer as envisaged in B6;

b) the freight and all other costs resulting from A3 a), including the costs of loading the goods and any charges for unloading at the place of destination that were for the seller's account under the contract of carriage;

c) the costs of insurance resulting from A3 b); and

d) where applicable, the costs of customs formalities necessary for export, as well as all duties, taxes and other charges payable upon export, and the costs for their transport through any country that were for the seller's account under the contract of carriage.

A7 **Notices to the buyer**

The seller must notify the buyer that the goods have been delivered in accordance with A4.

The seller must give the buyer any notice needed in order to allow the buyer to take measures that are normally necessary to enable the buyer to take the goods.

B5 **Transfer of risks**

The buyer bears all risks of loss of or damage to the goods from the time they have been delivered as envisaged in A4.

If the buyer fails to give notice in accordance with B7, it must bear all risks of loss of or damage to the goods from the agreed date or the expiry date of the agreed period for delivery, provided that the goods have been clearly identified as the contract goods.

B6 **Allocation of costs**

The buyer must, subject to the provisions of A3 a), pay

a) all costs relating to the goods from the time they have been delivered as envisaged in A4, except, where applicable, the costs of customs formalities necessary for export, as well as all duties, taxes and other charges payable upon export as referred to in A6 d);

b) all costs and charges relating to the goods while in transit until their arrival at the agreed place of destination, unless such costs and charges were for the seller's account under the contract of carriage;

c) unloading costs, unless such costs were for the seller's account under the contract of carriage;

d) any additional costs incurred if it fails to give notice in accordance with B7, from the agreed date or the expiry date of the agreed period for dispatch, provided that the goods have been clearly identified as the contract goods;

e) where applicable, all duties, taxes and other charges as well as the costs of carrying out customs formalities payable upon import of the goods and the costs for their transport through any country, unless included within the cost of the contract of carriage; and

f) the costs of any additional insurance procured at the buyer's request under A3 and B3.

B7 **Notices to the seller**

The buyer must, whenever it is entitled to determine the time for dispatching the goods and/or the named place of destination or the point of receiving the goods within that place, give the seller sufficient notice thereof.

A8 **Delivery document**

If customary or at the buyer's request, the seller must provide the buyer, at the seller's expense, with the usual transport document[s] for the transport contracted in accordance with A3.

This transport document must cover the contract goods and be dated within the period agreed for shipment. If agreed or customary, the document must also enable the buyer to claim the goods from the carrier at the named place of destination and enable the buyer to sell the goods in transit by the transfer of the document to a subsequent buyer or by notification to the carrier.

When such a transport document is issued in negotiable form and in several originals, a full set of originals must be presented to the buyer.

A9 **Checking – packaging – marking**

The seller must pay the costs of those checking operations (such as checking quality, measuring, weighing, counting) that are necessary for the purpose of delivering the goods in accordance with A4 as well as the costs of any pre-shipment inspection mandated by the authority of the country of export.

The seller must, at its own expense, package the goods, unless it is usual for the particular trade to transport the type of goods sold unpackaged. The seller may package the goods in the manner appropriate for their transport, unless the buyer has notified the seller of specific packaging requirements before the contract of sale is concluded. Packaging is to be marked appropriately.

A10 **Assistance with information and related costs**

The seller must, where applicable, in a timely manner, provide to or render assistance in obtaining for the buyer, at the buyer's request, risk and expense, any documents and information, including security-related information, that the buyer needs for the import of the goods and/or for their transport to the final destination.

The seller must reimburse the buyer for all costs and charges incurred by the buyer in providing or rendering assistance in obtaining documents and information as envisaged in B10.

B8 **Proof of delivery**

The buyer must accept the transport document provided as envisaged in A8 if it is in conformity with the contract.

B9 **Inspection of goods**

The buyer must pay the costs of any mandatory pre-shipment inspection, except when such inspection is mandated by the authorities of the country of export.

B10 **Assistance with information and related costs**

The buyer must, in a timely manner, advise the seller of any security information requirements so that the seller may comply with A10.

The buyer must reimburse the seller for all costs and charges incurred by the seller in providing or rendering assistance in obtaining documents and information as envisaged in A10.

The buyer must, where applicable, in a timely manner, provide to or render assistance in obtaining for the seller, at the seller's request, risk and expense, any documents and information, including security-related information, that the seller needs for the transport and export of the goods and for their transport through any country.

DAT

DELIVERED AT TERMINAL

DAT (insert named terminal at port or place of destination)
Incoterms® 2010

GUIDANCE NOTE

This rule may be used irrespective of the mode of transport selected and may also be used where more than one mode of transport is employed.

"Delivered at Terminal" means that the seller delivers when the goods, once unloaded from the arriving means of transport, are placed at the disposal of the buyer at a named terminal at the named port or place of destination. "Terminal" includes any place, whether covered or not, such as a quay, warehouse, container yard or road, rail or air cargo terminal. The seller bears all risks involved in bringing the goods to and unloading them at the terminal at the named port or place of destination.

The parties are well advised to specify as clearly as possible the terminal and, if possible, a specific point within the terminal at the agreed port or place of destination, as the risks to that point are for the account of the seller. The seller is advised to procure a contract of carriage that matches this choice precisely.

Moreover, if the parties intend the seller to bear the risks and costs involved in transporting and handling the goods from the terminal to another place, then the DAP or DDP rules should be used.

DAT requires the seller to clear the goods for export, where applicable. However, the seller has no obligation to clear the goods for import, pay any import duty or carry out any import customs formalities.

A THE SELLER'S OBLIGATIONS

A1 General obligations of the seller

The seller must provide the goods and the commercial invoice in conformity with the contract of sale and any other evidence of conformity that may be required by the contract.

Any document referred to in A1-A10 may be an equivalent electronic record or procedure if agreed between the parties or customary.

A2 Licences, authorizations, security clearances and other formalities

Where applicable, the seller must obtain, at its own risk and expense, any export licence and other official authorization and carry out all customs formalities necessary for the export of the goods and for their transport through any country prior to delivery.

A3 Contracts of carriage and insurance

a) Contract of carriage

The seller must contract at its own expense for the carriage of the goods to the named terminal at the agreed port or place of destination. If a specific terminal is not agreed or is not determined by practice, the seller may select the terminal at the agreed port or place of destination that best suits its purpose.

b) Contract of insurance

The seller has no obligation to the buyer to make a contract of insurance. However, the seller must provide the buyer, at the buyer's request, risk, and expense (if any), with information that the buyer needs for obtaining insurance.

A4 Delivery

The seller must unload the goods from the arriving means of transport and must then deliver them by placing them at the disposal of the buyer at the named terminal referred to in A3 a) at the port or place of destination on the agreed date or within the agreed period.

B THE BUYER'S OBLIGATIONS

B1 **General obligations of the buyer**

The buyer must pay the price of the goods as provided in the contract of sale.

Any document referred to in B1-B10 may be an equivalent electronic record or procedure if agreed between the parties or customary.

B2 **Licences, authorizations, security clearances and other formalities**

Where applicable, the buyer must obtain, at its own risk and expense, any import licence or other official authorization and carry out all customs formalities for the import of the goods.

B3 **Contracts of carriage and insurance**

a) Contract of carriage

The buyer has no obligation to the seller to make a contract of carriage.

b) Contract of insurance

The buyer has no obligation to the seller to make a contract of insurance. However, the buyer must provide the seller, upon request, with the necessary information for obtaining insurance.

B4 **Taking delivery**

The buyer must take delivery of the goods when they have been delivered as envisaged in A4.

A5 **Transfer of risks**

The seller bears all risks of loss of or damage to the goods until they have been delivered in accordance with A4 with the exception of loss or damage in the circumstances described in B5.

A6 **Allocation of costs**

The seller must pay

a) in addition to costs resulting from A3 a), all costs relating to the goods until they have been delivered in accordance with A4, other than those payable by the buyer as envisaged in B6; and

b) where applicable, the costs of customs formalities necessary for export as well as all duties, taxes and other charges payable upon export and the costs for their transport through any country, prior to delivery in accordance with A4.

A7 **Notices to the buyer**

The seller must give the buyer any notice needed in order to allow the buyer to take measures that are normally necessary to enable the buyer to take delivery of the goods.

A8 **Delivery document**

The seller must provide the buyer, at the seller's expense, with a document enabling the buyer to take delivery of the goods as envisaged in A4/B4.

B5 Transfer of risks

The buyer bears all risks of loss of or damage to the goods from the time they have been delivered as envisaged in A4.

If

a) the buyer fails to fulfil its obligations in accordance with B2, then it bears all resulting risks of loss of or damage to the goods; or

b) the buyer fails to give notice in accordance with B7, then it bears all risks of loss of or damage to the goods from the agreed date or the expiry date of the agreed period for delivery,

provided that the goods have been clearly identified as the contract goods.

B6 Allocation of costs

The buyer must pay

a) all costs relating to the goods from the time they have been delivered as envisaged in A4;

b) any additional costs incurred by the seller if the buyer fails to fulfil its obligations in accordance with B2, or to give notice in accordance with B7, provided that the goods have been clearly identified as the contract goods; and

c) where applicable, the costs of customs formalities as well as all duties, taxes and other charges payable upon import of the goods.

B7 Notices to the seller

The buyer must, whenever it is entitled to determine the time within an agreed period and/or the point of taking delivery at the named terminal, give the seller sufficient notice thereof.

B8 Proof of delivery

The buyer must accept the delivery document provided as envisaged in A8.

A9 Checking – packaging – marking

The seller must pay the costs of those checking operations (such as checking quality, measuring, weighing, counting) that are necessary for the purpose of delivering the goods in accordance with A4, as well as the costs of any pre-shipment inspection mandated by the authority of the country of export.

The seller must, at its own expense, package the goods, unless it is usual for the particular trade to transport the type of goods sold unpackaged. The seller may package the goods in the manner appropriate for their transport, unless the buyer has notified the seller of specific packaging requirements before the contract of sale is concluded. Packaging is to be marked appropriately.

A10 Assistance with information and related costs

The seller must, where applicable, in a timely manner, provide to or render assistance in obtaining for the buyer, at the buyer's request, risk and expense, any documents and information, including security-related information, that the buyer needs for the import of the goods and/or for their transport to the final destination.

The seller must reimburse the buyer for all costs and charges incurred by the buyer in providing or rendering assistance in obtaining documents and information as envisaged in B10.

B9 Inspection of goods

The buyer must pay the costs of any mandatory pre-shipment inspection, except when such inspection is mandated by the authorities of the country of export.

B10 Assistance with information and related costs

The buyer must, in a timely manner, advise the seller of any security information requirements so that the seller may comply with A10.

The buyer must reimburse the seller for all costs and charges incurred by the seller in providing or rendering assistance in obtaining documents and information as envisaged in A10.

The buyer must, where applicable, in a timely manner, provide to or render assistance in obtaining for the seller, at the seller's request, risk and expense, any documents and information, including security-related information, that the seller needs for the transport and export of the goods and for their transport through any country.

DAP

DELIVERED AT PLACE

DAP (insert named place of destination) Incoterms® 2010

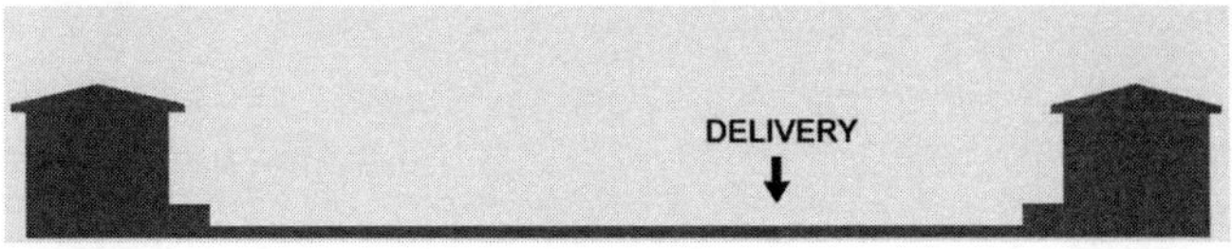

GUIDANCE NOTE

This rule may be used irrespective of the mode of transport selected and may also be used where more than one mode of transport is employed.

"Delivered at Place" means that the seller delivers when the goods are placed at the disposal of the buyer on the arriving means of transport ready for unloading at the named place of destination. The seller bears all risks involved in bringing the goods to the named place.

The parties are well advised to specify as clearly as possible the point within the agreed place of destination, as the risks to that point are for the account of the seller. The seller is advised to procure contracts of carriage that match this choice precisely. If the seller incurs costs under its contract of carriage related to unloading at the place of destination, the seller is not entitled to recover such costs from the buyer unless otherwise agreed between the parties.

DAP requires the seller to clear the goods for export, where applicable. However, the seller has no obligation to clear the goods for import, pay any import duty or carry out any import customs formalities. If the parties wish the seller to clear the goods for import, pay any import duty and carry out any import customs formalities, the DDP term should be used.

A THE SELLER'S OBLIGATIONS

A1 General obligations of the seller

The seller must provide the goods and the commercial invoice in conformity with the contract of sale and any other evidence of conformity that may be required by the contract.

Any document referred to in A1-A10 may be an equivalent electronic record or procedure if agreed between the parties or customary.

A2 Licences, authorizations, security clearances and other formalities

Where applicable, the seller must obtain, at its own risk and expense, any export licence and other official authorization and carry out all customs formalities necessary for the export of the goods and for their transport through any country prior to delivery.

A3 Contracts of carriage and insurance

a) Contract of carriage
The seller must contract at its own expense for the carriage of the goods to the named place of destination or to the agreed point, if any, at the named place of destination. If a specific point is not agreed or is not determined by practice, the seller may select the point at the named place of destination that best suits its purpose.

b) Contract of insurance
The seller has no obligation to the buyer to make a contract of insurance. However, the seller must provide the buyer, at the buyer's request, risk, and expense (if any), with information that the buyer needs for obtaining insurance.

A4 Delivery

The seller must deliver the goods by placing them at the disposal of the buyer on the arriving means of transport ready for unloading at the agreed point, if any, at the named place of destination on the agreed date or within the agreed period.

B THE BUYER'S OBLIGATIONS

B1 General obligations of the buyer

The buyer must pay the price of the goods as provided in the contract of sale.

Any document referred to in B1-B10 may be an equivalent electronic record or procedure if agreed between the parties or customary.

B2 Licences, authorizations, security clearances and other formalities

Where applicable, the buyer must obtain, at its own risk and expense, any import licence or other official authorization and carry out all customs formalities for the import of the goods.

B3 Contracts of carriage and insurance

a) Contract of carriage
The buyer has no obligation to the seller to make a contract of carriage.

b) Contract of insurance
The buyer has no obligation to the seller to make a contract of insurance. However, the buyer must provide the seller, upon request, with the necessary information for obtaining insurance.

B4 Taking delivery

The buyer must take delivery of the goods when they have been delivered as envisaged in A4.

A5 **Transfer of risks**

The seller bears all risks of loss of or damage to the goods until they have been delivered in accordance with A4, with the exception of loss or damage in the circumstances described in B5.

A6 **Allocation of costs**

The seller must pay

a) in addition to costs resulting from A3 a), all costs relating to the goods until they have been delivered in accordance with A4, other than those payable by the buyer as envisaged in B6;

b) any charges for unloading at the place of destination that were for the seller's account under the contract of carriage; and

c) where applicable, the costs of customs formalities necessary for export as well as all duties, taxes and other charges payable upon export and the costs for their transport through any country, prior to delivery in accordance with A4.

A7 **Notices to the buyer**

The seller must give the buyer any notice needed in order to allow the buyer to take measures that are normally necessary to enable the buyer to take delivery of the goods.

B5 Transfer of risks

The buyer bears all risks of loss of or damage to the goods from the time they have been delivered as envisaged in A4.

If

a) the buyer fails to fulfil its obligations in accordance with B2, then it bears all resulting risks of loss of or damage to the goods; or

b) the buyer fails to give notice in accordance with B7, then it bears all risks of loss of or damage to the goods from the agreed date or the expiry date of the agreed period for delivery,

provided that the goods have been clearly identified as the contract goods.

B6 Allocation of costs

The buyer must pay

a) all costs relating to the goods from the time they have been delivered as envisaged in A4;

b) all costs of unloading necessary to take delivery of the goods from the arriving means of transport at the named place of destination, unless such costs were for the seller's account under the contract of carriage;

c) any additional costs incurred by the seller if the buyer fails to fulfil its obligations in accordance with B2 or to give notice in accordance with B7, provided that the goods have been clearly identified as the contract goods; and

d) where applicable, the costs of customs formalities, as well as all duties, taxes and other charges payable upon import of the goods.

B7 Notices to the seller

The buyer must, whenever it is entitled to determine the time within an agreed period and/or the point of taking delivery within the named place of destination, give the seller sufficient notice thereof.

A8 Delivery document

The seller must provide the buyer, at the seller's expense, with a document enabling the buyer to take delivery of the goods as envisaged in A4/B4.

A9 Checking – packaging – marking

The seller must pay the costs of those checking operations (such as checking quality, measuring, weighing, counting) that are necessary for the purpose of delivering the goods in accordance with A4, as well as the costs of any pre-shipment inspection mandated by the authority of the country of export.

The seller must, at its own expense, package the goods, unless it is usual for the particular trade to transport the type of goods sold unpackaged. The seller may package the goods in the manner appropriate for their transport, unless the buyer has notified the seller of specific packaging requirements before the contract of sale is concluded. Packaging is to be marked appropriately.

A10 Assistance with information and related costs

The seller must, where applicable, in a timely manner, provide to or render assistance in obtaining for the buyer, at the buyer's request, risk and expense, any documents and information, including security-related information, that the buyer needs for the import of the goods and/or for their transport to the final destination.

The seller must reimburse the buyer for all costs and charges incurred by the buyer in providing or rendering assistance in obtaining documents and information as envisaged in B10.

B8 **Proof of delivery**

The buyer must accept the delivery document provided as envisaged in A8.

B9 **Inspection of goods**

The buyer must pay the costs of any mandatory pre-shipment inspection, except when such inspection is mandated by the authorities of the country of export.

B10 **Assistance with information and related costs**

The buyer must, in a timely manner, advise the seller of any security information requirements so that the seller may comply with A10.

The buyer must reimburse the seller for all costs and charges incurred by the seller in providing or rendering assistance in obtaining documents and information as envisaged in A10.

The buyer must, where applicable, in a timely manner, provide to or render assistance in obtaining for the seller, at the seller's request, risk and expense, any documents and information, including security-related information, that the seller needs for the transport and export of the goods and for their transport through any country.

DDP

DELIVERED DUTY PAID

DDP (insert named place of destination) Incoterms® 2010

GUIDANCE NOTE

This rule may be used irrespective of the mode of transport selected and may also be used where more than one mode of transport is employed.

"Delivered Duty Paid" means that the seller delivers the goods when the goods are placed at the disposal of the buyer, cleared for import on the arriving means of transport ready for unloading at the named place of destination. The seller bears all the costs and risks involved in bringing the goods to the place of destination and has an obligation to clear the goods not only for export but also for import, to pay any duty for both export and import and to carry out all customs formalities.

DDP represents the maximum obligation for the seller.

The parties are well advised to specify as clearly as possible the point within the agreed place of destination, as the costs and risks to that point are for the account of the seller. The seller is advised to procure contracts of carriage that match this choice precisely. If the seller incurs costs under its contract of carriage related to unloading at the place of destination, the seller is not entitled to recover such costs from the buyer unless otherwise agreed between the parties.

The parties are well advised not to use DDP if the seller is unable directly or indirectly to obtain import clearance.

If the parties wish the buyer to bear all risks and costs of import clearance, the DAP rule should be used.

Any VAT or other taxes payable upon import are for the seller's account unless expressly agreed otherwise in the sale contract.

A THE SELLER'S OBLIGATIONS

A1 General obligations of the seller

The seller must provide the goods and the commercial invoice in conformity with the contract of sale and any other evidence of conformity that may be required by the contract.

Any document referred to in A1-A10 may be an equivalent electronic record or procedure if agreed between the parties or customary.

A2 Licences, authorizations, security clearances and other formalities

Where applicable, the seller must obtain, at its own risk and expense, any export and import licence and other official authorization and carry out all customs formalities necessary for the export of the goods, for their transport through any country and for their import.

A3 Contracts of carriage and insurance

a) Contract of carriage

The seller must contract at its own expense for the carriage of the goods to the named place of destination or to the agreed point, if any, at the named place of destination. If a specific point is not agreed or is not determined by practice, the seller may select the point at the named place of destination that best suits its purpose.

b) Contract of insurance

The seller has no obligation to the buyer to make a contract of insurance. However, the seller must provide the buyer, at the buyer's request, risk, and expense (if any), with information that the buyer needs for obtaining insurance.

A4 Delivery

The seller must deliver the goods by placing them at the disposal of the buyer on the arriving means of transport ready for unloading at the agreed point, if any, at the named place of destination on the agreed date or within the agreed period.

B THE BUYER'S OBLIGATIONS

B1 General obligations of the buyer

The buyer must pay the price of the goods as provided in the contract of sale.

Any document referred to in B1-B10 may be an equivalent electronic record or procedure if agreed between the parties or customary.

B2 Licences, authorizations, security clearances and other formalities

Where applicable, the buyer must provide assistance to the seller, at the seller's request, risk and expense, in obtaining any import licence or other official authorization for the import of the goods.

B3 Contracts of carriage and insurance

a) Contract of carriage

The buyer has no obligation to the seller to make a contract of carriage.

b) Contract of insurance

The buyer has no obligation to the seller to make a contract of insurance. However, the buyer must provide the seller, upon request, with the necessary information for obtaining insurance.

B4 Taking delivery

The buyer must take delivery of the goods when they have been delivered as envisaged in A4.

A5 **Transfer of risks**

The seller bears all risks of loss of or damage to the goods until they have been delivered in accordance with A4, with the exception of loss or damage in the circumstances described in B5.

A6 **Allocation of costs**

The seller must pay

a) in addition to costs resulting from A3 a), all costs relating to the goods until they have been delivered in accordance with A4, other than those payable by the buyer as envisaged in B6;

b) any charges for unloading at the place of destination that were for the seller's account under the contract of carriage; and

c) where applicable, the costs of customs formalities necessary for export and import as well as all duties, taxes and other charges payable upon export and import of the goods, and the costs for their transport through any country prior to delivery in accordance with A4.

A7 **Notices to the buyer**

The seller must give the buyer any notice needed in order to allow the buyer to take measures that are normally necessary to enable the buyer to take delivery of the goods.

A8 **Delivery document**

The seller must provide the buyer, at the seller's expense, with a document enabling the buyer to take delivery of the goods as envisaged in A4/B4.

B5 **Transfer of risks**

The buyer bears all risks of loss of or damage to the goods from the time they have been delivered as envisaged in A4.

If

a) the buyer fails to fulfil its obligations in accordance with B2, then it bears all resulting risks of loss of or damage to the goods; or

b) the buyer fails to give notice in accordance with B7, then it bears all risks of loss of or damage to the goods from the agreed date or the expiry date of the agreed period for delivery,

provided that the goods have been clearly identified as the contract goods.

B6 **Allocation of costs**

The buyer must pay

a) all costs relating to the goods from the time they have been delivered as envisaged in A4;

b) all costs of unloading necessary to take delivery of the goods from the arriving means of transport at the named place of destination, unless such costs were for the seller's account under the contract of carriage; and

c) any additional costs incurred if it fails to fulfil its obligations in accordance with B2 or to give notice in accordance with B7, provided that the goods have been clearly identified as the contract goods.

B7 **Notices to the seller**

The buyer must, whenever it is entitled to determine the time within an agreed period and/or the point of taking delivery within the named place of destination, give the seller sufficient notice thereof.

B8 **Proof of delivery**

The buyer must accept the proof of delivery provided as envisaged in A8.

A9 **Checking – packaging – marking**

The seller must pay the costs of those checking operations (such as checking quality, measuring, weighing, counting) that are necessary for the purpose of delivering the goods in accordance with A4, as well as the costs of any pre-shipment inspection mandated by the authority of the country of export or of import.

The seller must, at its own expense, package the goods, unless it is usual for the particular trade to transport the type of goods sold unpackaged. The seller may package the goods in the manner appropriate for their transport, unless the buyer has notified the seller of specific packaging requirements before the contract of sale is concluded. Packaging is to be marked appropriately.

A10 **Assistance with information and related costs**

The seller must, where applicable, in a timely manner, provide to or render assistance in obtaining for the buyer, at the buyer's request, risk and expense, any documents and information, including security-related information, that the buyer needs for the transport of the goods to the final destination, where applicable, from the named place of destination.

The seller must reimburse the buyer for all costs and charges incurred by the buyer in providing or rendering assistance in obtaining documents and information as envisaged in B10.

B9 **Inspection of goods**

The buyer has no obligation to the seller to pay the costs of any mandatory pre-shipment inspection mandated by the authority of the country of export or of import.

B10 **Assistance with information and related costs**

The buyer must, in a timely manner, advise the seller of any security information requirements so that the seller may comply with A10.

The buyer must reimburse the seller for all costs and charges incurred by the seller in providing or rendering assistance in obtaining documents and information as envisaged in A10.

The buyer must, where applicable, in a timely manner, provide to or render assistance in obtaining for the seller, at the seller's request, risk and expense, any documents and information, including security-related information, that the seller needs for the transport, export and import of the goods and for their transport through any country.

RULES FOR SEA AND INLAND WATERWAY TRANSPORT

FAS

FREE ALONGSIDE SHIP

FAS (insert named port of shipment) Incoterms® 2010

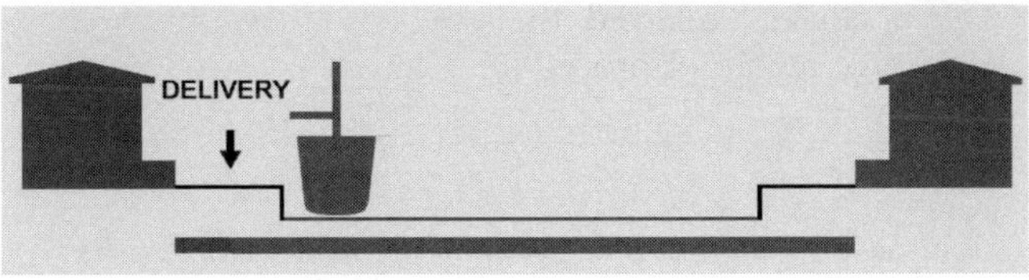

GUIDANCE NOTE

This rule is to be used only for sea or inland waterway transport.

"Free Alongside Ship" means that the seller delivers when the goods are placed alongside the vessel (e.g., on a quay or a barge) nominated by the buyer at the named port of shipment. The risk of loss of or damage to the goods passes when the goods are alongside the ship, and the buyer bears all costs from that moment onwards.

The parties are well advised to specify as clearly as possible the loading point at the named port of shipment, as the costs and risks to that point are for the account of the seller and these costs and associated handling charges may vary according to the practice of the port.

The seller is required either to deliver the goods alongside the ship or to procure goods already so delivered for shipment. The reference to "procure" here caters for multiple sales down a chain ('string sales'), particularly common in the commodity trades.

Where the goods are in containers, it is typical for the seller to hand the goods over to the carrier at a terminal and not alongside the vessel. In such situations, the FAS rule would be inappropriate, and the FCA rule should be used.

FAS requires the seller to clear the goods for export, where applicable. However, the seller has no obligation to clear the goods for import, pay any import duty or carry out any import customs formalities.

A THE SELLER'S OBLIGATIONS

A1 General obligations of the seller

The seller must provide the goods and the commercial invoice in conformity with the contract of sale and any other evidence of conformity that may be required by the contract.

Any document referred to in A1-A10 may be an equivalent electronic record or procedure if agreed between the parties or customary.

A2 Licences, authorizations, security clearances and other formalities

Where applicable, the seller must obtain, at its own risk and expense, any export licence or other official authorization and carry out all customs formalities necessary for the export of the goods.

A3 Contracts of carriage and insurance

a) Contract of carriage
The seller has no obligation to the buyer to make a contract of carriage. However, if requested by the buyer or if it is commercial practice and the buyer does not give an instruction to the contrary in due time, the seller may contract for carriage on usual terms at the buyer's risk and expense. In either case, the seller may decline to make the contract of carriage and, if it does, shall promptly notify the buyer.

b) Contract of insurance
The seller has no obligation to the buyer to make a contract of insurance. However, the seller must provide the buyer, at the buyer's request, risk, and expense (if any), with information that the buyer needs for obtaining insurance.

A4 Delivery

The seller must deliver the goods either by placing them alongside the ship nominated by the buyer at the loading point, if any, indicated by the buyer at the named port of shipment or by procuring the goods so delivered. In either case, the seller must deliver the goods on the agreed date or within the agreed period and in the manner customary at the port.

If no specific loading point has been indicated by the buyer, the seller may select the point within the named port of shipment that best suits its purpose. If the parties have agreed that delivery should take place within a period, the buyer has the option to choose the date within that period.

B THE BUYER'S OBLIGATIONS

B1 General obligations of the buyer

The buyer must pay the price of the goods as provided in the contract of sale.

Any document referred to in B1-B10 may be an equivalent electronic record or procedure if agreed between the parties or customary.

B2 Licences, authorizations, security clearances and other formalities

Where applicable, it is up to the buyer to obtain, at its own risk and expense, any import licence or other official authorization and carry out all customs formalities for the import of the goods and for their transport through any country.

B3 Contracts of carriage and insurance

a) Contract of carriage

The buyer must contract, at its own expense for the carriage of the goods from the named port of shipment, except where the contract of carriage is made by the seller as provided for in A3 a).

b) Contract of insurance

The buyer has no obligation to the seller to make a contract of insurance.

B4 Taking delivery

The buyer must take delivery of the goods when they have been delivered as envisaged in A4.

A5 **Transfer of risks**

The seller bears all risks of loss of or damage to the goods until they have been delivered in accordance with A4 with the exception of loss or damage in the circumstances described in B5.

A6 **Allocation of costs**

The seller must pay

a) all costs relating to the goods until they have been delivered in accordance with A4, other than those payable by the buyer as envisaged in B6; and

b) where applicable, the costs of customs formalities necessary for export as well as all duties, taxes and other charges payable upon export.

A7 **Notices to the buyer**

The seller must, at the buyer's risk and expense, give the buyer sufficient notice either that the goods have been delivered in accordance with A4 or that the vessel has failed to take the goods within the time agreed.

B5 **Transfer of risks**

The buyer bears all risks of loss of or damage to the goods from the time they have been delivered as envisaged in A4.

If

a) the buyer fails to give notice in accordance with B7; or

b) the vessel nominated by the buyer fails to arrive on time, or fails to take the goods or closes for cargo earlier than the time notified in accordance with B7;

then the buyer bears all risks of loss of or damage to the goods from the agreed date or the expiry date of the agreed period for delivery, provided that the goods have been clearly identified as the contract goods.

B6 **Allocation of costs**

The buyer must pay

a) all costs relating to the goods from the time they have been delivered as envisaged in A4, except, where applicable, the costs of customs formalities necessary for export as well as all duties, taxes, and other charges payable upon export as referred to in A6 b);

b) any additional costs incurred, either because:

(i) the buyer has failed to give appropriate notice in accordance with B7, or

(ii) the vessel nominated by the buyer fails to arrive on time, is unable to take the goods, or closes for cargo earlier than the time notified in accordance with B7,

provided that the goods have been clearly identified as the contract goods; and

c) where applicable, all duties, taxes and other charges, as well as the costs of carrying out customs formalities payable upon import of the goods and the costs for their transport through any country.

B7 **Notices to the seller**

The buyer must give the seller sufficient notice of the vessel name, loading point and, where necessary, the selected delivery time within the agreed period.

A8 **Delivery document**

The seller must provide the buyer, at the seller's expense, with the usual proof that the goods have been delivered in accordance with A4.

Unless such proof is a transport document, the seller must provide assistance to the buyer, at the buyer's request, risk and expense, in obtaining a transport document.

A9 **Checking – packaging – marking**

The seller must pay the costs of those checking operations (such as checking quality, measuring, weighing, counting) that are necessary for the purpose of delivering the goods in accordance with A4, as well as the costs of any pre-shipment inspection mandated by the authority of the country of export.

The seller must, at its own expense, package the goods, unless it is usual for the particular trade to transport the type of goods sold unpackaged. The seller may package the goods in the manner appropriate for their transport, unless the buyer has notified the seller of specific packaging requirements before the contract of sale is concluded. Packaging is to be marked appropriately.

A10 **Assistance with information and related costs**

The seller must, where applicable, in a timely manner, provide to or render assistance in obtaining for the buyer, at the buyer's request, risk and expense, any documents and information, including security-related information, that the buyer needs for the import of the goods and/or for their transport to the final destination.

The seller must reimburse the buyer for all costs and charges incurred by the buyer in providing or rendering assistance in obtaining documents and information as envisaged in B10.

B8 **Proof of delivery**

The buyer must accept the proof of delivery provided as envisaged in A8.

B9 **Inspection of goods**

The buyer must pay the costs of any mandatory pre-shipment inspection, except when such inspection is mandated by the authorities of the country of export.

B10 **Assistance with information and related costs**

The buyer must, in a timely manner, advise the seller of any security information requirements so that the seller may comply with A10.

The buyer must reimburse the seller for all costs and charges incurred by the seller in providing or rendering assistance in obtaining documents and information as envisaged in A10.

The buyer must, where applicable, in a timely manner, provide to or render assistance in obtaining for the seller, at the seller's request, risk and expense, any documents and information, including security-related information, that the seller needs for the transport and export of the goods and for their transport through any country.

FOB

FREE ON BOARD

FOB (insert named port of shipment) Incoterms® 2010

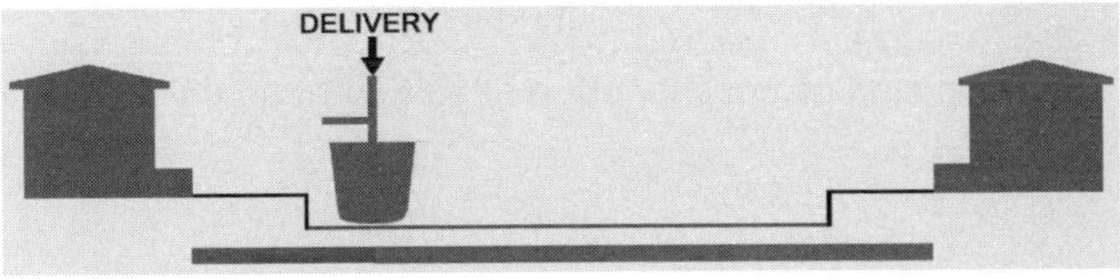

GUIDANCE NOTE

This rule is to be used only for sea or inland waterway transport.

"Free on Board" means that the seller delivers the goods on board the vessel nominated by the buyer at the named port of shipment or procures the goods already so delivered. The risk of loss of or damage to the goods passes when the goods are on board the vessel, and the buyer bears all costs from that moment onwards.

The seller is required either to deliver the goods on board the vessel or to procure goods already so delivered for shipment. The reference to "procure" here caters for multiple sales down a chain ('string sales'), particularly common in the commodity trades.

FOB may not be appropriate where goods are handed over to the carrier before they are on board the vessel, for example goods in containers, which are typically delivered at a terminal. In such situations, the FCA rule should be used.

FOB requires the seller to clear the goods for export, where applicable. However, the seller has no obligation to clear the goods for import, pay any import duty or carry out any import customs formalities.

A THE SELLER'S OBLIGATIONS

A1 General obligations of the seller

The seller must provide the goods and the commercial invoice in conformity with the contract of sale and any other evidence of conformity that may be required by the contract.

Any document referred to in A1-A10 may be an equivalent electronic record or procedure if agreed between the parties or customary.

A2 Licences, authorizations, security clearances and other formalities

Where applicable, the seller must obtain, at its own risk and expense, any export licence or other official authorization and carry out all customs formalities necessary for the export of the goods.

A3 Contracts of carriage and insurance

a) Contract of carriage

The seller has no obligation to the buyer to make a contract of carriage. However, if requested by the buyer or if it is commercial practice and the buyer does not give an instruction to the contrary in due time, the seller may contract for carriage on usual terms at the buyer's risk and expense. In either case, the seller may decline to make the contract of carriage and, if it does, shall promptly notify the buyer.

b) Contract of insurance

The seller has no obligation to the buyer to make a contract of insurance. However, the seller must provide the buyer, at the buyer's request, risk, and expense (if any), with information that the buyer needs for obtaining insurance.

A4 Delivery

The seller must deliver the goods either by placing them on board the vessel nominated by the buyer at the loading point, if any, indicated by the buyer at the named port of shipment or by procuring the goods so delivered. In either case, the seller must deliver the goods on the agreed date or within the agreed period and in the manner customary at the port.

If no specific loading point has been indicated by the buyer, the seller may select the point within the named port of shipment that best suits its purpose.

B THE BUYER'S OBLIGATIONS

B1 General obligations of the buyer

The buyer must pay the price of the goods as provided in the contract of sale.

Any document referred to in B1-B10 may be an equivalent electronic record or procedure if agreed between the parties or customary.

B2 Licences, authorizations, security clearances and other formalities

Where applicable, it is up to the buyer to obtain, at its own risk and expense, any import licence or other official authorization and carry out all customs formalities for the import of the goods and for their transport through any country.

B3 Contracts of carriage and insurance

a) Contract of carriage
The buyer must contract, at its own expense for the carriage of the goods from the named port of shipment, except where the contract of carriage is made by the seller as provided for in A3 a).

b) Contract of insurance
The buyer has no obligation to the seller to make a contract of insurance.

B4 Taking delivery

The buyer must take delivery of the goods when they have been delivered as envisaged in A4.

A5 **Transfer of risks**

The seller bears all risks of loss of or damage to the goods until they have been delivered in accordance with A4 with the exception of loss or damage in the circumstances described in B5.

A6 **Allocation of costs**

The seller must pay

a) all costs relating to the goods until they have been delivered in accordance with A4, other than those payable by the buyer as envisaged in B6; and

b) where applicable, the costs of customs formalities necessary for export, as well as all duties, taxes and other charges payable upon export.

B5 **Transfer of risks**

The buyer bears all risks of loss of or damage to the goods from the time they have been delivered as envisaged in A4.

If

a) the buyer fails to notify the nomination of a vessel in accordance with B7; or

b) the vessel nominated by the buyer fails to arrive on time to enable the seller to comply with A4, is unable to take the goods, or closes for cargo earlier than the time notified in accordance with B7;

then, the buyer bears all risks of loss of or damage to the goods:

(i) from the agreed date, or in the absence of an agreed date,

(ii) from the date notified by the seller under A7 within the agreed period, or, if no such date has been notified,

(iii) from the expiry date of any agreed period for delivery,

provided that the goods have been clearly identified as the contract goods.

B6 **Allocation of costs**

The buyer must pay

a) all costs relating to the goods from the time they have been delivered as envisaged in A4, except, where applicable, the costs of customs formalities necessary for export, as well as all duties, taxes and other charges payable upon export as referred to in A6 b);

b) any additional costs incurred, either because:

(i) the buyer has failed to give appropriate notice in accordance with B7, or

(ii) the vessel nominated by the buyer fails to arrive on time, is unable to take the goods, or closes for cargo earlier than the time notified in accordance with B7,

provided that the goods have been clearly identified as the contract goods; and

c) where applicable, all duties, taxes and other charges, as well as the costs of carrying out customs formalities payable upon import of the goods and the costs for their transport through any country.

A7 **Notices to the buyer**

The seller must, at the buyer's risk and expense, give the buyer sufficient notice either that the goods have been delivered in accordance with A4 or that the vessel has failed to take the goods within the time agreed.

A8 **Delivery document**

The seller must provide the buyer, at the seller's expense, with the usual proof that the goods have been delivered in accordance with A4.

Unless such proof is a transport document, the seller must provide assistance to the buyer, at the buyer's request, risk and expense, in obtaining a transport document.

A9 **Checking – packaging – marking**

The seller must pay the costs of those checking operations (such as checking quality, measuring, weighing, counting) that are necessary for the purpose of delivering the goods in accordance with A4, as well as the costs of any pre-shipment inspection mandated by the authority of the country of export.

The seller must, at its own expense, package the goods, unless it is usual for the particular trade to transport the type of goods sold unpackaged. The seller may package the goods in the manner appropriate for their transport, unless the buyer has notified the seller of specific packaging requirements before the contract of sale is concluded. Packaging is to be marked appropriately.

A10 **Assistance with information and related costs**

The seller must, where applicable, in a timely manner, provide to or render assistance in obtaining for the buyer, at the buyer's request, risk and expense, any documents and information, including security-related information, that the buyer needs for the import of the goods and/or for their transport to the final destination.

The seller must reimburse the buyer for all costs and charges incurred by the buyer in providing or rendering assistance in obtaining documents and information as envisaged in B10.

B7 **Notices to the seller**

The buyer must give the seller sufficient notice of the vessel name, loading point and, where necessary, the selected delivery time within the agreed period.

B8 **Proof of delivery**

The buyer must accept the proof of delivery provided as envisaged in A8.

B9 **Inspection of goods**

The buyer must pay the costs of any mandatory pre-shipment inspection, except when such inspection is mandated by the authorities of the country of export.

B10 **Assistance with information and related costs**

The buyer must, in a timely manner, advise the seller of any security information requirements so that the seller may comply with A10.

The buyer must reimburse the seller for all costs and charges incurred by the seller in providing or rendering assistance in obtaining documents and information as envisaged in A10.

The buyer must, where applicable, in a timely manner, provide to or render assistance in obtaining for the seller, at the seller's request, risk and expense, any documents and information, including security-related information, that the seller needs for the transport and export of the goods and for their transport through any country.

CFR

COST AND FREIGHT

CFR (insert named port of destination) Incoterms® 2010

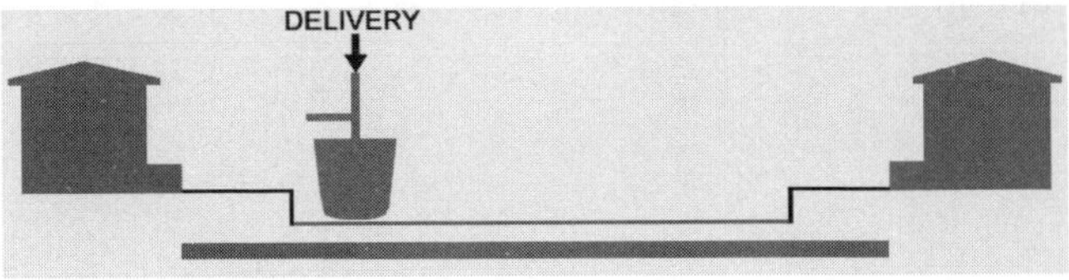

GUIDANCE NOTE

This rule is to be used only for sea or inland waterway transport.

"Cost and Freight" means that the seller delivers the goods on board the vessel or procures the goods already so delivered. The risk of loss of or damage to the goods passes when the goods are on board the vessel. The seller must contract for and pay the costs and freight necessary to bring the goods to the named port of destination.

When CPT, CIP, CFR or CIF are used, the seller fulfils its obligation to deliver when it hands the goods over to the carrier in the manner specified in the chosen rule and not when the goods reach the place of destination.

This rule has two critical points, because risk passes and costs are transferred at different places. While the contract will always specify a destination port, it might not specify the port of shipment, which is where risk passes to the buyer. If the shipment port is of particular interest to the buyer, the parties are well advised to identify it as precisely as possible in the contract.

The parties are well advised to identify as precisely as possible the point at the agreed port of destination, as the costs to that point are for the account of the seller. The seller is advised to procure contracts of carriage that match this choice precisely. If the seller incurs costs under its contract of carriage related to unloading at the specified point at the port of destination, the seller is not entitled to recover such costs from the buyer unless otherwise agreed between the parties.

The seller is required either to deliver the goods on board the vessel or to procure goods already so delivered for shipment to the destination. In addition, the seller is required either to make a contract of carriage or to procure such a contract. The reference to "procure" here caters for multiple sales down a chain ('string sales'), particularly common in the commodity trades.

CFR may not be appropriate where goods are handed over to the carrier before they are on board the vessel, for example goods in containers, which are typically delivered at a terminal. In such circumstances, the CPT rule should be used.

CFR requires the seller to clear the goods for export, where applicable. However, the seller has no obligation to clear the goods for import, pay any import duty or carry out any import customs formalities.

A THE SELLER'S OBLIGATIONS

A1 General obligations of the seller

The seller must provide the goods and the commercial invoice in conformity with the contract of sale and any other evidence of conformity that may be required by the contract.

Any document referred to in A1-A10 may be an equivalent electronic record or procedure if agreed between the parties or customary.

A2 Licences, authorizations, security clearances and other formalities

Where applicable, the seller must obtain, at its own risk and expense, any export licence or other official authorization and carry out all customs formalities necessary for the export of the goods.

A3 Contracts of carriage and insurance

a) Contract of carriage
The seller must contract or procure a contract for the carriage of the goods from the agreed point of delivery, if any, at the place of delivery to the named port of destination or, if agreed, any point at that port. The contract of carriage must be made on usual terms at the seller's expense and provide for carriage by the usual route in a vessel of the type normally used for the transport of the type of goods sold.

b) Contract of insurance
The seller has no obligation to the buyer to make a contract of insurance. However, the seller must provide the buyer, at the buyer's request, risk, and expense (if any), with information that the buyer needs for obtaining insurance.

A4 Delivery

The seller must deliver the goods either by placing them on board the vessel or by procuring the goods so delivered. In either case, the seller must deliver the goods on the agreed date or within the agreed period and in the manner customary at the port.

B THE BUYER'S OBLIGATIONS

B1 General obligations of the buyer

The buyer must pay the price of the goods as provided in the contract of sale.

Any document referred to in B1-B10 may be an equivalent electronic record or procedure if agreed between the parties or customary.

B2 Licences, authorizations, security clearances and other formalities

Where applicable, it is up to the buyer to obtain, at its own risk and expense, any import licence or other official authorization and carry out all customs formalities for the import of the goods and for their transport through any country.

B3 Contracts of carriage and insurance

a) Contract of carriage
The buyer has no obligation to the seller to make a contract of carriage.

b) Contract of insurance
The buyer has no obligation to the seller to make a contract of insurance. However, the buyer must provide the seller, upon request, with the necessary information for obtaining insurance.

B4 Taking delivery

The buyer must take delivery of the goods when they have been delivered as envisaged in A4 and receive them from the carrier at the named port of destination.

A5 **Transfer of risks**

The seller bears all risks of loss of or damage to the goods until they have been delivered in accordance with A4, with the exception of loss or damage in the circumstances described in B5.

A6 **Allocation of costs**

The seller must pay

a) all costs relating to the goods until they have been delivered in accordance with A4, other than those payable by the buyer as envisaged in B6;

b) the freight and all other costs resulting from A3 a), including the costs of loading the goods on board and any charges for unloading at the agreed port of discharge that were for the seller's account under the contract of carriage; and

c) where applicable, the costs of customs formalities necessary for export as well as all duties, taxes and other charges payable upon export, and the costs for their transport through any country that were for the seller's account under the contract of carriage.

A7 **Notices to the buyer**

The seller must give the buyer any notice needed in order to allow the buyer to take measures that are normally necessary to enable the buyer to take the goods.

B5 **Transfer of risks**

The buyer bears all risks of loss of or damage to the goods from the time they have been delivered as envisaged in A4.

If the buyer fails to give notice in accordance with B7, then it bears all risks of loss of or damage to the goods from the agreed date or the expiry date of the agreed period for shipment, provided that the goods have been clearly identified as the contract goods.

B6 **Allocation of costs**

The buyer must, subject to the provisions of A3 a), pay

a) all costs relating to the goods from the time they have been delivered as envisaged in A4, except, where applicable, the costs of customs formalities necessary for export as well as all duties, taxes, and other charges payable upon export as referred to in A6 c);

b) all costs and charges relating to the goods while in transit until their arrival at the port of destination, unless such costs and charges were for the seller's account under the contract of carriage;

c) unloading costs including lighterage and wharfage charges, unless such costs and charges were for the seller's account under the contract of carriage;

d) any additional costs incurred if it fails to give notice in accordance with B7, from the agreed date or the expiry date of the agreed period for shipment, provided that the goods have been clearly identified as the contract goods; and

e) where applicable, all duties, taxes and other charges, as well as the costs of carrying out customs formalities payable upon import of the goods and the costs for their transport through any country unless included within the cost of the contract of carriage.

B7 **Notices to the seller**

The buyer must, whenever it is entitled to determine the time for shipping the goods and/or the point of receiving the goods within the named port of destination, give the seller sufficient notice thereof.

A8 Delivery document

The seller must, at its own expense, provide the buyer without delay with the usual transport document for the agreed port of destination.

This transport document must cover the contract goods, be dated within the period agreed for shipment, enable the buyer to claim the goods from the carrier at the port of destination and, unless otherwise agreed, enable the buyer to sell the goods in transit by the transfer of the document to a subsequent buyer or by notification to the carrier.

When such a transport document is issued in negotiable form and in several originals, a full set of originals must be presented to the buyer.

A9 Checking – packaging – marking

The seller must pay the costs of those checking operations (such as checking quality, measuring, weighing, counting) that are necessary for the purpose of delivering the goods in accordance with A4, as well as the costs of any pre-shipment inspection mandated by the authority of the country of export.

The seller must, at its own expense, package the goods, unless it is usual for the particular trade to transport the type of goods sold unpackaged. The seller may package the goods in the manner appropriate for their transport, unless the buyer has notified the seller of specific packaging requirements before the contract of sale is concluded. Packaging is to be marked appropriately.

A10 Assistance with information and related costs

The seller must, where applicable, in a timely manner, provide to or render assistance in obtaining for the buyer, at the buyer's request, risk and expense, any documents and information, including security-related information, that the buyer needs for the import of the goods and/or for their transport to the final destination.

The seller must reimburse the buyer for all costs and charges incurred by the buyer in providing or rendering assistance in obtaining documents and information as envisaged in B10.

B8 **Proof of delivery**

The buyer must accept the transport document provided as envisaged in A8 if it is in conformity with the contract.

B9 **Inspection of goods**

The buyer must pay the costs of any mandatory pre-shipment inspection, except when such inspection is mandated by the authorities of the country of export.

B10 **Assistance with information and related costs**

The buyer must, in a timely manner, advise the seller of any security information requirements so that the seller may comply with A10.

The buyer must reimburse the seller for all costs and charges incurred by the seller in providing or rendering assistance in obtaining documents and information as envisaged in A10.

The buyer must, where applicable, in a timely manner, provide to or render assistance in obtaining for the seller, at the seller's request, risk and expense, any documents and information, including security-related information, that the seller needs for the transport and export of the goods and for their transport through any country.

CIF

COST INSURANCE AND FREIGHT

CIF (insert named port of destination) Incoterms® 2010

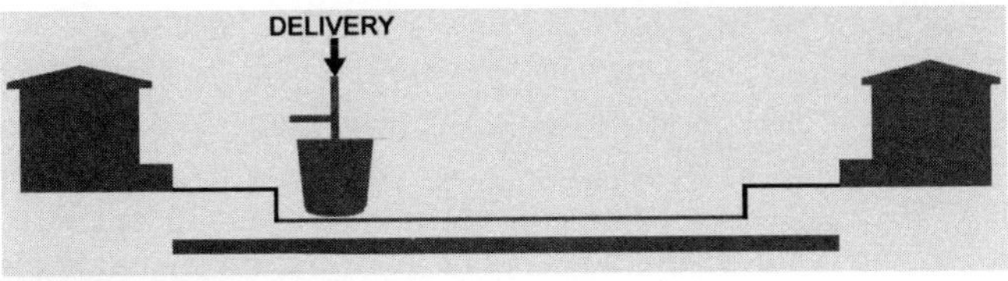

GUIDANCE NOTE

This rule is to be used only for sea or inland waterway transport.

"Cost, Insurance and Freight" means that the seller delivers the goods on board the vessel or procures the goods already so delivered. The risk of loss of or damage to the goods passes when the goods are on board the vessel. The seller must contract for and pay the costs and freight necessary to bring the goods to the named port of destination.

The seller also contracts for insurance cover against the buyer's risk of loss of or damage to the goods during the carriage. The buyer should note that under CIF the seller is required to obtain insurance only on minimum cover. Should the buyer wish to have more insurance protection, it will need either to agree as much expressly with the seller or to make its own extra insurance arrangements.

When CPT, CIP, CFR, or CIF are used, the seller fulfils its obligation to deliver when it hands the goods over to the carrier in the manner specified in the chosen rule and not when the goods reach the place of destination.

This rule has two critical points, because risk passes and costs are transferred at different places. While the contract will always specify a destination port, it might not specify the port of shipment, which is where risk passes to the buyer. If the shipment port is of particular interest to the buyer, the parties are well advised to identify it as precisely as possible in the contract.

The parties are well advised to identify as precisely as possible the point at the agreed port of destination, as the costs to that point are for the account of the seller. The seller is advised to procure contracts of carriage that match this choice precisely. If the seller incurs costs under its contract of carriage related to unloading at the specified point at the port of destination, the seller is not entitled to recover such costs from the buyer unless otherwise agreed between the parties.

The seller is required either to deliver the goods on board the vessel or to procure goods already so delivered for shipment to the destination. In addition the seller is required either to make a contract of carriage or to procure such a contract. The reference to "procure" here caters for multiple sales down a chain ('string sales'), particularly common in the commodity trades.

CIF may not be appropriate where goods are handed over to the carrier before they are on board the vessel, for example goods in containers, which are typically delivered at a terminal. In such circumstances, the CIP rule should be used.

CIF requires the seller to clear the goods for export, where applicable. However, the seller has no obligation to clear the goods for import, pay any import duty or carry out any import customs formalities.

A THE SELLER'S OBLIGATIONS

A1 General obligations of the seller

The seller must provide the goods and the commercial invoice in conformity with the contract of sale and any other evidence of conformity that may be required by the contract.

Any document referred to in A1-A10 may be an equivalent electronic record or procedure if agreed between the parties or customary.

A2 Licences, authorizations, security clearances and other formalities

Where applicable, the seller must obtain, at its own risk and expense, any export licence or other official authorization and carry out all customs formalities necessary for the export of the goods.

B THE BUYER'S OBLIGATIONS

B1 General obligations of the buyer

The buyer must pay the price of the goods as provided in the contract of sale.

Any document referred to in B1-B10 may be an equivalent electronic record or procedure if agreed between the parties or customary.

B2 Licences, authorizations, security clearances and formalities

Where applicable, it is up to the buyer to obtain, at its own risk and expense, any import licence or other official authorization and carry out all customs formalities for the import of the goods and for their transport through any country.

A3 **Contracts of carriage and insurance**

a) Contract of carriage

The seller must contract or procure a contract for the carriage of the goods from the agreed point of delivery, if any, at the place of delivery to the named port of destination or, if agreed, any point at that port. The contract of carriage must be made on usual terms at the seller's expense and provide for carriage by the usual route in a vessel of the type normally used for the transport of the type of goods sold.

b) Contract of insurance

The seller must obtain, at its own expense, cargo insurance complying at least with the minimum cover provided by Clauses (C) of the Institute Cargo Clauses (LMA/IUA) or any similar clauses. The insurance shall be contracted with underwriters or an insurance company of good repute and entitle the buyer, or any other person having an insurable interest in the goods, to claim directly from the insurer.

When required by the buyer, the seller shall, subject to the buyer providing any necessary information requested by the seller, provide at the buyer's expense any additional cover, if procurable, such as cover as provided by Clauses (A) or (B) of the Institute Cargo Clauses (LMA/IUA) or any similar clauses and/or cover complying with the Institute War Clauses and/or Institute Strikes Clauses (LMA/IUA) or any similar clauses.

The insurance shall cover, at a minimum, the price provided in the contract plus 10% (i.e., 110%) and shall be in the currency of the contract.

The insurance shall cover the goods from the point of delivery set out in A4 and A5 to at least the named port of destination.

The seller must provide the buyer with the insurance policy or other evidence of insurance cover.

Moreover, the seller must provide the buyer, at the buyer's request, risk, and expense (if any), with information that the buyer needs to procure any additional insurance.

A4 **Delivery**

The seller must deliver the goods either by placing them on board the vessel or by procuring the goods so delivered. In either case, the seller must deliver the goods on the agreed date or within the agreed period and in the manner customary at the port.

B3 **Contracts of carriage and insurance**

a) Contract of carriage

The buyer has no obligation to the seller to make a contract of carriage.

b) Contract of insurance

The buyer has no obligation to the seller to make a contract of insurance. However, the buyer must provide the seller, upon request, with any information necessary for the seller to procure any additional insurance requested by the buyer as envisaged in A3 b).

B4 **Taking delivery**

The buyer must take delivery of the goods when they have been delivered as envisaged in A4 and receive them from the carrier at the named port of destination.

A5 **Transfer of risks**

The seller bears all risks of loss of or damage to the goods until they have been delivered in accordance with A4, with the exception of loss or damage in the circumstances described in B5.

A6 **Allocation of costs**

The seller must pay

a) all costs relating to the goods until they have been delivered in accordance with A4, other than those payable by the buyer as envisaged in B6;

b) the freight and all other costs resulting from A3 a), including the costs of loading the goods on board and any charges for unloading at the agreed port of discharge that were for the seller's account under the contract of carriage;

c) the costs of insurance resulting from A3 b); and

d) where applicable, the costs of customs formalities necessary for export, as well as all duties, taxes and other charges payable upon export, and the costs for their transport through any country that were for the seller's account under the contract of carriage.

B5 **Transfer of risks**

The buyer bears all risks of loss of or damage to the goods from the time they have been delivered as envisaged in A4.

If the buyer fails to give notice in accordance with B7, then it bears all risks of loss of or damage to the goods from the agreed date or the expiry date of the agreed period for shipment, provided that the goods have been clearly identified as the contract goods.

B6 **Allocation of costs**

The buyer must, subject to the provisions of A3 a), pay
a) all costs relating to the goods from the time they have been delivered as envisaged in A4, except, where applicable, the costs of customs formalities necessary for export, as well as all duties, taxes and other charges payable upon export as referred to in A6 d);

b) all costs and charges relating to the goods while in transit until their arrival at the port of destination, unless such costs and charges were for the seller's account under the contract of carriage;

c) unloading costs including lighterage and wharfage charges, unless such costs and charges were for the seller's account under the contract of carriage;

d) any additional costs incurred if it fails to give notice in accordance with B7, from the agreed date or the expiry date of the agreed period for shipment, provided that the goods have been clearly identified as the contract goods;

e) where applicable, all duties, taxes and other charges, as well as the costs of carrying out customs formalities payable upon import of the goods and the costs for their transport through any country, unless included within the cost of the contract of carriage; and

f) the costs of any additional insurance procured at the buyer's request under A3 b) and B3 b).

A7 **Notices to the buyer**

The seller must give the buyer any notice needed in order to allow the buyer to take measures that are normally necessary to enable the buyer to take the goods.

A8 **Delivery document**

The seller must, at its own expense provide the buyer without delay with the usual transport document for the agreed port of destination.

This transport document must cover the contract goods, be dated within the period agreed for shipment, enable the buyer to claim the goods from the carrier at the port of destination and, unless otherwise agreed, enable the buyer to sell the goods in transit by the transfer of the document to a subsequent buyer or by notification to the carrier.

When such a transport document is issued in negotiable form and in several originals, a full set of originals must be presented to the buyer.

A9 **Checking – packaging – marking**

The seller must pay the costs of those checking operations (such as checking quality, measuring, weighing, counting) that are necessary for the purpose of delivering the goods in accordance with A4, as well as the costs of any pre-shipment inspection mandated by the authority of the country of export.

The seller must, at its own expense, package the goods, unless it is usual for the particular trade to transport the type of goods sold unpackaged. The seller may package the goods in the manner appropriate for their transport, unless the buyer has notified the seller of specific packaging requirements before the contract of sale is concluded. Packaging is to be marked appropriately.

B7 **Notices to the seller**

The buyer must, whenever it is entitled to determine the time for shipping the goods and/or the point of receiving the goods within the named port of destination, give the seller sufficient notice thereof.

B8 **Proof of delivery**

The buyer must accept the transport document provided as envisaged in A8 if it is in conformity with the contract.

B9 **Inspection of goods**

The buyer must pay the costs of any mandatory pre-shipment inspection, except when such inspection is mandated by the authorities of the country of export.

A10 Assistance with information and related costs

The seller must, where applicable, in a timely manner, provide to or render assistance in obtaining for the buyer, at the buyer's request, risk and expense, any documents and information, including security-related information, that the buyer needs for the import of the goods and/or for their transport to the final destination.

The seller must reimburse the buyer for all costs and charges incurred by the buyer in providing or rendering assistance in obtaining documents and information as envisaged in B10.

B10 Assistance with information and related costs

The buyer must, in a timely manner, advise the seller of any security information requirements so that the seller may comply with A10.

The buyer must reimburse the seller for all costs and charges incurred by the seller in providing or rendering assistance in obtaining documents and information as envisaged in A10.

The buyer must, where applicable, in a timely manner, provide to or render assistance in obtaining for the seller, at the seller's request, risk and expense, any documents and information, including security-related information, that the seller needs for the transport and export of the goods and for their transport through any country.

INCOTERMS® 2010 DRAFTING GROUP

The Incoterms® 2010 rules were drafted by a select international group of ICC member experts, in consultation with the broader global ICC membership through the network of ICC national committees. The wide geographical and sectoral scope of the consultative process ensures that the Incoterms® 2010 rules reflect the current realities of international trade and respond to business needs everywhere.

CO-CHAIRS

CHARLES DEBATTISTA

Charles Debattista is an active arbitrator in international trade disputes and takes appointments under ICC and other institutional rules. He is also a Registered European Lawyer with the Bar of England and Wales and accepts instructions as counsel before international arbitral tribunals.

Mr Debattista is also a professor of Commercial Law at the University of Southampton in the UK. He has written many books and articles on international sale contracts, the carriage of goods by sea and letters of credit. He is a member of ICC's Commercial Law and Practice Commission, of the Banking Commission and of the Transport Commission. He was Chair of the Incoterms 2000 Drafting Group and Co-Chair of the Incoterms® 2010 Drafting Group.

CHRISTOPH MARTIN RADTKE

Christoph Martin Radtke is a partner of the French law firm Lamy & Associés. He leads the firm's international team and specializes in international trade law, agency and distribution, EC law, French and German business law, international arbitration, and international litigation. Admitted at the French and the German Bar, Mr Radtke has published articles on international contract law and arbitration and has taught at the Paris-based Institut de Droit Comparé.

In addition to his role on the Incoterms® 2010 Drafting Group, Mr Radtke is Chair of the Commercial Law and Practice Commission of ICC France, and Vice-Chair of the French-German Lawyers' Association.

He lectures widely on the Incoterms rules and has contributed to ICC model contracts including the ICC Model Distributorship Contract and the Commercial Agency Contract, as well as to the ICC Legal Handbook on Global Sourcing Contracts.

DRAFTING GROUP MEMBERS

JENS BREDOW

Jens Bredow is the Secretary General of the German Institution of Arbitration in Cologne and an attorney in private practice, specializing in international trade law and arbitration. In addition, he serves as an adviser to the German Ministry of Justice as a participant in UNCITRAL's Working Party on Arbitration and Conciliation, and is also a lecturer at Bonn University. He is also an experienced arbitrator, serving frequently as chair or sole arbitrator in a range of international proceedings.

Mr Bredow, the former Director of ICC Germany, was also a member of the Drafting Groups that revised the Incoterms® rules in 1990 and 2000. He currently sits on the Incoterms rules Panel of Experts.

JOHNNY HERRE

Johnny Herre is a Supreme Court Justice at the Supreme Court of Sweden. Prior to joining the court, he spent many years as a Professor at the Stockholm School of Economics, where he served a term as Head of the Department of Law and from which he earned a Master of Science in Economics and Business and a PhD in Law, with a focus on damages in sale of goods law.

In addition to publishing widely on issues related to the sale of goods, contracts, the law of obligations and consumer law, Professor Herre has extensive experience in arbitration, including as arbitrator and chair of tribunals in international arbitral proceedings. A member of the Study Group on a European Civil Code for many years, he is currently Chair of ICC Sweden's group on Commercial Law and Practice.

DAVID LOWE

A partner at the London office of international law firm Wragge & Co LLP, David Lowe leads the firm's commercial contracts team. His expertise is in advising supply chain clients on the international supply of goods. In this capacity, he has advised:

- international retailers on sourcing products in the Far East;
- manufacturers of industrial products on international distribution networks;
- European distributors on import arrangements with international manufacturers;
- international commodity traders ranging from bulk cement to coal;
- European manufacturers and retailers on entering new international markets; and
- international suppliers entering the European market.

Mr Lowe's experience of advising buyers and sellers of manufactured goods (which are typically transported in containers) has shaped his contribution to Incoterms® 2010. Mr Lowe also chairs the ICC UK Commercial Law and Practice Committee.

LAURI RAILAS

Lauri Railas, LL.M. (Helsinki and London), LL.D. (Helsinki), is an attorney-at-law at Krogerus Attorneys in Finland. He is a member of the Finnish Bar.

Dr Railas is the former Secretary General of ICC Finland and the former Secretary of the Arbitration Institute of the Central Chamber of Commerce of Finland. His experience and practice include international trade and transport law, marine insurance and electronic commerce. Dr Railas has been involved in trade facilitation work under the auspices of the United Nations and has written books and articles on international trade law. In addition to Incoterms® 2010, Dr Railas has contributed to various ICC model contracts, including the ICC Model International Sale Contract. He is also the Co-Chair of the ICC Task Force on Public Procurement.

FRANK REYNOLDS

Frank Reynolds is the President of International Projects Inc., a US-based international trading and consulting firm. Besides representing the US for the Incoterms® 2000 and Incoterms® 2010 revisions, he has written or co-authored 16 books on various international trade topics including ICC's *A to Z of International Trade* dictionary. He also has written over 300 columns for such international publications as the *Journal of Commerce*, *The Exporter* and ICC's *Documentary Credit Insight*.

Mr Reynolds has lectured throughout the US on such trade-related topics as the Incoterms® rules, documentary credits, US free-trade agreements, export and import procedures and the Harmonized System for over 25 years. He served on the US Commerce Department's District Export Council for 22 years, and his international projects received an *E Award for Export Excellence*. He also holds a customs broker licence from the US Department of Homeland Security, Customs and Border Protection.

MIROSLAV SUBERT

Miroslav Subert holds a *juris doctor* degree from Charles University in Prague. A long-time expert on the Incoterms® rules, he worked for many years at senior management level in companies dealing with foreign trade, shipping and forwarding in the United Kingdom, Croatia, Belgium and the Czech Republic.

Dr Subert currently serves as a lecturer at a number of institutions in Prague, including the University of Economics, the Institute for Foreign Trade, Transport and Forwarding and the Perner Institute. He is the Vice-Chair of the Czech Society for Transport Law and a professional and legal adviser on foreign trade, transport and insurance to ICC Czech Republic. He has written widely on international trade issues, including books on international transport, sales and documentary credits, and is a regular contributor to professional publications and newspapers. Dr Subert wrote a guide to Incoterms rules in 2000 and has spearheaded the translation of recent versions of the Incoterms rules into Czech.

ICC SECRETARIAT

EMILY O'CONNOR

Emily O'Connor is the Senior Policy Manager of the ICC Commission on Commercial Law and Practice and oversaw the development of *Incoterms® 2010*. She joined the ICC International Secretariat in Paris in 2006, after several years at the US Council for International Business in New York, where she managed intellectual property and competition law issues.

Ms O'Connor graduated from Columbia Law School in New York, first practising in the US State Department's Office of the Legal Adviser, focusing on International Court of Justice cases on the US application of the death penalty to foreign nationals. She then practised international corporate law at Debevoise & Plimpton, working on future flow equity issuances, mergers and acquisitions and a range of media deals, before moving to the international policy arena.

SHANE DALY

Shane Daly is a graduate of the National University of Ireland, Galway and University College London, specializing in International Commercial Law with Dispute Resolution and International Public Law. He also holds a diploma from the Université de Poitiers. In addition to his work as an assistant to the Incoterms® 2010 Drafting Group, Mr Daly has contributed to other projects of the ICC Commission on Commercial Law and Practice, including model contracts on mergers and acquisitions and on subcontracting. He is to commence as a trainee solicitor in Dublin in 2011.

ICC Dispute Resolution

Incorporating one or more of the Incoterms® rules into a contract does not in itself constitute an agreement to use ICC dispute resolution services. Contracting parties that wish to resort to one or more or these services in the event of a dispute should reach a specific and clear agreement to that effect. For this purpose, ICC offers suggested and standard clauses that parties may incorporate into their contracts. Failing this, parties should agree on the use of ICC rules in an exchange of correspondence.

ICC offers an array of services to help parties overcome disputes arising from international trade. These services respond to different needs and different situations. Each is governed by a set of rules defining a neutral procedure capable of accommodating cultural, linguistic and legal diversity, as well as the specificities of given sectors and activities.

Arbitration, administered by the ICC International Court of Arbitration, generally leads to a binding decision issued by a tribunal of one or three arbitrators. The decision is widely enforceable because of the legal recognition arbitration enjoys in almost all the world's trading nations.

Amicable dispute resolution embraces various methods of dispute resolution that seek a settlement by consensual means. The neutral third party and the parties to the dispute decide on the settlement technique to be used, which may be mediation, neutral evaluation, a mini-trial or a combination of different techniques.

Dispute boards are ongoing bodies set up for the duration of a contract to resolve disputes as and when they arise during the life of the contract. Different types of dispute boards are available, depending on the powers the parties wish to grant to the members of the board and the force of their determinations.

Expertise consists of engaging a specialist to give an opinion on a matter requiring specialist knowledge and skills, such as technical, financial or legal know-how. The services offered range from the search for a suitable expert to the complete administration of the expert's mission. A specific service called DOCDEX is offered for disputes relating to documentary credits, bank-to-bank reimbursements, collections and guarantees.

For further information, including all rules and clauses, visit our dispute resolution pages at **www.iccwbo.org**

Synopsis of trademark usage rules for *Incoterms® 2010*

"Incoterms" is a registered trademark of the International Chamber of Commerce.

Although ICC encourages and promotes the use of the Incoterms® rules by third parties in sales contracts in compliance with ICC's copyright policy, "Incoterms" is not a generic term that may be used to designate any trade terms, but is a trademark used to designate only the terms devised by ICC and products and services from ICC.

Below are some rules on the correct usage of the "Incoterms" trademark:

- Use the trademark "Incoterms" to refer only to ICC's Incoterms® rules and other Incoterms® products and services from ICC.

- In text, use "Incoterms" as an adjective, not a noun.

- Do not use "Incoterms" without the initial letter as a capital letter.

- Do not use "Incoterm" (without the final "s"). An individual term from the Incoterms® rules should be referred to as an Incoterms® rule, and never as an "Incoterm".

- Use the registered trademark symbol ® next to the trademark "Incoterms".

- Any use of the trademark "Incoterms" in association with products and services not from ICC requires a licence from ICC.

More information on the correct usage of ICC's "Incoterms" trademark can be found on ICC's website on the Incoterms® rules at **www.incoterms.org**

ICC at a Glance

ICC is the world business organization, a representative body that speaks with authority on behalf of enterprises from all sectors in every part of the world.

The mission of ICC is to promote open international trade and investment and help business meet the challenges and opportunities of an increasingly integrated global economy. Its conviction that trade is a powerful force for peace and prosperity dates from the organization's origins early in the 20th century. The small group of far-sighted business leaders who founded ICC called themselves 'the merchants of peace'.

ICC has three main activities: rule setting, dispute resolution, and policy advocacy. Because its member companies and associations are themselves engaged in international business, ICC has unrivalled authority in making rules that govern the conduct of business across borders. Although these rules are voluntary, they are observed in countless thousands of transactions every day and have become part of the fabric of international trade.

ICC also provides essential services, foremost among them the ICC International Court of Arbitration, the world's leading arbitral institution. Another service is the World Chambers Federation, ICC's worldwide network of chambers of commerce, fostering interaction and exchange of chamber best practice. ICC also offers specialized training and seminars and is an industry-leading publisher of practical and educational reference tools for international business, banking and arbitration.

Business leaders and experts drawn from the ICC membership establish the business stance on broad issues of trade and investment policy as well as on relevant technical subjects. These include: banking, commercial law and practice, competition policy, corporate responsibility and anti-corruption, customs and trade facilitation, the digital economy, environment and energy, intellectual property, marketing and advertising, taxation, and trade and investment policy.

ICC works closely with the United Nations, the World Trade Organization and intergovernmental forums including the G20.

ICC was founded in 1919. Today its global network comprises over 6 million companies, chambers of commerce and business associations in more than 130 countries. National committees work with ICC members in their countries to address their concerns and convey to their governments the business views formulated by ICC.

www.storeiccwbo.org

ICC International Business Tools

ICC GUIDE TO INCOTERMS® 2010

By Prof. Jan Ramberg
ICC Pub. No. 720E, €65

The Guide analyzes in detail each of the 11 Incoterms® rules. Diagrams and illustrations facilitate their understanding while also explaining the history of these ground-breaking international commercial terms.

INCOTERMS® 2010 Q&A

Questions & expert ICC guidance on the Incoterms® 2010 rules
ICC Pub. No. 744E, €59

This publication is the latest in a series of bestselling books helping users understand and benefit from ICC's world famous Incoterms® rules. This practical one-stop shop for traders and those that advise them, features a host of practical tools to help you choose the correct Incoterms® 2010 rule for your deal and avoid costly mistakes.

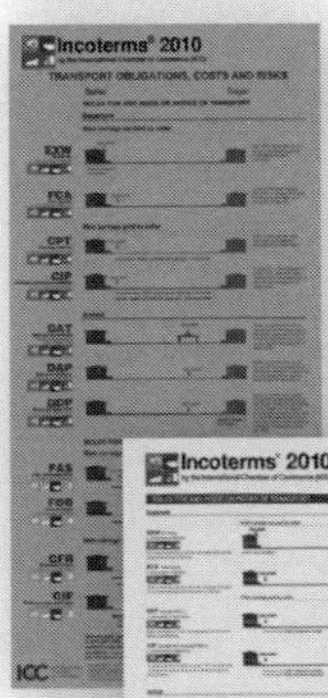

INCOTERMS® 2010 WALLCHART

Size: 30cm x 63cm
ICC Pub. No. 716E, €75 (per pack of ten posters)

This full-colour wall chart outlines the responsibilities of buyer and seller under each of the 11 Incoterms® rules.

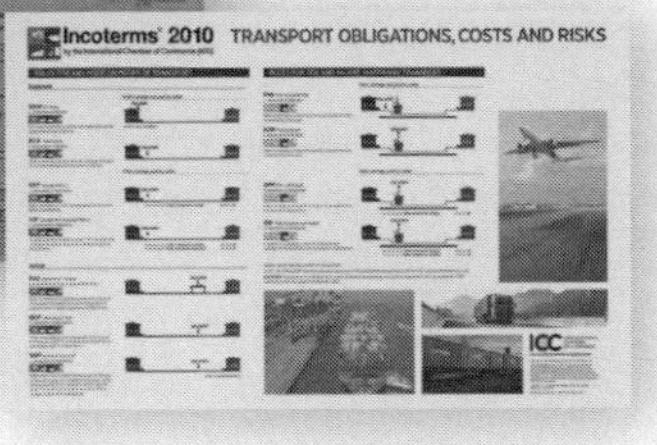

INCOTERMS® 2010 DESKPAD

Size: 58cm x 38cm
ICC Pub. No. 767E, €55 (per pack of five)

This high-quality non-slip desk pad presents a clear and easy to understand diagram of the two distinct classes of ICC's worldwide trade rules: 'Rules for any mode of transport' and 'Rules for sea and inland waterway transport'. It indicates place of delivery, transfer of risk and how transportation costs are shared between seller and buyer.

DRAFTING AND NEGOTIATING INTERNATIONAL COMMERCIAL CONTRACTS

By Prof. Fabio Bortolotti
ICC Pub. No. 743E, €125

This guide clarifies the issues surrounding cross-border contracts and provides solutions to the problems they raise. Completely updated to take latest developments into account, this helpful tool includes advice on Incoterms® 2010, Unidroit 2010, the 2012 ICC Rules on Arbitration, Rome I, and more. It will be of invaluable help for experts and non-lawyers alike.

BESTSELLER

ICC GUIDE TO EXPORT/IMPORT

Global Standards for International Trade

By Prof. Guillermo C. Jimenez
ICC Pub. No. 686E, €65

The 4th edition of this much acclaimed Guide is written by renowned international trade expert Guillermo C. Jimenez and will help exporters, importers, logistics experts, lawyers and students to more effectively do their jobs. This vital resource covers everything you need to know about international business: from IP issues and dispute resolution to electronic documentation, international payments, cargo insurance, customs and more.

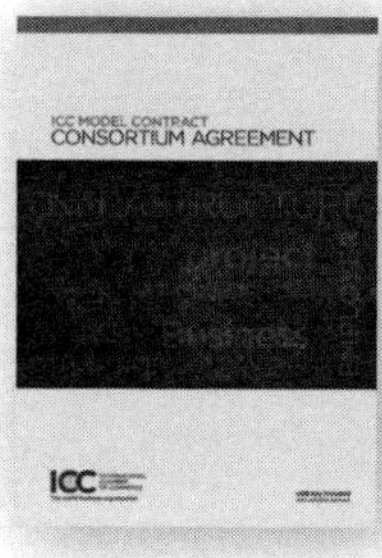

ICC MODEL CONTRACT | CONSORTIUM AGREEMENT

ICC Pub. No. 779E, €69

Companies of all sizes wanting to cooperate on major projects, whether international or domestic, require solid and balanced terms and conditions for such cooperation. The new ICC Model Contract | Consortium Agreement addresses these needs by providing a unique, balanced platform that is fair to all parties. The model accommodates the desire of all parties for a solid unanimous decision making process, a clear allocation of participation and provision of resources, the need for swift and effective dispute resolution, and the need for complete and informed allocation of risks.

PLUS: Includes a USB key presenting the model contract in a user friendly and fully editable format.

ICC MODEL CONTRACT | DISTRIBUTORSHIP

ICC Pub. No. 776E, €69

Updated in 2016, the ICC model distributorship contract is an invaluable tool for traders negotiating international distribution agreements. It includes the uniform contractual rules and their application in a simple and general form to assure equal balance for both parties.

PLUS: Includes a USB key presenting the model contract in a user-friendly and fully editable format.

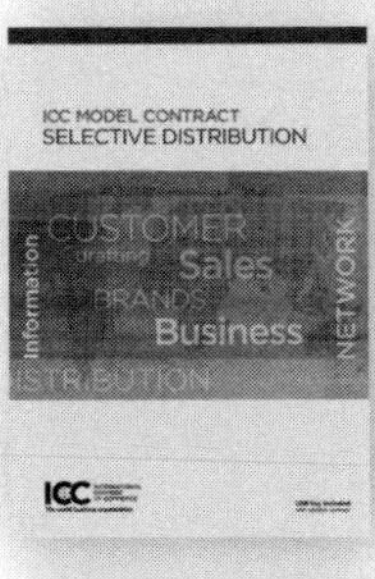

ICC MODEL CONTRACT | SELECTIVE DISTRIBUTION

ICC Pub. No. 773E, €69

This title in the series of ICC model contracts covers a particular category of distribution agreements.

Selective distribution agreements allow the exporter to better control the way his products are marketed by creating a direct link between the exporter and the retailers who sell his products to the final consumer. The model provides a sound legal basis upon which parties can quickly establish an even-handed agreement acceptable to both sides. It saves resources for companies and their legal advisers.

This ICC model contract takes account of all these specifics and contains enough flexibility for the parties to work out special situations for themselves.

PLUS: Includes a USB key presenting the model contract in a user-friendly and fully editable format.

ICC MODEL CONTRACT | COMMERCIAL AGENCY

ICC Pub. No. 766E, €69

Updated in 2015 to take into account recent developments in the law of agency, this model contract addresses questions of sales through the Internet, indemnity, arbitration and the principles of law generally applicable to agency contract ('lex mercatoria').

PLUS: Includes a USB key presenting the model contract in a user-friendly and fully editable format.

INTERNATIONAL COMMERCIAL TRANSACTIONS

By Prof. Jan Ramberg
ICC Pub. No. 711E, €129

The author, a renowned expert in international trade law, explains the interrelations between common trade practice, national laws and international rules. Essential reading for anyone engaged in or preparing cross-border transactions, this volume will greatly help you to achieve your commercial objectives.

USING FRANCHISING TO TAKE YOUR BUSINESS INTERNATIONAL

ICC strategies and guidance for master franchising, area development and other arrangements

ICC Pub. No. 754E, €65

Aimed at franchisors that already have a multi-unit operation that has proven successful in one market, this guide will help you to decide whether or not to take the next step. With a truly global perspective, the authors have taken into account the difference between common law and civil law as well as the amount of legislation in different countries and states. A useful series of annexes and check lists of issues to be included in three of the major contract types used for international expansion make this guide a truly practical tool for anyone looking into going international.

ICC ETHICS AND COMPLIANCE TRAINING HANDBOOK

Guidance by practitioners for practitioners

Edited by François Vincke & Julian Kassum
ICC Pub. No. 741E, €65

This handbook sets out the challenges that companies have to overcome as they build and put into action their corporate compliance programme. It will provide hands-on expertise from distinguished practitioners in the field of corporate integrity and compliance.

Notes

Notes